《创新创业教育基础》编委会

主任委员：
刘昭阳　河南省教育厅副厅长
副主任委员：
李金川　河南省教育厅副巡视员
方　伟　全国高等学校学生信息咨询与就业指导中心副主任
委员：
杨洪涛　全国高等学校学生信息咨询与就业指导中心职业能力建设处处长
于华龙　河南省大中专学生就业服务中心主任、副教授
杨　芳　中南大学创新与创业教育办公室主任、教授
褚　萍　中央民族大学就业工作处副处长
王玉斌　河南工业大学党委常务副书记、教授
许圣道　河南牧业经济学院副校长、教授
颜　敏　河南财政金融学院副校长、教授
王东云　黄淮学院副校长、教授
赵会利　黄河科技学院党委副书记、教授
万是明　开封大学副校长、副教授
许毅明　新乡职业技术学院副院长、副教授
袁　盎　河南科诚科技发展有限公司总经理
焦金雷　河南省大中专学生就业服务中心副主任、教授
李胜利　河南省大中专学生就业服务中心副主任
邵培杰　河南省大中专学生就业服务中心主任助理

创新创业教育基础

河南省高校创新创业教育统编教材编写组 编

主　编　于华龙　杨洪涛
副主编　刘　筠　张红玉　李胜利

河南大学出版社
·郑州·

图书在版编目（CIP）数据

创新创业教育基础/河南省高校创新创业教育统编教材编写组编. —郑州：河南大学出版社，2018.8（2021.9 重印）

ISBN 978-7-5649-3435-4

Ⅰ. ①创… Ⅱ. ①河… Ⅲ. ①大学生-创业-高等学校-教材 Ⅳ. ①G647.38

中国版本图书馆 CIP 数据核字（2018）第 186084 号

责任编辑　刘利晓　付会娟
责任校对　林方丽
封面设计　马　龙

出版发行	河南大学出版社
	地址：郑州市郑东新区商务外环中华大厦 2401 号　邮编：450046
	电话：0371-86059750（高等教育出版分社）
	0371-86059701（营销部）　网址：hupress.henu.edu.cn
排　版	郑州市金点图文设计有限公司
印　刷	开封智圣印务有限公司
版　次	2018 年 11 月第 1 版　印　次　2021 年 9 月第 8 次印刷
开　本	787mm×1092mm　1/16　印　张　15.5
字　数	358 千字　定　价　38.00 元

（本书如有印装质量问题，请与河南大学出版社营销部联系调换。）

前　言

为了贯彻落实国家关于大力推进创新创业教育的相关政策，进一步深化我省高等教育创新创业改革，培养和提升大学生的创新精神、创业意识和创新创业能力，通过进一步优化人才培养方案、课程体系、教学方法等途径，为教师、学生提供针对性更强、指导性更好的创新创业服务，依据教育部制定的"创业基础"教学大纲，我们特组织编写了本教材。

本教材从实际角度出发，系统地阐述了创新与创业的相关知识，希望能通过理论结合实际的方式，为莘莘学子在准备创新创业的过程中提供专业性的指导和帮助。

本教材由于华龙、杨洪涛任主编，刘筠、张红玉、李胜利任副主编。正文共十章，分为导论、创业准备和创业实施三大部分。各章节编写分工如下：第一章、第二章、第四章、第五章由于华龙编写，第三章由田蕾编写，第六章由冯静编写，第七章由张红玉编写，第八章由王爽爽编写，第九章由岳佳坤编写，第十章由刘筠和李胜利编写，杨洪涛对本教材通篇内容进行了梳理。

与其他同类教材相比，本教材具有系统性、实用性和时代性等特点。

- 系统性：本教材系统地介绍了大学生创新与创业的基本理论与方法，通过吸纳国内最新研究成果构建内容体系，便于学生更好地学习。
- 实用性：本教材坚持理论与实际相结合的原则，收录了借鉴性较强的阅读材料"大学生创业实践案例"，并通过"经典实例""拓展阅读"等模块增强内容的实用性。
- 时代性：本教材在内容讲解中参考了最新的创业政策与相关法律文件，所举案例皆为最新，力求为学生提供最新的创新创业知识，便于其更好地进行创新创业实践。
- 可读性：本教材图文并茂、案例丰富、语言简洁、文字优美，具有很强的可读性。

在本教材的编写过程中，我们参考了大量的文献资料和网络资料，也听取了省内外多位专家的意见。省教育厅副厅长刘昭阳、省教育厅副巡视员李金川对本教材的编写工作给予了关心和帮助，中南大学杨芳、中央民族大学褚萍等对本教材提供了宝贵的参考意见，河南省大中专学生就业服务中心焦金雷、邵培杰、马旭晖、宋欣杰四位同志做了大量的组织、沟通工作,在此一并表示诚挚的谢意。

由于编写时间仓促,编者水平有限,疏漏之处在所难免,敬请广大读者批评指正。

编 者

2018 年 8 月

目 录

第一篇 导论

第一章 创新创业教育概述 ... 3
第一节 创新创业的渊源和要求 ... 3
第二节 创新创业教育发展 ... 9

第二章 创新意识与创新思维 ... 17
第一节 创新基础知识 ... 17
第二节 创新意识 ... 27
第三节 创新思维 ... 31

第三章 创业与创业精神 ... 40
第一节 创业基础知识 ... 40
第二节 创业精神 ... 52

第二篇 创业准备

第四章 创业者与创业团队 ... 61
第一节 创业者 ... 61
第二节 创业团队 ... 67

第五章 创业机会与创业风险 ... 79
第一节 创业机会 ... 79
第二节 创业风险 ... 93

第六章 商业模式 ············ 101

第一节 商业模式概述 ············ 101
第二节 商业模式要素 ············ 103
第三节 商业模式设计与创新 ············ 107

第三篇 创业实施

第七章 创业资源 ············ 113

第一节 创业资源概述 ············ 113
第二节 创业融资 ············ 119
第三节 新企业的选址 ············ 132

第八章 创业计划书编写与项目路演 ············ 137

第一节 创业计划书概述 ············ 137
第二节 创业计划书的编写准备 ············ 141
第三节 创业计划书的编写与检查 ············ 143
第四节 项目路演 ············ 154

第九章 新企业的创办 ············ 159

第一节 新企业组织形式的选择 ············ 159
第二节 新企业相关文件的编写 ············ 165
第三节 新企业的注册流程 ············ 169

第十章 新企业的孵化与商业伦理 ············ 177

第一节 新企业的孵化过程 ············ 177
第二节 创业的基本模式 ············ 186
第三节 创办企业的法律与伦理问题 ············ 193

附录 大学生创业实践案例 ············ 200

参考文献 ············ 237

第一篇 导论

第一章

创新创业教育概述

第一节 创新创业的渊源和要求

一、创新创业的历史渊源

梳理和分析中西方哲学中有关创新创业的思想,追溯先哲们对它的阐述或预见,能够明晰创新创业的纵切面,从而全面把握创新创业的范畴。

(一)中国哲学蕴含的创新创业思想

我国是一个有着悠久历史的文明古国,我们的祖先在这片土地上创造了灿烂的文明,为我们留下了大量珍贵的文化遗产。这些遗产是中华民族文明绵延发展的见证,凝聚着中华民族的智慧成果。

中华民族是一个勤劳勇敢、具有创新精神和创新传统的民族。中华民族很早就开始倡导日新精神与生生之德。《尚书》中曾多次提到创新意识的重要性,《仲虺之诰》中说"德日新,万邦惟怀",德政不断更新、进步,各国就会为之归向;《康诰》中有"作新民"。《大学》则引用汤之《盘铭》:"苟日新,日日新,又日新。"《诗》中有"周虽旧邦,其命维新"。这些都充分表现了日新精神和生生之德,体现了不断创新的精神取向。儒家的重要经典《易传》同样阐发了生生之义与日新盛德。《系辞传》中说:"富有之谓大业,日新之谓盛德。生生之谓易,成象之谓乾,效法之谓坤,极数知来之谓占,通变之谓事,阴阳不测之谓神。"《易传》认为,天道的本性就是生生不息,世间的事物无一不是在天道的生生之德中化成栽就,因此,顺承天道而行的万事万物,也以此日新精神和生生不息之理作为自己的本性,将不断创新作为最高的道德,通过创新推动发展变化。

生生不息之理落实到个体修养上,就是"天行健,君子以自强不息"(《易经》)的奋发进取精神；落实到民族文化上，就是涵容异质、兼容并包的整合理念；落实到治国安邦上，就是居安思危、生于忧患的预警意识；落实到政务管理上，就是革故鼎新、兴利除弊的改革思想。中华民族之所以能繁衍五千年而文明不绝，也得益于民族血脉中浸透了日新精神和生生之德，民族群体和个体都在日新精神的鼓舞下不断实现自身的转化和超越。

虽然创新意识在我国出现很早，但"创新"一词出现在中文中大约在公元6世纪初，表达的主要是制度方面的革新和改造。例如，《魏书》中有"革弊创新者，先皇之志也"，《周书》中有"自魏孝武西迁，雅乐废缺，征博采遗逸，稽诸典故，创新改旧，方始备焉"，《南史》中有"今贵妃盖天秩之崇班，理应创新"。社会的发展使"创新"这一词语的外延逐渐丰富，随着明中叶"百姓日用之学"进入教育范围和平民教育思潮的开启，随着西方自然科学的引进和明末清初"经世致用"实学教育思潮的形成，随着中国传统的"四部之学"向"七科之学"演进，"创新"一词使用的范围不断扩展，终于涵盖到科学、技术、知识、文化、教育、制度、理论等领域。

关于"创业"，其在中国人心中是非常神圣和时尚的，但实际上"创业"是一种非常古老的行为。《孟子·梁惠王下》中"君子创业垂统，为可继也"，诸葛亮《出师表》曰"先帝创业未半，而中道崩殂"，这是较早出现"创业"词汇的史料。这里的"创业"是指"事业的基础、根基"，可以是"帝王之业""霸王之业"，也可以是"百姓的家业和家产"，如秦始皇一统天下建立的丰功伟业，汉武帝创立大汉天下，成吉思汗创建超级帝国等。

（二）西方哲学里的创新创业思想

公元前5世纪，阿那克萨戈拉提出了"心灵说"，认为心灵具有物质和精神两种属性，预告着哲学研究从自然到人事、从物到心的转变的到来。自称为"第一智者"的智者派著名代表普罗泰戈拉提出了"人是万物的尺度，是存在的事物存在的尺度"，表明在古希腊就有了对自我意识的要求，它肯定了认识中的能动性。苏格拉底"认识你自己"的诉求肯定了人的理性的地位，这一诉求意味着要通过人的心灵的内在原则来认识外部世界，而哲学的研究对象应该是人事和人的心灵世界，应把人看成是人的一切活动的出发点和标准。从智者派到苏格拉底的哲学研究，首次承认了人在自然界和社会环境面前具有的一定地位和作用，看到了人的力量的存在，孕育着人们独立思考、拓荒进取的精神品格，因而在人类思想认识史上具有里程碑式的意义。

文艺复兴运动恢复了人类自身的创造者的地位。在这个时期，艺术创造首先被视为是最具典型性的创造活动，其本质是创造直觉。达·芬奇、布鲁诺等科学、艺术先驱都对创造提出过自己的见解。伽利略对创造做了较为系统的诠释，他认为单纯的归纳并不是我们产生一般原理的基础，也不能作为直觉的基础，只有充分展开创造性想象力，才能使我们真正洞察事物的本质和规律。但是，在整个19世纪以及以前的时代，创造主要是作为艺术家的属性而出现的，普通人与之相距甚远，这一趋势直到20世纪才得到改变。

1637年，笛卡尔出版了《方法谈》，他几乎把全部科学从那些阻碍他的古代神话中解放出来，以普遍怀疑的精神，宣称要把一切过去积累和传播的知识推倒重来。在以培根、洛克为代表的经验主义哲学家眼中，创造具有实际的可操作性，人们可以通过论证、归纳得到道德真理。经验主义哲学家的观点有助于将创造从艺术美学落实到现实行动中，扩大了创造的范围和领域。黑格尔是德国古典唯心主义的集大成者，他将创造分为了科学的创造与艺术的创造两个部分，并对艺术创造进行了较为深入的阐述。随着研究的深入，创新与创造逐渐从艺术领域扩展到整个生命活动中。1906年，法国哲学家博格森在其著作《创造进化论》中提出人的生命就是创造，每个人在自己的一生中都面临着无数的创造瞬间。博格森倡导的生命哲学认为，人脑的神经系统让人从无意识进入了有意识，依靠意识的功能，人们在不停地做选择，并舍弃许多东西。

20世纪50年代，人本主义对创新问题进行了新角度的研究。人本主义把创造的动机和需要摆在了人的需要中的最高层次。马斯洛分析，人类的需要是分层次的，由高到低，分别是自我实现、尊重需求、社交需求、安全需求和生理需求。自我实现的需要是最高等级的需要，满足这种需要就要求完成与自己能力相称的工作，最充分地发挥自己的潜在能力，这就是人的创造本性，"创造是自我实现的规定性特征"。美国著名经济学家约瑟夫·熊彼特可以称得上是现代创新理论的奠基人，他是现代创新理论的提出者和主要代表人物。熊彼特的"创新理论"是一种组合创新理论，认为"创新是把一种从来没有过的关于生产要素的新组合引入生产体系"。在熊彼特的"创新理论"中，创新主体是企业家，作为资本主义"灵魂"的"企业家"的职能就是实现"创新"。另外，熊彼特认为，企业家创新活动的实施不是客观需要，动机在创新主体的创新过程中占据着重要地位，创新活动是主体主观需要导致的。

后现代主义的创造观尤其是建设性后现代主义者的创造观对现代主义进行了反思，从自然的角度看待人的创造活动，强调创造活动的整体生态价值。在建设性后现代主义者的观点中，21世纪是生态纪，生态纪的动力来源于人的创造性。托马斯·柏励认为，走向生态纪元是人类历史必然的发展过程，现在人类所面对的地球上的种种变化已经超出了地球的承受能力，因而产生了全球危机。建设性的后现代主义者主张，在不损害自然万物创造性的原则下，使人的创造与其他物种的生存彼此融合，进入生态新纪元。这种生态整体性的创造观对我们在当今生态环境日趋恶劣的情况下进行创造、创新活动，具有巨大的借鉴意义。

二、创新创业的时代要求

大学生的创业教育越来越受到全世界的关注，这不仅是时代的要求，也是创业教育本身所具有的魅力。2017年，李克强总理在会见十二届全国人大五次会议的中外记者并回答记者提出的问题时指出："双创"不仅带动了大量就业，促进创新驱动发展战略深入实施，它也是一场改革，因为它抓住了人这个生产力当中最重要的因素，让人的聪明才智和活力充分展现出来，让大家有改变命运、获得纵向上升的平等机会。它也创新了生产模式，许

创新创业教育基础

多新业态，像共享经济、分享经济、"互联网+"等，可以说层出不穷，这些新业态有的是新旧动能转换过程当中产生的，新旧嫁接，有的是老树开新花。但总的来看，它适应了市场的需求，适应了消费者个性化、多样化的要求。

2015年5月，国务院颁布《关于深化高等学校创新创业教育改革的实施意见》，站在国家实施创新驱动发展战略、促进经济提质增效升级、推进高等教育综合改革、促进高校毕业生更高质量创业就业的高度，确立了到2020年建立健全高校创新创业教育体系、普及创新创业教育的总体目标，明确了"面向全体、分类施教、结合专业、强化实践"的基本原则。2015年6月16日，国务院发布了《关于大力推进大众创业万众创新若干政策措施的意见》，指出：要激发创造活力，发展创新型创业；把创业精神培育和创业素质教育纳入国民教育体系，实现全社会创业教育和培训制度化、体系化；加快完善创业课程设置，加强创业实训体系建设；加强创业创新知识普及教育，使大众创业、万众创新深入人心。

（一）创新型人才培养的时代要求

人才培养、科学研究、社会服务、文化传承是高校的四大功能，其中人才培养是第一位也是最根本的任务，科学研究、社会服务、文化传承最终都要依托人才培养来实现。人才的标准有很多，归根结底是两条，一是"人"，二是"才"。"人"的标准是人作为社会人的本质属性，"才"就是才能，也就是一个人的知识与能力。时代在不断发展，人才标准也在不断变化，当下的人才标准与50年前甚至10年前的标准都是不一样的。当下，随着全球化进程的加深，一方面，各国经济、科技等方面的竞争越来越激烈；另一方面，经济、科技等在竞争中水平不断拉近，在一种水平不断接近的激烈竞争中，最终谁能胜出，取决于创新驱动发展，这一点与追赶阶段的学习、模仿和改进在本质上是有天壤之别的。近年来，中国综合国力不断增强，在世界上的影响力不断提升，这与我国在载人航天、探月工程、载人深潜、超级计算机、高速铁路等方面的重大创新突破是密切相关的。党的十八大提出实施创新驱动发展战略，要坚持走中国特色自主创新道路，把全社会智慧和力量凝聚到创新发展上来。党的十九大提出加快建设创新型国家；创新是引领发展的第一动力，是建设现代化经济体系的战略支撑；倡导创新文化，强化知识产权创造、保护、运用；培养造就一大批具有国际水平的战略科技人才、科技领军人才、青年科技人才和高水平创新团队。因此实施创新驱动发展战略，建设创新型国家，必然对人才提出新的要求，也就是人才的特质中要具备创新意识、创新精神和创新能力。当今世界，变革创新的潮流滚滚向前，变革创新是推动人类社会向前发展的根本动力。谁排斥变革，谁拒绝创新，谁就会落后于时代，谁就会被历史淘汰！

（二）服务经济社会发展的现实要求

高等教育是社会大系统中的一个子系统，具有一定的自足性和封闭性，有"象牙塔"之誉，但高等教育的价值及其对社会的贡献度也是一个社会关注度非常高的问题，从服务经济社会发展的角度看，最重要的问题有以下三方面。

一是学校和社会脱节。学校和社会之间的接口主要是人才培养，人才培养的途径主要是专业教育，专业教育主要是传授学科专业知识体系，而学科专业知识体系则是已有知识理论化、体系化的结果，因而事实上，高等教育很大程度上是一个独立性的内部循环系统，与现实社会发展有距离，学生所学知识和社会经济发展不同步，因此出现学生毕业即失业的诟病就不足为奇。

二是知识和应用脱节。高校注重知识传授和学习，这是基础和前提，是非常必要的，但是学富五车，不去应用，也是徒然。知识和应用之间脱节也是高校的一个重要问题，应用教学主要是依托课程设计、实验、学科竞赛等进行，范围有限、层次较浅，验证性、虚拟性强，创新性、真实性弱，很多比赛一结束，应用也就结束，真正能解决实际问题的应用及成果较少。

三是成果和商品脱节。科学研究是高校的重要职能，各高校对科研都极其重视，但高校的科研具有明显的"科研性"特征，一是注重理论探索和实验，二是成果论文化和专利化，导致应用研究不足，理论成果转化为实践成果不足，实践成果转化为商品或服务亦不足，高校的科研与市场和社会之间距离很大，因此研究成果要转化为商品或服务还有一定难度。

要创业，就必须走出校园，关注社会发展和国计民生的需要；要创业，就必须把知识应用于真正的实践，真刀真枪地干；要创业，就必须有市场思维、商业意识，把研究成果最终转化为有形的可以消费的商品或服务。因此，创新创业教育之"创业"，因其特质，将会很好地打通学校和社会、知识和应用、成果和商品之间的三重壁垒，为高等教育提高服务社会的贡献度架起一座桥梁。

（三）高等教育自身变革的内在寻求

高校是培养创新型人才的重要基地，全国每年数以百万计大学生走向新时代中国特色社会主义建设的主战场。持续深化高校教育教学改革，切实将创新创业教育融入人才培养全过程，提高人才培养质量，是高等教育服务国家经济社会发展的迫切需要。我国的高等教育走过规模和数量扩张阶段后，在大众化时代转向了内涵发展和质量提升方面，国家提出要深化高等教育综合改革，要建立现代职业教育体系等措施，宏观上是要调整、优化中国的高等教育体系，而最终的本质，就是要适应社会发展，加强高校内涵建设，切实提高人才培养质量，激发出高校服务社会的能量。另外，教育的信息化、大规模在线课程平台的建设与发展等，使资源获取和学习方式都在发生深刻的变化，知识传授将不再需要教师年复一年、班复一班的重复劳作，学生学习也将不再需要按时间进课堂学习，这样释放出来的时间、空间和资源等必然会向新的方向集聚。当前，高等教育发展所面临的环境与困境，将使创新创业教育成为高校一种必然的自觉的选择和追求。要不断推动高等教育的思想创新、理念创新、方法技术创新和模式创新，通过加强新工科建设，加强医学教育、农林教育、文科教育创新发展，持续深化创新创业教育。

创新创业教育基础

（四）学生个人成长成才的现实需求

党的十九大报告强调指出要"加快建设创新型国家""建设知识型、技能型、创新型劳动者大军""激发和保护企业家精神，鼓励更多社会主体投身创新创业"。大学生作为高素质人才，是创新型劳动者大军的主力。开展创新创业教育，学生就要思考自己的专业在目前市场上的需求状况和所属行业的发展状况，就要不断思考、寻求在哪些方面或哪些点可以进行创新创业。因而，创新创业教育能很好地解决就业方向目标不明确的问题，如果再有创业训练和实战，就能进一步解决就业能力不足的问题。因此，创业促进就业的意义远不只是通过创业使少数学生自己实现就业，而是创造就业机会，带动就业，而更重要的意义则是通过创新创业教育，促进更多的学生明确就业方向和目标、提高就业能力，最终实现高质量就业。

"苹果皮"之父潘泳的创业故事

2006年，潘泳进入黄淮学院，酷爱计算机技术的他如愿就读信息与软件工程专业。2008年10月，苹果手机在中国大陆正式上市，受到了众多消费者的青睐，潘泳也成了一名"果粉"。大三时，潘泳终于靠省吃俭用积攒的钱买了一部二手的苹果手机，谁知道刚用了不到一个星期，手机屏幕就出现了问题，潘泳只好把手机退给了卖家。半个月后，他又在网上联系了一个二手手机卖家，谁知道对方竟是个骗子，打过去的两千多块钱打了水漂。

"我是个'苹果迷'，又没有钱，更不想去卖肾。"潘泳幽默地说这就是自己创造"苹果皮"的动力。这时，潘泳将注意力转移到了一款音乐播放器iPod Touch上。这是一款从外观到功能都与同期推出的iPhone相差无几的产品，唯一的不足是不能通话和发短信，但售价要便宜很多。如果能将它的通话和短信功能补上，岂不就可以当iPhone用了吗？潘泳将这个近乎疯狂的想法，告诉了在广东江门做室内装修设计的哥哥，哥哥当即鼓励他去买个iPod Touch试试。于是，潘泳买了一台iPod Touch，并从二手市场淘来电烙铁等工具，开始了他的研究和试验。

虽然是"苹果迷"，潘泳对于iPhone的架构以及硬件知识却是一无所知，要实现iPod Touch变身iPhone的这一想法并不容易。为了达到目标，他通过谷歌搜索苹果公司的相关资料，在国外的技术论坛上和相关专业的工程师取得了联系，就在这种艰难的中外交流中，潘泳开始了研发工作。

随着研发投入越来越大，兄弟二人的经济压力也越来越大。更不幸的是，他们的父亲当时正生病住院，花费也很大。哥哥已经离开了原来的公司，潘泳为了搞研发也没有找工作，兄弟俩仅靠一点积蓄和东拼西凑的钱来维持生活，即使在这种情况下，他们的研发工作也没有中止。

2010年，兄弟俩终于研制出将iPod Touch实现通话和短信功能的产品——"苹果皮

520"。一时间,"苹果皮 520"成了国内外热点,他们的故事也被媒体争相报道,他被《新快报》称为"苹果皮之父"。

第二节 创新创业教育发展

创新创业教育是知识经济时代的产物,契合了时代发展的要求。创业教育较之传统教育有一个观念上的重大转变,即"就业教育"向"创业教育"的改变,它要求被教育者由一个工作岗位接受者或选择者向工作岗位创造者转变。在一定意义上讲,创业教育基于传统教育又超越了传统教育,因为它既承认了传统教育对创业者知识储备、工作技能、职业素养传授的基础性作用,又突出强调了创业心理素质的重要性,并认为创业心理素质教育应当渗透于传统教育的各个方面。

一、国外创新创业教育发展综述

(一)国外创业教育发展概况

目前,创新创业教育在发达国家的发展日趋成熟,国外的创新创业教育迄今已有 70 多年的历史。创业教育起始于欧美,1947 年,哈佛商学院的迈赖斯·迈斯(Myles Mace)为 MBA 学生开设了一门新课程——新创业管理,这是美国的第一门大学生创业教育课程,自此之后,美国的许多大学都把创业教育当作学校的重要任务。创业教育的探索起始于百森商学院,该院于 1978 年成立了全美第一个创业研究中心,致力于创业教育研究、课程开发和师资队伍建设。现在美国正逐步形成一个完整的创业教育社会体系和教学研究体系,并纳入了国内教育体系中,创业教育甚至从儿童和少年开始,内容涵盖了从初中、高中、大学本科直到研究生的正规教育。英、法、德等西方发达国家也都积极支持发展创业教育,扶持国民创业。澳大利亚、印度、日本等国也都重视发展创业教育。

受发达国家创业教育的影响,一些国际组织也对创业教育给予了高度关注。1989 年,联合国教科文组织召开的"面向 21 世纪教育"研讨会,提出了继文化知识证书、职业技能证书之后的"第三本教育护照"——创业教育的概念。1995 年,联合国教科文组织发表了《关于高等教育的变革与发展的政策》,指出在"学位不等于工作"的时代,社会要求高校毕业生不仅是现有职位的求职者,更应该是新的工作岗位的创造者。1998 年 10 月,联合国教科文组织在巴黎召开了世界高等教育会议,大会发表的《21 世纪的高等教育:展望与行动宣言》明确指出:"为方便毕业生就业,高等教育应主要关心培养创业技能与主动精神。"1999 年 4 月,第二届国际技术与职业教育大会更进一步强调:"为了应对 21 世纪的挑战,必须变革教育,注重培养学生的创业能力。创业能力是一种核心能力,必须通过普通教育和技术与职业教育来培养。"创业教育的宗旨在于培养学生的创业技能与开拓精神，以适应全球化、知识经济时代的挑战，并将创业作为未来职业的一种选择，转变就业观念。它不仅传授关于创业的知识与能力，更重要的是，要让学生学会像企业家一样去思考。另外，创业者需要创业教育提供基础，即要经过严格的学术训练和知识准备，具备战略眼光，具备良好的沟通协调能力、营销能力和决策能力，并具备较高的情商。

（二）主要发达国家创业教育发展历程

1. 美国的创业教育

美国高校创新创业教育经历了70年的发展历程，无论是理论研究还是实践创新均处于世界前列。1947年，美国哈佛大学开设了美国高校创新创业教育史上的第一门课程，创业教育作为职业教育的一种新的人才培养模式始于美国百森商学院。该学院于1978年成立了美国第一个创业研究中心，致力于创业教育研究、课程开发和师资队伍的建设。美国有"硅谷之父"之称的威廉·休莱特一毕业就向银行贷款1000美元成立了惠普公司。硅谷"大学生"企业的创立和成功创业，有力地刺激和推动了美国经济的发展，创业教育也在此时受到了前所未有的关注。据Vesper和Gartner统计，目前美国表现最优秀的股市专家和高新技术企业主中有86%的人接受过创业教育。

自1970年以来，美国提供创业课程的商学院数量达到了16所。目前，在美国，有1600所以上的大学提供至少2200门以上的创业课程，有超过100个的创业中心，这些创业中心提供了至少277个与创业有关的职位。目前，美国有大约44种与创业相关的学术刊物，管理学会创业研究分会至少有2000位会员。美国创业教育有效地开发、利用社会的创业资源，高校不仅在校园内营造浓厚的创业文化氛围，还通过创业中心与社会建立了广泛的外部联系网络，包括各种创业孵化器和科技园、风险投资机构、创业资质评定机构、小企业开发中心、创业者协会联盟等，形成了一个高校、社区、企业良性互动式发展的创业教育生态系统，有效整合了社会上的各种创业资源。比如，百森商学院设立百森创业种子基金，有志于创业的本科生创业团队和研究生创业团队都可以申请到 5000～20 000 美元不等的创业基金。美国创业教育成效显著，据美国高校和雇主协会统计，目前美国大学毕业生创业参与率已超过20%。

2. 英国的创业教育

英国的创业教育活动从全球来看，体系较为成熟。20世纪80年代以来，英国政府加强大学与企业合作，并将其作为核心政策贯彻下去。大多数英国大学都设立创新中心或创业中心，通过开设大学生创业项目，扶持与促进青年创业。另外，45%的英国大学开设一门或多门创业教育课程。1987年，英国高校开设创业计划，为创新创业者提供相关支持和指导，在进行高等教育的同时，不断提高师生创业素质。2000年，英国启动了"创业远见"计划，2004年成立大学生创业委员会（NCGE），通过专家学者开展调查研究，重视培训教师，开展师资培训，对创业教育相关的教师进行专门定期的培训，提升教师创业教育能力和素质，激发鼓励青年人尝试创业，支持大学生创办企业，同时加强学术界和产业界联动，全力扶持大学生创业。

同时，英国政府还提供多种基金支持青年创业。例如，英国拉夫堡大学就规定该校"学生创新和创业奖学金"的获得者，将享受该校创业指导。高校还联合形成全国大学生创业网络，整合各种资源来支持大学生创业。2008年，英国出台了《创新国家》战略白皮书，明确将支持商业创新、强大的创新研究基础、公共服务创新等10个领域确定为国家创新体系建设的重要内容，强调了高等教育系统在创新中的作用，以及将研究生纳入创业体系的构想。英国创新、大学和技能部（DIUS）会同英国商业、企业和管理改革部（BERR）和全国创业教育委员会建立区域大学创业网络，这表明英国高校创业教育被直接纳入国家创新战略。2009年，英国政府发布了《全国大学生创业教育黄皮书》，随后出台了创业政策文件、执行报告、调查评估报告近20余项。英国出台的这些政策和措施大大提高了青年人的创业激情与创业素质，对加强支持技术创新和促进技术创新型企业的建立，起到了至关重要的作用。

3. 日本的创业教育

日本创业教育始于20世纪90年代中期，日本传统产业优势地位日益被中小企业所取代，大学与产业之间链条脱节，这些原因催生了风险企业的诞生和蓬勃发展。风险企业被视为日本未来经济的催化剂，特别是高校风险创业企业，实现了高校的存量基础研究向市场化产品转变，促进了高校与产业间的良性互动。1995年，日本《科学技术基本法》的出台揭开了日本高校创业教育的序幕。日本高校在完善创业基础设施的同时，注重结合地域经济产业特点，通过社会人才特别选拔制度、科目辅修制度、昼夜开讲制度等多样化的制度，鼓励支持社会人士参与创业实践，形成了独树一帜的创业教育发展模式。开展创业教育的日本高校由最初30所左右发展到近250所。在创业家精神倡导下，日本高校开设了920多门创业课程，且全部被纳入实施创业教育高校的选修或必修课中。课程内容归纳为关系企业家的基本素质和个性特征，涉及创办企业的有关法律事务以及财税金融知识，与企业内部运作相关的知识和技能，管理学方面的知识，成功创业者的案例分析等五大门类。

开办依托高校的风险企业是日本政府创业活动的重要资助点。2002年，财政年度拨款20亿日元，设立专项基金，计划提供额度为3000亿日元的企业债券担保、1000亿日元的房地产担保贷款和400亿日元的无担保贷款。文部科学省为大学的创业者提供上限为5000万日元的研究资金，创业相关活动也成为高校评估拨款的重要指标。经济产业省从产业界的角度出发，支持大学创办风险企业和产学合作，以推动大学开展符合产业发展需要的教育研究和服务。日本政府大量的资金支持和政策引导，有效地推动了高校创业教育的迅速发展。此外，日本政府还通过设立"创业育成中心"，在高校设立"风险企业实验室"，为创业企业提供各种经营支援服务，加快推进独创性研究成果的商业化，通过政府金融机构对创业者提供融资支援等。

二、国内创新创业教育改革

(一) 国内创新创业教育的发展概况

1. 早期的创业教育思想

从清末民初到中华人民共和国成立前夕,是我国创业教育思想的萌芽阶段。我国历来主张"以农立国""重农抑商"的政策,人们更为注重的是"守业",是一种自给自足的生产生活方式。随着西方资本主义国家用武力打开中国的大门,中国传统的小农自然经济结构逐渐遭到破坏,这给工商业的发展创造了一定的条件,为创业教育思想的产生、发展提供了经济基础。

(1) 蔡元培的"实利主义教育"思想。蔡元培是我国近代著名的教育家,是"中国知识界的卓越前驱",其"五育并举"教育思想中的"实利主义教育",重在强调科学技术教育,训练学生思维缜密以及对事认真的科学态度。他认为富国必须发展国民经济,这样才能使国家在世界竞争中生存下来。蔡元培实利主义的教育思想孕育着我国早期创业教育思想的萌芽。

(2) 黄炎培的"职业教育"思想。黄炎培是中国近代职业教育的创始人和理论家,主张在对社会生活和传统教育脱节的改革中,建设中国的职业教育。他在《实施实业教育要览》中对职业教育的定义是:"凡用教育方法,使人人获得生活的供给及乐趣,一面尽其对群众之义务,此教育名曰职业教育。"黄炎培认为职业教育要做到手脑并用、做学合一、理论与实际并行、知识与技能并重,这些原则和做法为我国创业教育的目的和实践奠定了基础。

(3) 陶行知的"生活教育"思想。陶行知的"生活教育思想"是"生活即教育""社会即学校""教学做合一"。"生活即教育"是陶行知生活教育理论的核心,是一种终身教育;"社会即学校"是改革学校教育脱离社会实际的弊端,将教育、生活、学校和社会相结合,构成一个完整的大教育体系;"教学做合一"是培养学生行动的能力、生活的能力和创造能力,在"做"的活动中获得知识。这些生活教育思想为我国创业教育的形成和发展奠定了理论基础,同时也指出,我国创业教育应该朝着终身创业教育、与社会实际相结合,以及培养学生的创新创造能力的方向发展。

(4) 梁思成的"建筑教育"思想。梁思成是我国近代的建筑学家、建筑教育家,他以毕生精力培养了大批建筑工程技术人才。其教育思想为理工与人文结合,知识要博而精;设计与实施并重,培养富有创造力的实用人才。其中提及的将理工与人文结合、培养富有创造力的实用人才对创业教育思想有着非常重要的启发意义。

(5) 钱伟长的"拆除四堵墙"教育思想。钱伟长提出的"拆除四堵墙"教育思想即拆除学校与社会之墙,拆除各学院与各专业之墙,拆除教学与科研之墙,拆除教与学之墙。创业教育也是如此,应该加强与社会的联系,培养学生发现问题、提出问题、分析问题和解决问题的能力，注重专业教育、通识教育与创业教育的融合，最终培养复合型人才。钱伟长的"拆除四堵墙"教育思想蕴含丰富的创业教育思想，推动了创业教育的发展，也为创业教育的发展营造了很好的环境。

这几位中国近代著名教育家，以及这一时期涌现出的一大批进步的教育家，其教育思想孕育了中国创业教育思想的萌芽，这些教育家的教育思想也正是我们今天努力的方向，同时也对中国教育和社会的发展影响深刻、意义深远。

2. 中华人民共和国成立之后的创业教育思想

中华人民共和国成立后，开始进入一个崭新的建设时期，而其中最鲜明、占主导的教育思想是将教育与生产劳动、社会实践相结合，理论联系实际。为了实现教育与生产劳动的结合，毛主席提出了一系列设想，包括学校可以办工厂、农场，学生可以实行半工半读；考虑从课程设置上解决教育与生产劳动相结合的问题；提出了"劳动一段，学习一段"的观点，要求青年学生高中毕业后先做点实际工作。这些教育思想和做法避免了教育陷入和社会脱节的误区，对创业教育活动提供了一些经验借鉴。创业教育不应该纸上谈兵，而应将理论知识和创业实践结合起来。

3. 改革开放后的创业教育

十一届三中全会的召开，标志着一个全新的发展时期。对外开放使我国走向世界，改变了长期以来对外封闭的情形，使人们用更加开阔的视野看世界，主动吸收世界科学技术最新成果。恢复高考政策，在高校扩招，也使得高等教育步入大众化阶段，为教育的改革和发展提供了良好的环境，培养了一大批创新素质高和创新能力强的优秀知识分子。在改革开放的大背景下，对外打开国门的同时，也为创业教育的发展打开了一扇窗户，慢慢推动着创业教育向前发展。

4. 创业教育正式启动阶段

1989年，联合国教科文组织在北京召开"面向21世纪教育国际研讨会"，正式提出"创业教育"，为我国高校播下了创业教育的种子。1991年，我国作为联合国教科文组织"创业教育"项目的成员国，开始在基础教育阶段试点创业。由此，创业教育正式进入人们的视野。1999年，联合国教科文组织发表的《21世纪的高等教育：展望与行动世界宣言》提出："必须将创业技能和创业精神作为高等教育的基本目标。"由此可见，实施创业教育既是社会经济发展对教育提出的更高要求，也是教育主动适应经济社会发展所采取的重要改革措施，创业教育作为素质教育的一个重要方面也受到越来越多的重视。1998年5月，清华大学成功举办了"第一届清华创业计划大赛"，首次将创业计划大赛引入了国内大学校园。1999年，团中央等部门组织了首届"挑战杯"全国大学生创业计划大赛，对全国各地高校的创业教育产生了深远的影响。

5. 创业教育发展阶段

2002年，教育部确定了中国人民大学等9所高校为我国创业教育试点高校，这是我国创业教育发展的重要标志。各高校开始在创业课程设置以及创业大赛、创业讲座上开展各种新的尝试，创业教育在全国开始普及。2005年1月，国际劳工组织北京局代表团与团中

| 创新创业教育基础

央、全国青联代表开始磋商合作开发推广 KAB（Know About Business，了解企业）创业教育项目。2006 年 2 月，KAB 课程在清华大学、北京航空航天大学、天津工业大学、中国青年政治学院、北京青年政治学院和黑龙江大学 6 所高校开始试点。

6. 创业教育全面推进阶段

2011 年 3 月，"2011 年全球创业周峰会"在上海召开，全球创业周峰会成员代表、中国中小企业创始人、全国各省教育厅领导、创业园区机构代表、天使投资机构代表等 800 人共同总结交流中国大学生自主创业工作经验，学习借鉴国外推动大学生自主创业的经验和做法，提出了"加强创新创业，关键在人才，基础在教育，要把创新创业理念融入各级各类教育，创新教育理念，改革人才培养模式，注重培养学生的创新意识和能力""建立一个创业教育的开放平台，吸引各类企业和企业家、社会组织、学校等多种资源，在教育方式上，以应用为导向，以实践为途径"等观点，进一步促进了创业教育的改革和发展。

（二）高校创新创业教育的新发展

当前日趋激烈的社会竞争，使得高校毕业生就业难问题不断凸显。提升创新能力、增强综合素质，已经成为提高大学毕业生社会竞争力的重要途径。国家高度重视针对创新创业的扶持力度。2017 年，李克强总理在会见采访十二届全国人大五次会议的中外记者并回答记者提出的问题时指出："双创"不仅带动了大量就业，促进创新驱动发展战略深入实施，它也是一场改革，因为它抓住了人这个生产力当中最重要的因素，让人的聪明才智和活力充分展现出来，让大家有改变命运、获得纵向上升的平等机会。它也创新了生产模式和许多新业态，像共享经济、分享经济、"互联网＋"等，可以说层出不穷，这些新业态有的是新旧动能转换过程当中产生的，新旧嫁接；有的是老树开新花。但总的看它适应了市场的需求，适应了消费者个性化、多样化的要求。在创新创业教育成为提升创业能力、激发创新意识的重要手段，受到高校日益重视的背景下，如何借鉴国外发达国家的创业教育经验，提升我国的创新创业教育水平，成为当前我国高校亟待解决的关键课题。

1. 更新创新创业教育教育观

现代社会所青睐的人才不再是专业定向、意识定态、思维定式、技能定型的人，而是具备宽口径、适应性广、敢于独立创新等素质潜能的人。高校应引领大学生从专业背景上寻找创业机会，从实践经历中寻找创业机会，从兴趣特长中寻找创业机会，从所在环境中寻找创业机会，从社会发展趋势上寻找创业机会。注重培养学生面对和解决社会问题的本领，让学生感悟到人生之旅即创业之路。

2. 构建创新创业教育课程体系

高校将创业课程作为必修课，列入人才培养方案，具有学科优势的高校可以专门开设创新创业教育专业培养创业人才。创新创业课程内容不能游离于专业教学之外，必须有利于学生的职业发展，能够为社会提供优质的新生劳动力。要树立以专业教育为基础的创新创业教育理念，将创新创业教育有机融入专业教育过程中，融入人才培养全过程，设置依次递进、有机衔接、灵活机制的创新创业教育课程模块组合，将创新创业教育与专业教育有机融合起来。要加强创业师资的建设，让更多的专业教师结合人才培养、专业教育开展创新创业教育活动，才能体现"专业＋创业"的培养理念；同时将社会的师资力量纳入学校教育的团队，必要时聘请创业成功的企业家，特别是成功创业的往届毕业生来担任学校的兼职创业教育师，讲授自身成功的创业经验。

3. 提升学生创新创业能力

创新创业教育的功能在于挖掘学生创新创业的潜力，激发创新创业的兴趣，点燃创新创业的热情，提升创新创业的能力，首要目标就是使大学生们拥有更强的创新能力。学生的创新创业能力，不仅需要专门的课程学习，更需要扎实的通识教育基础和实践锻炼；不仅需要高等教育所学的高深知识，还依赖于中小学教育培养的创新意识。创业能力的培养是持续不断的过程，应当贯穿于高等教育的各个阶段，随着高等教育改革的进一步深化，不妨给不同阶段、不同类型学校的创新创业教育加上不同的营养"料"。通过开设专门的创新创业课程，将创新创业理念、方法通过教育教学过程传递给全体学生，使学生都具有创新精神、创业意识，并结合所学专业，具备一定的创新创业能力，为未来的职业发展奠定基础。还要将创新创业教育渗透到专业课程的教学之中，以培养学生良好的创业心理品质，包括独立性、冒险性、坚韧性、克制性、适应性和合作性。大学生从创新创业教育中学到的应该是创新精神和创业能力，是社会担当、忧患意识和人文素养。拥有了这些精神层面的"料"，即使最终没有选择创业，也能为就业成功打下坚实基础。

4. 搭建创新创业教育实践新平台

学校应积极搭建有利于专业教育与创新创业教育有机融合的创新创业实践新平台，如大学科技园、大学生创业园、创业孵化基地和小微企业创业基地等，以实实在在的创业项目对学生进行实战训练，最终将专业教育与创新创业教育的有机融合落在创新创业实践中。通过强化创业教育作为创新创业教育改革的突破口，适当突出"有组织的创业"（在岗创业）教育；将创业教育作为"教学、体验、实践"组合和"第一、第二、第三"课堂融合的教育过程。

5. 营造和谐创新创业教育环境

要大力营造勇于探索、鼓励创新、宽容失败的文化和教育环境。创新创业教育一定要有全社会的支持，要营造一个社会各行各业，包括金融、投资等各行业支持学生创新创业的社会氛围。高校可依托当地产业特征、文化资源打造不同区域风格与特点的创业文化，大力鼓励探索与冒险，引导学生进行独立思考、客观判断，以积极的、锲而不舍的精神寻求解决问题的方案。在创新创业教育中通过"互联网＋"大学生创新创业大赛和诸多实践活动让大学生体验人生宝贵的经历，不单是成功的经历，还要敢于面对失败和挫折。所以要营造宽容的容错环境，对大学生创业出现的失误和失败给予更多理解和宽容，要容忍、理解、允许、善待大学生的失败，积极鼓励和帮助学生走出困境。

6. 融合我国优秀传统文化

中国传统文化中蕴含着积极进取、自强不息的创新精神，蕴含着综合创新的精神、勇于开拓的创新精神，这些都为我们认识和改造世界提供了有益启迪。与西方传统文化相比，我国优秀传统文化呈现了更多创新创造的元素。应加强对中国传统文化中创新教育的学习，弱化西方创新创业教育的影响，从对中华民族有重大贡献和发明的人物事迹中总结他们的创新精神，如中华民族形成时期的治水英雄——大禹。大禹吸取父亲治水失败的教训，反其道而行，因势利导，改堵为疏，大胆创新，最终完成了治水大业。通过讲述中国历史上著名的创新人才的故事，总结分析规律，启发学生对创新的思考，激发创新意识。

思考与练习

1. 简述创新创业的历史渊源。
2. 简述创新创业的时代要求。
3. 试述创新创业教育国内外发展与改革概况。

第二章

创新意识与创新思维

第一节 创新基础知识

一、创新的含义

创新是指以现有的思维模式提出有别于常规或常人思路的见解或导向，利用现有的知识和物质，在特定的环境中，本着理想化需要或为满足社会需求而改进或创造新的事物、方法、元素、路径、环境，并能获得一定有益效果的行为。

创新是以新思维、新发明和新描述为特征的一种概念化过程。其起源于拉丁语，有三层含义：第一，更新；第二，创造新的东西；第三，改变。并不是说只有重大的发明创造才是创新，实际上，对各种产品、工作方法、商业模式、服务模式的改进等都属于创新。

具体来说，创新主要包括如下几种含义。

(1) 创新的目的是解决实践问题，是一项活动。

(2) 创新的本质是突破传统、打破常规。

(3) 创新是一个相对的概念，其价值与时间、空间有关。同样的事物在今天看来是创新，明天可能是追随，后天大多数人都接受了，可能就是传统了。创新必须在一定范围内具有领先性，有的是世界领先，有的是地区领先。

(4) 创新可以在解决技术问题、经济问题和社会问题的广泛范围内发挥作用，它是每个人都可以参与的事业。

(5) 创新以取得的成效为评价尺度。有成效才能认为是创新，根据成效，创新可以分成若干等级：有的是划时代的创新，例如，北大方正的汉字激光照排系统，淘汰了铅字，使全国印刷业告别了对铅与火依赖的时代；有的是时尚创新，例如，电子宠物曾为厂商带来丰厚利润，但不久就"失宠"了。

总之，创新是人类特有的认识能力和实践能力，是人类主观能动性的高级表现，是

| 创新创业教育基础

推动民族进步和社会发展的不竭动力。一个民族要想走在时代前列，就一刻也不能没有创新思维，一刻也不能停止各种创新。

会讲笑话的垃圾桶

几年前，荷兰的一座城市出现了乱扔垃圾的问题，大街上到处都是随地乱扔的烟头、啤酒瓶、巧克力糖纸、报纸等各种废弃物。

卫生部门开始寻找清洁城市的办法。一种办法是把随地乱扔废弃物的罚款从25荷兰盾提高到50荷兰盾，但收效甚微。另一种方法是增加在这一地区街头巡逻的督查员。同样，它也无助于问题的解决。后来，有人提出下面的这个建议。

假如人们在把垃圾倒进垃圾桶的时候，垃圾桶能付钱给他们，会怎么样？我们可以给每一个垃圾桶装一个电子感应装置和一个硬币返还系统，每当有人把垃圾倒进垃圾桶，它就会付给他10荷兰盾。

这种想法至少是对人们的大脑猛敲了一下，"假如……会怎么样"这个问题把"惩罚随地乱扔"变成了"奖励遵纪守法"。不过这个想法存在着显而易见的缺陷，因为如果真的实施这种想法，这个城市就要破产了——欧洲会有一半的人到那里去倒垃圾。

幸运的是，倾听这个想法的人并没有以是否切实可行来衡量它，而是把它作为跳板，进而问自己："还有其他什么办法可以对那些垃圾倒入垃圾桶的人进行奖励呢？"这个问题使他们找到了下面这个解决方案。卫生部研制了一种电子垃圾桶，它的上部装有一个感应装置，当探测到有垃圾倒入时，就会激活录音机播放其中的一段笑话。换句话说，这是一种会讲笑话的垃圾桶！不同的垃圾桶，讲不同的笑话，此举很快有了成效。笑话每周更换一次，人们特意地把垃圾倒入垃圾桶，于是城市又恢复了原有的整洁。

二、创新的过程

不少杰出的创新都留下了动人的传说：瓦特看到壶盖被蒸汽顶起而发明了蒸汽机，牛顿被落下的苹果砸了头而发现了万有引力，门捷列夫玩纸牌时想出了元素周期表。表面上看，创新好像非常简单，其实，这只是表象，其背后则是瓦特、牛顿、门捷列夫长期不懈的思考和努力！

（一）准备期

准备期是发现和提出问题的阶段。一切创新都是从发现问题、提出问题开始的，问题的本质是现有状况与理想状况的差距。爱因斯坦认为提出问题通常比解决问题更重要，因为解决问题不过涉及数学上的或实验上的技能而已，然而提出问题并非易事，需要有创新性的想象力。他还认为，对问题的感受性是人的重要资质。

准备期还可分为如下三步:
(1) 对知识和经验进行积累和整理;
(2) 搜集必要的事实和资料;
(3) 了解所提问题的社会价值,其能满足社会的何种需要及其价值前景。

(二) 酝酿期

酝酿期也称为沉思和多方思维发散阶段。在酝酿期要对搜集的资料、信息进行加工处理,探索解决问题的关键,因此酝酿期常常需要耗费很长时间,花费巨大精力,它是大脑高强度活动时期。这一时期,要从各个方面,如逆向、发散、集中等方面进行思考,让各种设想在头脑中反复组合、交叉、撞击、渗透,按照新的方式进行加工。加工时应主动使用创造性的方法,不断选择,力求形成新的创意。

著名科学家彭加勒认为:"任何科学的创造都发端于选择。"这里的选择,就是充分的思索,让各方面的问题都充分暴露出来,从而把思维过程中那些不必要的部分舍弃。此外,创新思维的酝酿期特别强调有意识的选择。彭加勒还说:"所谓发明,实际上就是鉴别,简单说来,也就是选择。"

为使酝酿过程更加深刻和广泛,还应注意把思考的范围从熟悉的领域扩大到表面上看起来没有什么联系的其他专业领域,特别是常被自己忽视的领域。这样既有利于冲破传统思维方式和"权威"的束缚,打破成见,独辟蹊径,又有利于获得多方面的信息,利用多学科知识"交叉"优势,在一个更高层次上把握创新活动的全局,寻找创新的突破口。有时也可把思考的问题暂时搁置一下,让习惯性思维被有意识地切断,以便产生新思维;再有,灵感思维的诱发规律告诉我们,大脑长时间兴奋后进行有意的松弛,有利于灵感的闪现。

酝酿期的思维强度大,困难重重,常常使人百思不得其解,屡试且难以成功。山重水复疑无路,让人却又欲罢而不能,此时,良好的意志品质和进取性格就显得格外重要,因为这是酝酿期取得进展直至突破的心理保证。

创造性思维的酝酿期通常是漫长的、艰巨的,而酝酿期的结果最终也很有可能归于失败。但唯有坚持下去,掌握正确的方法,创业的前途才能充满希望。

(三) 明朗期

明朗期,即顿悟或突破期,寻找到了解决问题的办法。

明朗期很短促、很突然,呈猛烈爆发状态。人们通常所说的"脱颖而出""豁然开朗""众里寻他千百度,蓦然回首,那人却在灯火阑珊处"等,都是描述这种状态的。如果说"踏破铁鞋无觅处"描绘的是酝酿期的话,"得来全不费功夫"则是对明朗期的形象刻画。在明朗期,灵感思维往往起决定作用。

这一阶段的心理状态是高度兴奋甚至感到惊愕,像阿基米德那样,因在入浴时获得灵感而裸身狂奔,欣喜呼喊:"我发现了!我发现了!"这种情况虽不多见,但也完全可以理解。

（四）验证期

验证期是评价阶段，是完善和充分论证阶段。获得的突破，其结果难免稚嫩、粗糙甚至存在若干缺陷。验证期是把明朗期获得的结果加以整理、完善和论证，并且进一步对其进行充实。假如不经过这个阶段，创新成果就不可能真正取得。论证一是在理论上验证，二是放到实践中检验。

验证期的心理状态较平静，但需耐心、慎重，不急于求成和不急功近利是很关键的。

三、创新的原则

创新原则是开展创新活动所依据的法则和判断创新构思所凭借的标准。

（一）科学原理原则

创新必须遵循科学技术原理，不得有违科学发展规律。因为任何违背科学技术原理的创新都是不能获得成功的。

为了使创新活动取得成功，人们在进行创新构思时，必须做到以下几点。

1. 对发明创造设想进行科学原理相容性检查

创新设想在转化为成果之前，应该先进行科学原理相容性检查。如果关于某一创新问题的初步设想，与人们已经发现并获实践证明的科学原理不相容，则不会获得最后的创新成果。因此，与科学原理是否相容是检查创新设想有无生命力的根本条件。

2. 对发明创新设想进行技术方法可行性检查

任何事物都不能离开现有条件的制约。在设想变为成果时，还必须进行技术方法可行性检查。如果设想所需要的条件超过现有技术方法的可行性范围，则目前该设想只能是一种空想。

3. 对创新设想进行功能方案合理性检查

任何创新的新设想，在功能上都有所创新或有所增强。但一项设想的功能体系是否合理，关系到该设想是否具有推广应用的价值。因此，必须对其合理性进行检查。

（二）市场评价原则

创新设想要想获得最后的成果，必须经受市场的严峻考验。爱迪生曾说："我不打算发明任何卖不出去的东西，因为不能卖出去的东西无法达到成功的顶点。能销售出去就证明了它的实用性，而实用性就是成功。"

创新设想经受市场考验，实现商品化和市场化要按市场评价的原则来分析。其评价通常是从市场寿命观、市场定位观、市场特色观、市场容量观、市场价格观和市场风险观六个方面入手，考察创新对象的商品化和市场化的发展前景，而最基本的要点则是考察该创新产品的使用价值是否大于它的销售价格，也就是看它的性能是否优良，价格是否合适。

在现实中，要估计一种新产品的生产成本和销售价格不难，而要估计一种新发明的使用价值和潜在意义则很难。这需要在市场评价时把握住评价事物使用性能最基本的几个方面，然后在此基础上做出结论，这几个方面如下所示：

（1）解决问题的迫切程度；
（2）功能结构的优化程度；
（3）使用操作的可靠程度；
（4）维修保养的方便程度；
（5）美化生活的美学程度。

（三）相对较优原则

创新产物不可能十全十美。在创新过程中，利用创造原理和方法，获得的许多创新设想，它们比较起来可能各有千秋，这时，就需要人们按相对较优的原则，对设想进行判断选择，具体包括如下几个方面。

1. 从创新技术先进性上进行比较选择

可从创新设想或成果的技术先进性上进行各自之间的分析比较，尤其是将创新设想同解决同样问题的已有技术手段进行比较，看谁领先和超前。

2. 从创新经济合理性上进行比较选择

经济的合理性也是评价判断一项创新成果的重要因素。应对各种设想的经济情况进行比较，看谁合理和节省。

3. 从创新整体效果性上进行比较选择

技术和经济应该相互支持、相互促进，它们的协调统一构成事物的整体效果性。任何创新的设想和成果，使用价值和创新水平主要通过它的整体效果来体现。因此，应对它们的整体效果进行比较，看谁比较全面和优秀。

（四）机理简单原则

在现有科学水平和技术条件下，如不限制实现创新方式和手段的复杂性，所付出的代价可能远远超出合理程度，使得创新的设想或结果毫无使用价值。在科技竞争日趋激烈的今天，结构复杂、功能冗余、使用烦琐已成为技术不成熟的标志。因此，在创新过程中要始终贯彻机理简单原则。

为使创新的设想或结果更符合机理简单原则，可进行如下检查：
（1）新事物所依据的原理是否重叠，超出应有范围；
（2）新事物所拥有的结构是否复杂，超出应有程度；
（3）新事物所具备的功能是否冗余，超出应有数量。

（五）构思独特原则

我国古代军事家孙子在《孙子兵法·势篇》中指出："凡战者，以正合，以奇胜。故善出奇者,无穷如天地,不竭如江河。"所谓"出奇",就是"思维超常"和"构思独特"。创新贵在独特,也需要独特。

在创新活动中,关于创新对象的构思是否独特,可以从以下几个方面来考察:

(1) 创新构思的新颖性;
(2) 创新构思的开创性;
(3) 创新构思的特色性。

(六) 不轻易否定,不简单比较原则

不轻易否定,不简单比较原则是指在分析评判各种产品创新方案时应注意避免轻易否定的倾向。在飞机发明之前,科学界曾从"理论"上对其进行了否定的论证。过去也曾有权威人士断言,无线电波不可能沿着地球曲面传播,无法成为通信手段。显然,这些结论都是错误的,这些不恰当的否定之所以出现,是由于人们运用了错误的"理论"。而更多的不应该出现的错误否定,则是由于人们的主观武断,给某项发明规定了若干用常规思维分析证明无法达到的技术细节的结果。

在避免轻易否定倾向的同时,还要注意不要随意在两个事物之间进行简单比较。不同的创新,包括非常相近的创新,原则上不能以简单的方式比较其优劣。

不同创新不能简单比较的原则,带来了相关技术在市场上的优势互补,形成了共存共荣的局面。例如,市场上常见的钢笔、铅笔就互不排斥,即使都是铅笔,也有普通木质的铅笔和金属或塑料杆的自动铅笔之分,它们之间也不存在排斥的问题。

总之,我们应在尽量避免盲目、过高估计自己设想的同时,注意珍惜别人的创意和构想。简单地否定与批评是容易的,难得的是闪烁着希望的创新构想。

拓展阅读

乔景亮借力"互联网+"探索电商服务模式

2004 年,乔景亮毕业于郑州大学工商管理专业,同年,他进入河南黎明重工科技股份有限公司,接连担任了电子商务总监、人力资源总监、运营中心总监等职务。在工作中,他开始了解这些重工业企业的经营模式及销售模式。

在学习和积累中,他逐渐发现制造业的销售存在着很多问题,传统商业模式信息不透明,工厂制造的产品经过代理商、经销商、零售商等环节,成本层层叠加。互联网出现后,所有卖家包括工厂和各种中间商都通过网络平台与采购商对接,但平台上充斥着大量的中间商,信息不对称情况仍然存在。因此,他希望搭建一个真正让采购商直面工厂的电商平台,这个平台可以让生产厂家从恶劣的网络营销环境中解放出来。由此,2007 年,世界工厂网应运而生。

2008 年 5 月,他跟同伴组建了工厂网的初创团队,设计了第一版的世界工厂网整体规划方案,确定了世界工厂网的特色:供应商都是工厂,取消中间环节,让采购商的采购成本尽可能最低。不言而喻,在创业阶段,资金供应、产业链的形成,这都给创业带来了很

大的挑战，但是无论遇到什么样的问题，乔景亮和他的同伴都没有放弃，而是用自己的智慧和勇气克服了所有的困难。2008年12月，乔景亮和同伴带着17人的团队，终于成功设计开发出了第一版的世界工厂网。

乔景亮在2016世界工厂网全国行业专家甄选大会的演讲中谈道："互联网时代，传统商业模式已不能满足企业的需求，企业信息化与互联网化应用是其转型升级和持续发展的必由之路，这对功能仅是作为供应商与采购商信息媒介的传统电子商务平台提出了更高的要求。"同时，他指出，行业运营商模式是互联网技术与行业优势的充分聚合。

如今，第三版的世界工厂网也已经以全新的运营模式与大家见面。世界工厂网自上线以来，已成为业内专业数据丰富、客户数量众多、访问量较高的平台，并逐步确立了在本土行业的领先地位。注册采购商超过700万家，注册供应商超过350万家，拥有全球2600万家企业数据和2.5亿的产品库数据，网站日独立访客（UV）数量150万人次。海量企业数据帮助世界工厂网建立了良好的客户基础，海量产品数据能够有效满足采购商的多样采购需求，通过对数据的挖掘分析还可以获得极具价值的行业报告。公司已申请109个软件著作权、54项注册商标、47项专利。

四、创新的类型

（一）产品创新

产品创新是指研究开发和生产出更好的满足顾客需要的产品，使其性能更好，外观更美，使用更便捷、安全，总费用更低，更符合环境保护的要求。因为产品是满足社会需要、参与市场竞争、直接体现企业价值的东西，因而提升产品质量及其竞争力是企业创新的主要任务。

产品创新可在三个层面上实现。

1. 开发出具有新功能的产品

例如，3D打印行业翘楚3D System发布的Cube3D打印机具有打印平台自动找平功能，且打印支撑结构更容易去除。该产品可同时使用PLA（聚酸乳）和ABS（树脂）两种材料打印，并最多支持两种颜色。采用了全新彩色触摸屏，具有直观的用户界面，打印时拥有漂亮的LED高亮显示，堪称3D System的"杀手级"产品。

2. 产品结构方面的改进

例如，使产品轻、巧、小、薄、携带和使用方便，节省材料、降低能耗。电子记事本、摄像机、手提电脑、超薄洗衣机等就是典型的例子。

3. 外观方面的改进

例如，服装款式及色彩的改变都可以使顾客的需求得到新的满足，从而增加销售收入。苹果电脑也一度依靠推出的彩壳流线型PC（个人计算机），显著提高了市场占有率。

(二) 技术创新

技术创新是指采用新的生产方法或新的原料生产产品，以达到保证质量、降低成本、保护环境或使生产过程更加安全和省力的目标。

技术创新可在四个层面上实现。

1. 工艺路线的革新

这是生产方式思路的改变。例如，用精密铸造、精密锻造、粉末冶金代替金属切削生产复杂的机械零件，可大大缩短生产周期，降低成本。

2. 材料替代和重组

例如，前几年，美国农产品过剩，农场主负债累累，政府补贴农业导致政府财政负担沉重。堪萨斯、卡罗来纳等农业州的农民与大学合作，从环保角度，以农产品做原料生产工业产品，比如用玉米生产一次性水杯、餐具和包装盒，从玉米中提取燃烧用的乙醇，从大豆中提取润滑油替代石油产品等，这些产品受到市场欢迎，政府决定对其给予减税和强制推行等支持。

3. 工艺装备的革新

例如，用电脑绣花机代替手工绣花，用数控机床代替手动操作机床等。

4. 操作方法的革新

用更省力、更高效的操作方法，代替过去的一些传统的、不适应现代技术进步的操作方法。

(三) 制度创新

制度创新是从社会经济角度来分析企业系统中各成员间正式关系的调整和变革。制度是组织运行方式的原则规定。企业制度主要包括产权制度、经营制度和管理制度三个方面的内容。

产权制度、经营制度和管理制度这三者之间的关系是错综复杂的（实践中相邻的两种制度之间的划分甚至很难界定）。一般来说，一定的产权制度决定了相应的经营制度。但是，在产权制度不变的情况下，企业具体的经营方式可以不断地进行调整。

同样，在经营制度不变时，具体的管理规则和方法也可以不断改进。而当管理制度的改进发展到一定程度时，则会要求经营制度做出相应的调整。经营制度的不断调整，则必然会引起产权制度的革命。因此，反过来，管理制度的变化会反作用于经营制度，经营制度的变化会反作用于产权制度。

制度创新的方向是不断调整和优化企业所有者、经营者、劳动者三者之间的关系，使各个方面的权利和利益得到充分体现，使组织中各种成员的作用得到充分发挥。

(四) 职能创新

职能创新就是在计划、组织、控制、协调等管理职能方面采用新的更有效的方法和手段。我国企业技术落后，管理更落后，因此职能创新的任务显得很紧迫。

1. 计划的创新

许多企业在计划工作中运用运筹学取得了显著成效，例如，某企业从 2012 年开始在购电、电网运行和用电方面采用目标规划，使企业电费年节约额达 2000 万元以上。

2. 控制方式的创新

例如，丰田公司首创的准时生产制（JIT），就显著降低了成本。

3. 用人方面的创新

例如，应用测评法招聘、选拔和考核干部、员工，采用拓展训练等方法改善培训效果等。

4. 激励方式的创新

例如，美国企业实行"自助餐式"奖励制度，使同样的支出获得了更好的激励效果。

5. 协调方式的创新

例如，福建南平市政府试行科技特派员制度，他们通过调查，了解村镇和农业大户需要哪些技术支持，同时将全市 3500 名农业科学技术人员按专长分类公布，然后将两者对接起来，实行双向选择，结果农户收入和农业科技部门、农业技术人员的收入都得到了大幅度提高。

实际上，由于管理职能互相渗透，有些创新很难归入哪一种类别内，如 PERT（Program Evaluation Review Technique，即计划评审技术），其源于 1958 年美国军队的北极星火箭系统计划，主要目的是针对不确定性较高的工作项目，以网络图规划整个专案，以排定期望的专案时程。它既是计划新方法，又是控制新方法（重点环节控）；目标管理既是计划新方法，又是激励和协调新方法；TQC（Total Quality Control，全面质量管理，以组织全员参与为基础的质量管理形式）小组既是控制新方法，又是组织和激励新方法。

（五）结构创新

结构创新是指设计和应用新的更有效率的组织结构。结构创新按其影响系统的范围可分为技术结构的创新和经济与社会结构的创新两类。

1. 技术结构的创新

例如，福特在 20 世纪 20 年代首创流水线生产方式，让工人依次地完成简单工序，这大大提高了生产率，从而开创了大规模生产标准产品的工业经济时代。

2. 经济与社会结构的创新

通过调整人们的责、权、利关系以提高组织效能。例如，美国通用汽车公司 20 世纪 20 年代采用事业部制，解决了统一领导与分散经营的矛盾，使规模经营与适应市场的要求得到了统一，从而极大地增强了竞争力。

（六）环境创新

环境是企业经营的土壤，同时也制约着企业的经营。环境创新不是指企业为适应外界变化而调整内部结构或活动，而是指通过企业积极的创新活动去改造环境，引导环境朝着有利于企业经营的方向变化。例如，通过企业的公关活动，影响社区政府政策的制定；通过企业的技术创新，影响社会技术进步的方向等。

就企业来说，环境创新的主要内容是市场创新。市场创新主要是指通过企业的活动去引导消费，创造需求。新产品的开发往往被认为是企业创造市场需求的主要途径。其实，市场创新的更多内容是通过企业的营销活动来进行的，即在产品的材料、结构、性能不变的前提下，或通过市场的地理转移，或改进交易和支付方式以及通过揭示产品新的物理使用价值，来寻找新用户；也可以通过广告宣传等促销工作，来赋予产品以一定的心理使用价值，影响人们对某种消费行为的社会评价，从而诱发和强化消费者的购买动机，进而增加产品的销售量。

创新与创业的关系

（一）两者的联系

1. 创业与创新有着本质的契合

创新是生产要素和生产条件的一种从未有过的新组合，这种"新组合"能使原来的成本曲线不断更新，由此会产生超额利润或潜在的超额利润。创新活动的这些本质内涵，体现着它与创业活动性质的一致性和关联性。

2. 创业是一个从无到有的实践过程

尽管有人认为，创新不是"创造新东西"的简单缩写，而是具有特定的经济学内涵。但是，通过理论或是实践创新推出新的认识成果和物质产品，毕竟还是创新实践的标志性内涵。正是在这样的意义上，创业从本质上体现着创新的特质。创业的核心是创办企业，即通过创业者的努力，导致一个新的生产或服务性企业的诞生。是否创办企业或者创办企业是否成功，是判断创业与非创业、成功的创业活动或失败的创业活动的根本标准。

3. 创新是创业的基础，创业推动创新

从总体来说，科学技术、思想观念的创新，在促进人们物质生产和生活方式的变革，引发新的生产、生活方式，进而为整个社会不断地提供新的消费需求，这是创业活动之所以源源不断的根本动因；另一方面，创业在本质上是人们的一种创新性实践活动。无论是何种性质、类型的创业活动，它们都有一个共同的特征，那就是创业是主体的一种能动性的、开创性的实践活动，是一种高度的自主行为。在创业实践的过程中，主体的主观能动性将会得到充分的发挥和张扬，正是这种主体能动性，充分体现了创业的创新性特征。

4. 创业本质上是人们的一种创新性实践活动

无论何种性质、类型的创业活动，它们都有一个共同的特征，即创业是主体的一种能动的、开创性的实践活动。

(二) 两者的区别

1. 创新是创业的源泉

创业者只有在创业过程中具有持续旺盛的创新思维和创新意识，才可能产生新的富有创意的想法或方案，才可能不断寻求新的模式、新的出路，最终获得创业的成功。

2. 创业推动并深化创新

创业可以推动新发明、新产品或新服务的不断涌现，创造出新的市场需求，从而进一步推动和深化科技创新，因而提高了企业和整个国家的创新能力，推动经济的增长。

3. 创新的价值在于创业

从某种程度上来说，创新的价值就在于将潜在的知识、技术和市场机会转化为现实生产力，实现社会财富的增长，造福于人类社会。而实现这种转化的根本途径就是创业。创业者可能不是创新者或发明家，但必须具有发现潜在商业机会并敢于冒险的特质；创新者也并不一定是创业者或企业家，但科技创新成果则经由创业者推向市场，使潜在的价值市场化，创新成果才能转化为现实生产力。

第二节　创新意识

一、创新意识的概念

创新意识是指人们根据社会和个体生活发展的需要，引起创造前所未有的事物或观念的动机，并在创造活动中表现出的意向、愿望和设想。它是人类意识活动中的一种积极的、富有成果的表现形式，是人们进行创造活动的出发点和内在动力，是创造性思维和创造力的前提。

创新意识包括创造动机、创造兴趣、创造情感和创造意志。创造动机是创造活动的动力因素，它能推动和激励人们发动和维持创造性活动。创造兴趣能促进创造活动的成功，是促使人们积极探求新奇事物的心理倾向。创造情感是引起、推进乃至完成创造的心理因素，只有具有正确的创造情感才能使创造成功。创造意志是在创造中克服困难、冲破阻碍的心理因素，创造意志具有目的性、顽强性和自制性。

拓展阅读

不创新才是华为最大的风险

华为从2万元起家，用25年时间，从名不见经传的民营科技企业，发展成为世界500强企业和全球最大的通信设备制造商，创造了中国乃至世界企业发展史上的奇迹！

华为成功的"秘密武器"就是创新。创新无疑是提升企业竞争力的法宝，同时它也是一条充满了风险和挑战的成长之路。尤其在高新技术产业领域，创新被称为一个企业的生存之本和一个品牌的价值核心。

"不创新才是华为最大的风险。"华为总裁任正非的这句话道出了华为骨子里的创新精神。"回顾华为20多年的发展历程，我们体会到，没有创新，要在高科技行业中生存下去几乎是不可能的。在这个领域，没有喘气的机会，哪怕只落后一点点，就意味着逐渐死亡。"正是这种强烈的紧迫感驱使着华为持续地进行创新。

二、创新意识的培养

创新是一个民族进步的灵魂，是一个国家兴旺发达的不竭动力。创新思维是人类最高层次的思维，它是创新教育的核心。培养学生的创新精神必须着力于培养学生的创新思维。21世纪是知识经济时代，知识经济的本质就是创新，培养创新思维是时代对大学生提出的基本要求，也是大学生必备的素质。学生创新思维的培养应着重从以下三个方面做起。

（一）破除创新思维枷锁

影响大学生进行创新思维的枷锁大致有如下五种。

1. 从众型思维枷锁

大多数人都有从众心理，即人云亦云。比如你骑着自行车来到一个十字路口，看见红灯亮着，尽管你清楚地知道闯红灯违反交通规则，但是你发现周围的骑车人都不停车而是直着往前闯，于是你就也会跟着大家闯红灯。这种跟在别人后面消极的思维永远是滞后的，没有新意的。

2. 权威型思维枷锁

权威型思维枷锁是指思维中的权威定势。人是教育的产物，来自教育的权威定势使人们逐渐习惯以权威的是非为是非，对权威的言论不加思考地盲信盲从，唯独缺少"自我思索、冲破权威、勇于创新"的意识。一味盲从权威，大学生的思维就失去了积极主动性。

3. 经验型思维枷锁

经验是相对稳定性的东西，然而正因为这些经验的稳定性可能导致人们对经验的过分依赖乃至崇拜，从而形成固定的思维模式，结果就会削弱头脑的想象力，造成创新思维能力的下降。从思维的角度来说，经验具有很大的狭隘性，它束缚了人的思维广度。而创新思维要求大学生必须拓展思路，敢于发散思维。

4. 书本型思维枷锁

书本是一种系统化、理论化的知识，是千百年来人类经验和体悟的结晶，它可以带给我们无穷多的好处，但如果我们一味地读死书，也不会有好的效果。大学生不应该成为书本的奴隶，而应该活学活用，读书不为书所累，"睹一事于句中，反三隅于字外"，做书本的主人，善于驾驭知识，理论联系实际。否则，死抠书本将严重影响一个人创新思维的发挥。

5. 自我贬低型思维枷锁

做事没有信心，总认为"我不行，我做不到"，而从来不敢去尝试一下。及时打破这种思维枷锁，从内心深处树立起信心，大学生才能发掘出自己的潜力。因此，对于大学生来说，思维的枷锁就像一座监狱，只有将守旧观念丢掉，勇于冲破思维藩篱，才能走进创新的世界。

（二）充分激发创新思维潜能

1. 精通所学，兴趣广泛

创新绝不是无本之木、无源之水，唯有打牢知识的基础，创新才有可能。因此，大学生应精通所学课程，并培养广泛的阅读兴趣。试想一想，牛顿、伽利略、爱迪生这些科学家哪一个不是学识精深、专业素养过硬！

2. 处处留心皆学问

学习绝不仅限于课堂和读书，事实上，学习无处不在，与他人交流是学习，上网是学习，看电视也是学习，关键在于我们是不是用心。例如，看古装电视剧，我们可以了解一些历史知识，如古人的习俗、衣着、饮食习惯、家具陈设以及计谋等，看现代电视剧可以了解当代年轻人的所思、所想、所为等。

3. 理论与实践相结合

古人云："读万卷书，行万里路。"唯有理论与实践相结合，理论才有意义。大学生应该活读书、读活书，而不应死读书、读死书。只有精通理论，才可能去改进实践；只有拥有丰富的实践经验，才可能产生新的理论。

4. 勤学好问

大学生要培养自己的创新意识，应富有怀疑精神，探究各种事物的本源及其实质，具有打破砂锅问到底的执着精神。例如，牛顿看到苹果落下，进而发现了万有引力定律。

5. 意志坚定

创新之路总是充满艰辛和坎坷，因此，大学生为了强化自己的创新意识，应注意培养自己坚忍不拔的精神和顽强的毅力。

6. 开拓创新

大学生要强化自己的创新意识，应精神奋发，斗志昂扬，敢于打破对传统、权威、书本的迷思，敢走前人没有走过的路，敢创前人没有开创的新事业。

7. 日有所思，夜有所梦

学者们认为梦是一种形象思维，梦会给我们带来许许多多的启示和创新意念。因为当我们做梦时，将超越白天清醒状态缠绕于头脑中的"可能与不可能""合理与不合理""逻辑与非逻辑"的界限，而进入一个超越理性、横跨时空的自由自在的思维状态。柴可夫斯基梦中谱曲、凯库勒发现苯分子结构这些实例都是梦境创新的结果。

8. 无限风光在险峰

人在绝境或遇险的时候，会展示出非凡的能力。没有退路就会产生爆发力，这种爆发力就是潜能。所以，只要你能给自己制造绝境，就会开发出无穷无尽的潜能。在任何困难面前，你认为你行，你就会面对困境想出有效对策，激发头脑中潜在的能量，从而产生有效行动。

（三）投身社会实践

马克思主义认为："实践是检验真理的唯一标准。"毛泽东同志说："读书是学习，使用也是学习，而且是更重要的学习。从战争中学习战争，这是我们的主要方法。"所以，要开发大学生的创新思维，培养大学生的创新能力，必须投身社会实践。每一项发明，无论是成功或失败，都是无数次创新思维实践过程的组合。

现代高校应针对大学生创新思维的培养，多组织和开展行之有效的社会实践活动，让广大同学在课堂学习之余，充分走向社会，融入实践劳动，进行锻炼创新思维。只有在实践中才能找出想与做的差距，只有在实践中创新理念才能变为现实，也只有在实践中才能让大学生的创新意识、创新能力得到真正的发展。

"蜘蛛侠"的创业梦

尚高峰生长在平顶山叶县一个普通农民家庭，生性倔强的他，自幼有一股不服输的劲头。2007年，即将从安阳工学院毕业的尚高峰，也和其他同学一样，踏上了求职的道路。

偶然的机会，尚高峰报名参加了安阳市劳动就业训练中心举办的大学生创业培训班。"我想，参加培训总能有所收获。"尚高峰说，当时自己的创业意志并不坚定，所以想来这里听听，希望能有所收获。让尚高峰意想不到的是，这次创业培训让他大开眼界，不仅收获了创业的勇气，还学到了不少解决创业难题的方法。

"创业培训聘请了创业成功人士为我们讲述创业理想，梳理创业思路，让我找到了创业的方向和勇气。培训中的市场、财务、金融、管理、人力资源等专业课程又让我掌握了创业各个环节的专业知识。"尚高峰说，"这一次的创业培训，让我从创业的门外汉成长为熟知创业专业知识、掌握创业各环节的准创业人士。"

2007年5月，尚高锋成立了安阳市尚百帮家政服务中心。这时的公司，仅有12平方米的小门面，主要依靠发传单的方式来推广业务。当时，公司最重要的设备是一条绳索、一台吸尘器和一箱保洁用品，公司员工就是尚高峰自己和年近半百的父亲。凭着诚信踏实的作风和近乎完美的工作态度，尚高峰的家政公司在安阳逐渐有了名气，许多人开始主动与他联系做业务，公司迈开了艰难又坚实的第一步。通过大半年的资金和经验积累，2008年1月，安阳市尚百帮家政服务有限公司成立，尚高峰扩大了门面，招聘了一批下岗失业人员和待业大学生，公司具备了一定的规模，开始接一些大型商场、小区物业的保洁项目，拓宽了市场空间。

到 2016 年，尚高峰的公司业务范围已经从比较单一的家庭保洁服务，发展成为集家政服务、物业管理、单位保洁、企事业单位后勤管理、居家养老为一体的综合性企业，并在河北、江苏、山西和我省一些地市设立了分公司。公司项目托管有 100 多个，年托管规模达 300 万平方米，已形成具有核心竞争力的业务体系与家政品牌。

第三节 创新思维

一、创新思维的概念

思维是指在表象、概念的基础上进行分析、综合、判断、推理等认识活动的过程，或者说是指向理性的各种认识活动。

创新思维是一种有创见的思维，即人脑对客观事物未知成分进行探索的活动，是人脑发现和提出新问题、设计新方法、开创新途径、解决新问题的活动。

二、创新思维的形式

创新思维有很多种，以下是几种常见的、主要的创新思维形式或种类。

（一）换位思维

很多创新思维都源于思维角度的改变。对任何事情，都应该尝试着从不同角度、不同位置、不同群体等方面去看一看、想一想，这样往往会有一些意想不到的发现。例如，开发产品时最好把自己当成终端客户，想想客户具体的要求，对每一个环节都考察一遍，是不是可以做得跟别人不一样；也可以把自己当成竞争对手，想想他们的情况，多问问为什么这样，反过来问问为什么不这样，这样思考的时候，就可能发现问题并能够对产品加以革新和完善。

拓展阅读

巧买大宅

有一个警察，叫罗伊，在他的日常巡逻中，他总是习惯性地去拜访一位住在一座令人神往的、占地 500 平方米建筑中的老绅士。从那栋建筑物往外看，就是一座幽静的山谷，老人在那儿度过大半生，他非常喜欢那儿的视野——葱葱郁郁的树林、清澈纯净的河流……每周，罗伊都会拜访老人一两次，当他来访时，老人都会请他喝茶，他们坐着闲聊，或者就在花园里散一会儿步。有一次会面令人悲伤，老人泪流满面地告诉罗伊，他的健康状况已经很差，必须卖掉他漂亮的房子，搬到疗养院去。

霎时，罗伊忽然产生一个疯狂的念头：用一种创造性方法买下这巨宅！

困难太大了，老人想以30万美元的价格将这栋房子卖掉，但罗伊手中只有1000美元，而且，每月还得付500美元房租，虽说警员待遇还算过得去，但想要找个主意成交，真是太难了，除非，将爱的力量也算进账户里。这时，罗伊想起一个老师说的话——找出卖方真正想要的东西给他。他寻思了许久，终于找到答案：老人最牵挂的事是将不能再在花园中散步了。

罗伊就跟老人商量说："要是你把房子卖给我，我保证每个月都会接你回到你的花园一两次，就坐在这儿，或者和我一起散步，就像平常一样。"

听了这话，老人那张皱纹纵横的老脸，绽开了灿烂的笑容，笑容中，充满爱和惊喜，当即，老人就要罗伊写下其认为公平的合约让他签署。罗伊虽愿意付出他所有的钱，但他兜里只有3000美元，可房子卖价却是30万美元，怎么办呢？罗伊想了一下，就这么草拟合约：卖方将29.7万美元设定第一顺位抵押权，买方每月付500美元利息。

老人很开心，他把整个屋子的古董家具都作为礼物全送给了罗伊，而且，还包括一架可供孩子玩的大钢琴。

罗伊不可思议地赢得了经济上的胜利，同时老人也获得了好处。

（二）逆向思维

逆向思维也叫求异思维，它是对司空见惯的似乎已成定论的事物或观点反过来思考的一种思维方式。例如，有人落水，常规的思维模式是"救人离水"，而司马光面对紧急险情，运用了逆向思维，果断地用石头把缸砸破，做到了"让水离人"，从而救了小伙伴的性命。

运用逆向思维，可以从三点对其进行把握。

一是面对新的问题时，我们可以将通常思考问题的思路反过来，用常识看来是对立的、似乎根本不可能的办法去思考问题。"油水不合"，即使在今天仍被人们当作常识。油水真的不相合吗？在印刷业，人们从相反的方向进行思考。经过试验发现，常规搅拌，油水确实不合，而采用超声波技术进行油水混合，再适量加点活性剂，油水不合的问题就解决了。

二是面对长期解决不了的问题或长久困扰着我们的难题，我们不要沿着前辈或自己长久形成的固有思路去思考问题，而应该"迷途知返"，即从现有的思路上返回来，从与它相反的方向寻找解决问题的办法。日本有一个叫中田的人，他想发明一种圆珠笔，并试图解决圆珠笔中最令人头痛的漏油问题。他冥思苦想了好久，就是找不到解决的办法。后来，他反回来想，圆珠笔漏油这种情况，一般发生在写了两万字之后，那么，造一种写了两万字就用完了的圆珠笔，问题不就解决了吗？新式圆珠笔问世之后，果然很受人们的欢迎。

三是面对那些久久解决不了的特殊问题，我们可以采取"以毒攻毒"的办法，即不是从彼一问题中来寻找解决此一问题的办法，而是相反，就从此一问题本身来寻找解决它的办法，免疫理论的创立和付诸实践，就是这种思考方法的结果。当时，面对给千百万人的生命造成严重威胁的瘟疫，许多科学家都在寻找一个能防治瘟疫的药物，而巴斯德却沿着和大家相反的方向去思考，给人或动物注射少量的菌苗，增强其免疫力从而达到防疫的效果，结果巴斯德获得了成功。

（三）发散思维

发散思维又称辐射思维、放射思维、扩散思维或求异思维，是指在对事物或对问题的研究中，保持思想活跃和开放状态的思维。

发散思维作为一种创新思维方法，不仅被广泛运用于科学研究和科技发明中，也被广泛运用于企业经营中。

如果说创新是一个民族的灵魂，那么发散思维便是创新的基石。它是典型、艺术化的思维，它能使我们对工作、生活和学习产生激情，它是智慧的发源地，是兴趣的乐园。

在解决具体问题的过程中，如何运用发散思维并没有固定不变的模式。对于不同的外界条件，运用这种思维的方式也是不同的。一般来说，发散思维的具体方法有以下几种。

1. 多向求解法

多向求解法，是指思维主体在解答问题的过程中尽可能从多个不同方向来考虑，强调跳出点、线、面的限制，能从上下左右、四面八方去思考问题。这种多向求解法的目的在于产生和提出新颖独特的设想，这样可以通过多种途径对问题不断地进行摸索和试探。

爱迪生在研制灯泡的灯丝材料时，先后试用了1600种热材料和6000多种植物纤维，甚至连头发丝和胡子都利用到了。1879年，他终于找到了"炭化了的棉线"，这是当时最佳的灯丝材料。

2. 多级发散法

多级发散法是指思维主体在问题求解时，通过对多个相关因素的离散解析，逐层或逐级探索事物本质的一种思维方法。日常分析问题和解决问题时，人们在头脑里将事物分成不同的部分、阶段、层次，通过层层离散分解的思维探索过程，以求思路有所突破。

多级发散法的实质就是在两级或两级以上的层次或阶段上发散求异，有时每级均有多个导出点，使认识不断深入，后一层次都是在前一层次基础上的不断扩展。

人类对物质结构层次的认识就体现了多级发散法。在20世纪60年代以前，人们一般认为：物质是由分子构成的，分子是由原子构成的，原子是由电子、质子、中子等基本粒子组成的，而这些基本粒子是组成物质的最小粒子。后来，在做这些基本粒子以极高的速度发生碰撞的实验时，发现原来这些"基本"粒子是由更小的粒子所组成的。

3. 交叉发散法

交叉发散法是一种立体的、动态的、多维系统的构思，通过借助多维坐标系，将一个轴上的各点信息与其他轴上各点信息相结合而求解的方法。这种相交叉的点就是创新点，并借此产生系列的创新。信息交合的反应场是一个"魔球"，信息的引入与层次的变换，会引出系列的新信息组合。"魔球"旋转能使思维在信息变幻莫测的交合中更富有发散性，新构思就会源源不断地出现。

交叉学科的发展是运用交叉发散法的一个典型例子。现代科学的发展特点是学科越来越多、越来越细。同时，学科之间的关系也越来越密切，它们相互交叉、相互渗透，已经形成一个有机的整体、一个大的系统。各个学科知识的交叉应用将会为复杂问题的研究提供新的视角，学科交叉点往往就是科学新的发展点、新的前沿。1953 年，DNA 双螺旋结构的重大发现就是化学家鲍林，生物学家沃森，物理学家克里克、富兰克林和威尔金斯等合作的结果，更是这些科学家思维交叉发散的结果。

4. 侧向发散法

侧向发散法是指思维主体在正向思维直接解决问题遇到困难时，改从其他侧面发散求导，从而产生新设想的一种思维方法。

科学研究中常常出现这种情形：研究者对研究目标孜孜以求，但从正面一直无法解决问题，一旦这种思维受到偶然事件的启发，就容易从其他领域或偶然事件中侧向产生好主意或新设想。例如，19 世纪 30 年代，美国的莫尔斯发明了有线电报（电磁式电报机），但在实用中遇到了困难：信号在传递中衰减而无法远距离传送信息。正在一筹莫展时，有一天，他乘坐马车从纽约到巴尔的摩，无意中发现车到每个驿站都要换马。这件事启发了他，是不是有线电报也可以用这种方式。他认为，如果沿线设立若干个信号放大站，使每传一站后所衰减的信号都经过放大而得到恢复，这样远距离传输问题就解决了。果然，由于这一创造性设想的实现，有线电报不久就成了远距离传输信息的通信工具。

拓展阅读

发散思维创造的奇迹

第 23 届洛杉矶奥运会主席彼得·尤伯罗斯运用发散思维创造了奇迹。历史上历届奥运会都会亏损严重，但 23 届奥运会不但未负债，而且还盈利 2 亿美元，创造了震惊世界的奇迹。尤伯罗斯说，这次尝试能够获得成功，要归功于他在美国佛罗里达州听到了英国创造学家德博诺博士一个多小时关于发散思维的演讲。受该演讲的启发，他从节流与开源两方面进行思维发散，提出了解决奥运会经费的方案。

1. 改造已有的体育场，尽量少建新馆。
2. 以广告为条件让麦当劳出资 400 万美元建游泳馆。
3. 利用假期大学生宿舍办奥运村。
4. 提前 1 年发售门票赚大笔利息。
5. 出售火炬传递接力权（3000 美元/千米）。
6. 选择 30 家赞助厂商集资 1 亿美元。
7. 以 7500 万美元出售广播转播权给各国电视台。
8. 奥运会标志"山鹰"作为专利商品广泛出售。

(四) 联想思维

联想思维是在原先并不相关的事物之间搭起一座认识的桥梁，将表面上看来互不相关的事物联系起来的一种创新思维方式。联想思维可以使我们扩展思路、升华认识、把握规律，它又可细分为如下几种。

1. 接近联想

接近联想是指由一事物联想到在时间上或空间上相接近的另一事物。例如，由"阳春三月"联想到"桃花"，由"天安门"联想到"人民大会堂"，由三角形的外角和是360°联想到四边形、多边形的外角和是不是也都是360°等。

2. 对比联想

对比联想是指由一事物联想到和它具有相反特点的另一事物。例如，由朋友想到敌人，由水想到火，由战争想到和平等。

3. 相似联想

相似联想是指由一事物想到另一个在与它性质上接近或相似的事物。例如，由大海想到海浪，想到鱼群，想到轮船，想到海底电缆，想到资源的开发和利用等。

> **拓展阅读**
>
> **听诊器的发明**
>
> 埃拉内克医生很想发明一种能够诊断胸腔里健康状况的听诊设备，一天，他到公园散步，看见小孩玩跷跷板游戏，一个小孩用石块在跷板一头摩擦，另一个小孩用耳朵贴着跷板的另一头就能听到声音。埃拉内克医生就联想到给病人听胸腔内的心脏、肺呼吸的声音用竹笛来当听诊器。后来，经过不断改进，成为现今医生的听诊器。

4. 关系联想

关系联想是指由事物所具有的各种关系而形成的联想思维。

(五) 纵向思维

纵向思维又称纵深思维或纵深思考，通俗地讲，就是按照既定目标、方向、在现有基础上，向纵深领域深化、挖掘的一种创新思维方式。

老子曰："挖井七仞而不及泉，废井也。"（仞是计量单位，七仞等于十二米多一点）挖井七仞没有出水，是废井，而七仞多一点出水了，甘泉涌流，就是好井。可见，成功有时只差向纵深思考的创新思维方法。这不仅对我们搞好重大发明有帮助，而且对我们加强品德修养，塑造好人格形象，其影响和作用也是不可低估的。

(六) 灵感思维

灵感思维，是指在与事物的接触及思考中，因受到某种启发而产生的创新思维方式。

它同顿悟思维一样，是在科学研究和文学艺术创作中经常出现和运用的一种创新思维方式。

由于这种创新思维方式具有转瞬即逝的偶发性，所以，要善于抓住这种稍纵即逝的灵感思维，对其进行深入思考和研究，以促成新生事物的应运而生或疑难问题的解决。

（七）求异思维

所谓求异思维，是指思维主体对某一研究问题求解时，不受已有信息或以往思路的限制，从不同方向、不同角度去寻求解决问题的不同答案的一种思维方式。

求异思维方法的内核是：积极求异，灵活生异，多点创异，最后形成异彩纷呈的新思路、新见解。可以说，求异思维方法是孕育一切创新的源头，科学技术史上许多发现或发明就是运用这种思维方式的结果。

求异思维通常包括发散求异和转换求异等思维方式。其中，发散求异思维就是发散思维，我们已在前面对此进行了介绍，下面重点介绍一下转换求异思维。

转换求异思维是指思维主体在问题求解时，通过变换或改变原有思维的视角、方向、方法或依据，从而获取不同答案的一种思维方式。转换求异思维的具体方法主要包括如下几种。

1. 思维视角转换法

思维视角转换法是指思维主体在解决问题的过程中，通过思维切入点和关注点的改变，把眼界放在一个不同的参照系中进行求异的方法。这里的参照系范围很广，可以是不同的世界观、方法论或理论框架，也可以是不同的人物角色或不同的历史阶段等，如以功能分析法替换结构分析法，由质的考察改为量的考察，将纵向分析改为横向分析，以动态分析替换静态分析，由现实角度改为历史角度或未来角度等。

例如，对同一个对象或同一种运动，通过思维视角的转换，可达到多种不同甚至更理性、更精细的认识。杜甫的"会当凌绝顶，一览众山小"，苏轼的"横看成岭侧成峰，远近高低各不同。不识庐山真面目，只缘身在此山中"，都是随着思维视角的改变，从而有不同认识的典型。

2. 思维方向转换法

思维方向转换法是指思维主体在解决问题的过程中，通过沿正反、上下、左右、前后、增减等方向转换思维方式，来求解问题的一种求异思维方法。

正反思维互换是最明显的思维方向转换法。正向思维是指按照常规方式思考问题的一种思维方式。反向思维又叫逆向思维，是指人们在思考问题时，跳出常规，改变思路，从相反方向寻找解决问题的办法和思路，这种反向思维的方法在科学技术史上运用得较为普遍。

例如，爱迪生将"声音引起振动"反向思考为"振动还原为声音"，于是产生了发明留声机的设想；赫柏布斯把吹尘器的原理反过来，设计出新的除尘装置，结果发明了吸尘器。

3. 思维依据转换法

思维依据转换法是指在科学研究过程中,当原有的理论依据已不适应新实验或新事实时,科学工作者被迫放弃旧理论,采用新理论来求解的一种思维方式。这里的依据包括理论、方法、标准和条件等。

4. 思维方式转换法

思维方式转换法是指思维主体根据求解的需要,通过变换不同的思维方式而获得不同答案的思维方法。

思维方式根据不同的标准会有很多种:横向思维与纵向思维、理性思维和感性思维、逻辑思维和形象思维、男性思维和女性思维等。思维方式转换没有机械的程序,但有一些启发性的方法。这里讨论几种思维方式转换法。

(1) 横向思维与纵向思维互换法。爱德华·德波诺教授认为纵向思维者对局势采取最理智的态度,从假设—前提—概念开始,进而依靠逻辑认真解决,直至获得问题的答案;而横向思维者是对问题本身提出问题、重构问题,它倾向于探求观察事物的所有不同方法,而不是接受最有希望的方法,并按照去做。他还比喻说,纵向思维是在深挖一个洞,横向思维是尝试在别处挖洞。因此,纵向思维是把一个洞挖得更深的工具,而横向思维则是用来在别的地方挖一个洞的工具。

(2) 理性思维和感性思维转换法。理性思维体现人的判断能力、分析综合能力和演绎推理能力,感性思维体现人的感知能力与想象力等,这两种思维方式的转换处理是非常重要的。例如,牛顿运用想象推测落体现象的原因,到理性地证明这种原因而发现了万有引力定律。

(3) 逻辑思维和形象思维转换法。逻辑思维主要体现为抽象推理能力,其本身存在着一种内在的严格形式。形象思维以原有的表象为基点,融合思想情感及其他"意"的因素。逻辑思维对表象进行加工、改造及创造性地重建,从而使"意"与"象"达成完美的结合。逻辑思维与形象思维相互转换、联合使用,可以使问题得到完美的解决。

三、创新思维的训练

思维能力的训练是一种有目的、有计划、有系统的教育活动,它的作用不可低估。人的天性对思维能力具有影响力,但后天的教育与训练对思维能力的影响更大、更深。许多研究成果表明,后天环境能在很大程度上造就一个人。

思维并非神秘之物,尽管看不见,摸不着,来无影,去无踪,但它却是实实在在、有特点、有品质的普遍心理现象。思维能力训练的主要目的是改善思维品质,提高思维能力,只有在实际训练中把握住思维品质,进行有的放矢的努力,才能顺利地卓有成效地坚持下去。

(一) 推陈出新法

推陈出新法,是当看到、听到或者接触到一件事情、一种事物时,尽可能赋予它们的新的性质，摆脱旧有方法束缚，运用新观点、新方法、新结论，反映出独创性，按照这个思路进行思维方法训练，往往能收到推陈出新的结果。

（二）聚合抽象法

聚合抽象法，是把所有感知到的对象依据一定的标准"聚合"起来，显示出它们的共性和本质，增强人们的创造性思维活动。这个训练方法首先要对感知材料形成总体轮廓认识，从感觉上发现十分突出的特点；其次要从感觉到共性问题中肢解分析，形成若干分析群，进而抽象出本质特征；再次，要对抽象出来的事物本质进行概括性描述，最后形成具有指导意义的理性成果。

（三）循序渐进法

循序渐进法能增强领导者的分析思维能力和预见能力，能够保证领导者事先对某个设想进行严密的思考，在思维上借助于逻辑推理的形式，把结果推导出来。

（四）生疑提问法

生疑提问法是对事物或过去一直被人认为是正确的东西或某种固定的思考模式敢于并且善于或提出新观点和新建议，并能运用各种证据，证明新结论的正确性。这也标志着学生创新能力的高低。

训练方法是：首先，每当观察到一件事物或现象时，无论是初次还是多次接触，都要问"为什么"，并且养成习惯；其次，每当遇到工作中的问题时，尽可能地寻求自身运动的规律性，或从不同角度、不同方向变换观察同一问题，以免被知觉假象所迷惑。

（五）心智图法

心智图法是一种刺激思维及帮助整合思想与信息的思考方法，也可以说是一种观念图像化的思考策略。此法主要采用图志式的概念，以线条、图形、符号、颜色、文字、数字等各样方式，将意念和信息快速地以上述各种方式摘要下来，成为一幅心智图（Mind Map）。结构上，具备开放性及系统性的特点，让使用者能自由地激发扩散性思维，发挥联想力，又能有层次地将各类想法组织起来，以刺激大脑做出各方面的反应，从而得以发挥全脑思考的多元化功能。

（六）集思广益法

集思广益法是一个组织团体中，借助大家彼此交流，集中众多人的集体智慧，广泛吸收有益意见，从而达到思维能力的提高。此法有利于研究成果的形成，还具有潜在的培养学生的研究能力的作用。因为，当一些富有个性的学生聚集在一起，由于各人的起点、观察问题的角度不同，研究方式、分析问题的水平不同，就会产生不同的观点和解决问题的办法。通过比较、切磋，这期间就会有意无意地学习到对方思考问题的方法，从而使自己的思维能力得到潜移默化的改进。

思考与练习

1. 简述创新的含义、过程、原则和类型。
2. 以小组为单位，讨论如何理解以下内容：
（1）结合自身体会，谈谈自己对创新思维枷锁的认识。
（2）结合自身体会，谈谈对培养自身创新思维能力的理解。
3. 请简述创新思维的概念。
4. 结合自身体会，谈谈自己对各种创新思维形式的认识。

第八章

创业与创业精神

第一节 创业基础知识

一、创业的概念

(一) 创业的界定

创业是一个人们发现和捕捉机会并由此创造出新颖的产品或服务和实现其潜在价值的复杂过程,即从创业意识产生之前到企业成长的全过程。霍华德·斯蒂文森认为,创业就是察觉机会、追逐机会的意愿及获得成功的信心和可能性。"创业"一词由"创"和"业"两个字组成。所谓"创"即为创造,也可以理解为创办、创新、创立;而"业"即事业,也可以是行业、职业或者学业等。

对创业概念,可以从四个方面理解。

(1) 创业是一个复杂的创造过程——它创造出某种有价值的新事物。这种新事物必须是有价值的,不仅对创业者本身有价值,而且对社会也要有价值。价值属性是创业的重要社会性属性,同时也是创业活动的意义和价值。

(2) 创业必须贡献必要的时间和大量的精力,付出极大的努力。要完成整个创业过程,要创造新的有价值的事物,就需要大量的时间,而要获得成功,没有极大的努力是不可能的,因为很多创业活动的创业初期是在非常艰苦的环境下实现的。

(3) 创业要承担必然的风险。创业的风险可能有各种不同的形式,取决于创业的领域和创业团队的资源。但通常的创业风险主要包括人力资源风险、市场风险、财务风险、技术风险、外部环境风险、合同风险、精神方面的风险等。创业者应具备超人的胆识,甘冒风险,勇于承担多数人望而却步的事业风险。

(4) 创业将给创业者带来回报。作为一个创业者,最重要的回报可能是其从中获得的独立自主，以及随之而来的个人的物质财富的满足。对于追求利润的创业者，金钱的回报无疑是重要的。对其中的许多人来说，物质财富是衡量是否成功的一种尺度。通常，风险与回报呈正相关关系。创业带来的回报，既包括物质的回报，也包括精神的回报，是创业者进行创业的动机和动力。

创业亦有广义和狭义之分。广义的创业指人类的创举活动，或带有开拓、创新并有积极意义的社会活动。它是一种思考、推理和行为方式，涉及政治、经济、军事、文化、科学、教育等很多方面，这种行为方式是机会驱动、注重方法和与领导相平衡。创业不只是为其所有者，也为所有参与者以及相关利益人产生、增加、实现和更新价值。狭义的创业可以定义为在经济领域，个人或团体依法登记建立企业，以营利为目的从事有偿经营的商业活动。我们通常说的大学生创业就是狭义概念上的创业，它是指大学生毕业后不通过传统的就业方式谋取职业发展，而是利用自己的知识、才能和技术，以自筹资金、技术入股、寻求合作等方式开办自己的企业，从而既为自己又为社会上更多的人创造就业机会的过程。在这里，我们对创业的定义从狭义的角度进行界定，即认为创业是在经济领域，通过创建新企业，以创造价值为目的，以创新方式将各种经济要素结合起来，使其发挥最大效益的一种有目的的经济活动。同时，为了使大学生具备基本的创业能力，我们将从广义的角度对学生进行创业素质的培养训练，为创业成功打下坚实的基础。

综上所述，创业的本质是创新，创业的过程永远是不断创新的过程。创新是提出新方法，建立新理论，对现有的事物进行更新改造，开始再认识、再发现的过程。创业则是在创新的基础上，把创新成果应用于技术、制度、管理等方面，产生一定的经济效益。创新是创业的基础和前提，没有创新，就不可能有真正意义上的创业。创业必须是一个创造的过程，创业需要贡献时间和付出努力，创业必然要承担相应财务的、精神的和社会的风险，创业会给创业者丰厚的金钱回报、精神的满足和独立自主等。

（二）创业的特征

1. 创新性

创业是一个创新的过程，是一个从无到有的过程，也是一个创造新事物的过程。它创造出一种新的产品或服务来满足社会的不同需要，本身就带有一种开拓性和创新性。

2. 风险性

相对于普通的从业者来说，创业过程中会遇到很多风险。创业者是在走一条前人没有走过的路，所以创业除了艰辛之外，还存在很大的风险性与偶然性。这些风险主要包括政策风险、市场风险、融资风险、管理风险、决策风险等。可以说，创业的风险是不可避免的，是多方面的，但风险在一定程度上是可以预测的。创业者要有正确的认识，提高防范风险的意识。

3. 自主性

创业通俗地讲可以说成是"自己给自己当老板或者打工"，创业者完全要依靠自己，可以决定做什么、怎么做，可以自己决定企业的发展方向，因而创业者对于选择什么项目、组建什么企业也是自主的。无论是创业前的学习准备工作，还是寻找创业商机、分析创业环境、进行创业融资、组织企业管理，都需要创业者自己不断地努力摸索。这也意味着创业者在承受更多风险和承担更多责任的同时，可以自由发挥自己的知识、技术和才干，最大限度地实现自己的人生价值。

4. 艰苦性

创业是一项由多要素组成的复杂的系统工程，也是一项创新型的活动。要想创业成功，需要付出艰苦的努力和劳动。创业需要的是不轻言放弃的毅力，坚忍不拔的意志、品质与勇气。

二、创业的要素

（一）创业的关键要素

创业的关键要素包括创业机会、创业团队和创业资源。

创业机会就是创业者可以利用的商业机会。从创业过程的角度来说，创业机会是创业的起点，创业过程就是围绕着创业机会进行识别、开发、利用的过程。

创业团队是指在创业初期（包括企业成立前和成立早期），由一群才能互补、责任共担、愿为共同的创业目标奋斗的人所组成的特殊群体。

创业资源是指新创企业在创造价值的过程中需要的特定资产，包括有形资产与无形资产。它是企业创立和运营的必要条件，主要表现为创业人才、创业资本、创业技术和创业管理等。

（二）创业各要素之间的关系

我们可以从以下几个方面来认识创业各要素之间的相互关系。

第一，创业机会是创业过程的重要驱动力，创业团队是创业过程的主导者，创业资源是创业成功的必要保证。创业过程始于创业机会，而不是资金、战略、网络、团队或创业计划。开始创业时，创业机会比资金、团队的才干和能力及合适的资源更重要。在创业过程中，创业机会与创业资源之间经历着一个适应—差距—适应的动态过程。

第二，创业过程是创业机会、创业团队与创业资源三个要素匹配和平衡的结果。创业团队要善于配置和平衡创业资源，借此推进创业过程，包括对创业机会的理性分析和把握，对创业风险的认识和应对，对创业资源的合理配置和利用，对工作团队适应性的认识和分析等。

第三，创业是一个连续不断地寻求平衡的行为组合。创业机会、创业团队和创业资源三个要素的绝对平衡是不存在的，但创业过程要保持发展，必须追求一个动态的平衡。这期间创业团队必须思考的问题包括：目前的团队能否领导组织未来的成长？组织面临怎样的资源状况？下一阶段的运作与成功面临哪些困难与陷阱？这些问题在组织发展的不同阶段会以不同的形式出现,它牵涉组织的可持续发展。

> **拓展阅读**
>
> **创业与就业的差异**
>
> (1) 角色差异。创业者与就业者在企业中的地位、所肩负的责任和使命均有较大差异。创业者通常处于新创企业的高层,在企业实体的创建过程中,始终是负责人,始终参与其中;而就业者通常处于中低层,到达高层需要一个过程,也不需要对企业的成长负责,只需要做好本职工作就可以了。
>
> (2) 技能差异。创业者通常身兼多职,既要有战略眼光,也要有具体的经营技能,从而要求其具备相当全面的知识和技能;就业者通常具备一项专业技能即可开展自己的工作。
>
> (3) 收益与风险差异。就业者的主要投入是数年的教育成本;而创业者除了教育成本,还包括前期准备中投入的人力、物力和财力。一旦失败,就业者并不会丧失教育成本,但创业者会损失在创业前期投入的一切成本;一旦成功,就业者只能获得约定的工资、奖金及少量的利润,创业者则会获得大多数经营利润,其数额理论上没有上限。
>
> (4) 成功的关键因素的差异。就业者可以完全依靠企业实体;但创业者更多的还要考虑自身的经验、学识与财力,以及各种需求和各种资源的占有等条件。

三、创业的分类

(一) 按创业时间分类,创业分为生存型创业、资源型创业、机会型创业、资本型创业和个体崛起创业

1. 第一次,1979 年至 80 年代末:生存型创业

"文革"结束后,800 万名知青返城、部分社会未就业人群,为了维持生计开始创业,人们管这叫"练摊"。1979 年 2 月,中共中央、国务院批转了第一个有关发展个体经济的报告,允许"各地可根据市场需要,在取得有关业务主管部门同意后,批准一些有正式户口的闲散劳动力从事修理、服务和手工业者个体劳动"。

2. 第二次,20 世纪 80 年代末至 90 年代初:资源型创业

该时期,全国掀起一股全民经商潮,其中最为典型的是"国企员工下海"。国企改制、国退民进。1992 年初,中国改革开放总设计师邓小平"南方谈话"指出,计划和市场都是经济手段,明确提出"三个有利于"标准。"南方谈话"进一步打破了人们的思想禁锢,激发人们跳出体制、投身市场经济的热情。据人社部数据显示,1992 年,有 12 万名公务员辞职"下海",1000 多万名公务员停薪留职。

3. 第三次，20世纪90年代末至21世纪初：机会型创业

经济体制的改变，让人们解决生存问题；而科技的发展，却改变生活方式，如互联网袭来。百度、腾讯、阿里巴巴正是在这一时期迅速崛起，成为中国新兴经济的代表。而其所代表的互联网，将在未来以"颠覆一切"的形象，改变着整个中国的经济结构。

4. 第四次，21世纪初至今天：资本型创业

由于市场机制不完善、信息不对称、机会不均等，市场要素资本化、泡沫化，如房地产、证券等。前四次"创业潮"均有效促进了经济发展，拉动了就业，但伴随着也产生了一些问题，如社会矛盾、收入差距、环境问题等。

5. 第五次，2014年至今大众创业：新时代的个体崛起

2014年，中国经济进入"新常态"，而一波新的创业浪潮也正在兴起。2015年3月，"大众创业，万众创新"在政府工作报告中出现。国务院总理李克强指出，打造大众创业、万众创新和增加公共产品、公共服务成为推动中国经济发展调速不减势、量增质更优，实现中国经济提质增效升级"双引擎"。在双创形势下，新的动能不断汇聚，如云计算、物联网、3D打印、大数据等加快产业现代化、线上线下相融合，这样的新兴产业不仅能够创造财富、推动就业，而且能使以技术和创新为主的企业持续壮大下去。所以说，创新驱动大众创业、万众创新对国家核心竞争力的发展会有很大的帮助。

（二）按新企业建立的渠道分类，可以将创业划分为自主型创业和企业内创业

1. 自主型创业

自主型创业是指创业者个人或团队白手起家进行创业。自主型创业充满挑战和刺激，个人的想象力、创造力可得到最大限度的发挥，不必再忍受单位的制约，有一个新的舞台可供表现和实现自我；可多方面接触社会、各种类型的人和事，摆脱日复一日的单调乏味的重复性劳动；可以在短时期内积累财富，奠定人生的物质基础，为攀登新的人生巅峰做准备。

自主型创业有许多种方式，但是，大体上可以归纳为如下几种。

其一，创新型创业。创新型创业是指创业者通过提供有创造性的产品或服务，填补市场需求的空白。

其二，从属型创业。从属型创业大致有两种情况：一是创办小型企业，与大型企业进行协作，在企业整个价值链中，做一个环节或者承揽大企业的外包业务。这种方式能降低交易成本，减少单打独斗的风险，提升市场竞争力，且有助于形成产业的整体竞争优势。二是加盟连锁、特许经营，利用品牌优势和成熟的经营管理模式，减少经营风险，如麦当劳、肯德基等。

其三，模仿型创业。根据自身条件，选择一个合适的地点和进入壁垒低的行业，学着别人开办企业。这类企业投入少，并无创新，在市场上拾遗补阙，但逐步积累也有机会跻身于强者行列，创立自己的品牌。

2. 企业内创业

企业内创业是进入成熟期的企业为了获得持续的增长和长久的竞争优势，为了倡导创

新并使其研发成果商品化,通过授权和资源保障等支持的企业内创业。每一种产品都有生命周期,一个企业在不断变化的环境中,只有不断创新,不断将创新的成果推向市场,不断推出新的产品和服务,才能跳出产品生命周期的怪圈,不断延伸企业的生命周期。成熟企业的增长同样需要创业的理念、文化,需要企业内部创业者利用和整合企业内部资源创业。

企业内创业是动态的,正是通过二次创业、三次创业乃至连续不断的创业,企业的生命周期才能不断地在循环中延伸。

(三)按创业主体分类,创业可以分为大学生创业、失业者创业和兼职者创业

1. 大学生创业

大学生毕业后自主创业,可独立创业,也可合伙创业;可干所学专业,也可干非所学专业,这些在今天已较普遍。自主创业的目的并非以挣钱为主,而是不愿替人打工、受制于人,是干自己想干的事,体现自我人生价值。

独立创业是指创业者独立创办自己的企业。独立创业已成为一种很平常的现象。独创企业的特点在于产权是创业者个人独有的,相对独立,而且产权清晰,企业利润归创业者独有。企业由创业者自由掌控,创业者按自己的思路来经营和发展自己的企业,无须迎合其他持股者的利益要求及其对企业经营的干扰。但是,独创企业的创业者需要面临独自承担风险、创业资金筹备困难、财务压力大和个人才能的限制等约束。

合伙创业是指与他人共同创办企业。与独立创业相比,合伙创业有以下几个优势:一是共担风险;二是融资难的问题得到缓解;三是有利于优势互补,形成一定的团队优势。不利因素有:一是易产生利益冲突;二是易于出现中途退场者;三是企业内部管理交易费用较高;四是企业发展目标可能有分歧。

2. 失业者创业

不少失业者也通过自身努力,成了创业的佼佼者。这类创业大多选择服务行业,投资少,回报快,风险低。

3. 兼职者创业

例如,大学教授中有一部分就是兼职创业者,尤其是搞艺术专业的,自己建立公司,对外招揽生意。

(四)按创业项目分类,创业大致可以分为传统技能型、高新技术型和知识服务型三种

1. 传统技能型

选择传统技能项目创业将具有永恒的生命力,因为使用传统技术、工艺的创业项目,如独特的技艺或配方都会拥有市场优势。尤其是在酿酒业、饮料业、中药业、工艺美术品业、服装与食品加工业、修理业等与人们日常生活紧密相关的行业中,独特的传统技能项目表现出了经久不衰的竞争力,许多现代技术都无法与之竞争。不仅中国如此,外国也如

此，有不少传统的手工生产方式在发达国家至今尚保留着。

2. 高新技术型

高新技术项目就是人们常说的知识经济项目、高科技项目，这种类型知识密集度高，带有前沿性、研究开发性质。高新技术企业的标准有四条：一是知识密集、技术密集；二是大专以上学历人员占职工总数的30%以上，且研究开发人员占10%；三是高新技术产品研究开发费用占总收入3%以上；四是技术性收入与高科技产品产值总和占企业总收入50%以上。

3. 知识服务型

当今社会，信息量越来越大，知识更新越来越快。为了满足人们节省精力、提高效率的需求，各类知识性咨询服务的机构会不断细化和增加，如律师事务所、会计事务所、管理咨询公司、广告公司等。知识服务型项目是一种投资少、见效快的创业选择。

（五）按创业风险分类，创业大致可以分为依附型创业、尾随型创业、独创型创业和对抗型创业

1. 依附型创业

依附型创业可分为两种情况：一是依附于大企业或产业链而生存，在产业链中确定自己的角色，为大企业提供配套服务，如专门为某个或某类企业生产零配件，或生产、印刷包装材料；二是特许经营权的使用，如麦当劳、肯德基，利用品牌效应和成熟的经营管理模式，减少经营风险。

2. 尾随型创业

尾随型创业即模仿他人创业，所开办的企业和经营项目均无新意，行业内已经有许多同类企业。新创企业尾随他人，"学着别人做"是尾随的第一个特点，其短期内不求超过他人，只求能维持下去，随着学习的成熟，再逐步进入强者行列。尾随型创业的第二个特点是在市场上拾遗补阙，不求独家承揽全部业务，只求在市场上分得一杯羹。

3. 独创型创业

独创型创业可表现在很多方面，归结起来，集中在两个层面：一是填补市场需求内容的空白，二是填补市场需求形式的空白。前者的经营项目具有独创性，不管是商品的独创性还是商品某种技术的独创性，都是独此一家，别无分店。

4. 对抗型创业

对抗型创业是指进入其他企业已形成垄断地位的某个市场，与之对抗较量。这类创业必须在知己知彼、科学决策的前提下，决心大、速度快，把自己的优势发挥得淋漓尽致，把自己的劣势减到最小，抓住市场机遇，乘势而上，避开市场风险，减少风险损失。希望集团就是对抗型创业的成功典型。

（六）按创业周期划分，创业可分为初始创业、二次创业和连续创业

1. 初始创业

初始创业是一个从无到有的过程。创业者经过市场调查，分析自己的优势、劣势及外

部环境的机遇与风险，权衡利弊，确定自己的创业类型，履行必要的法律手续，招聘员工，建立组织，设计管理模式，投入资本，营销产品或服务，不断扩大市场，由亏损到盈利的过程就是初始创业。同时，初始创业也是一个学习过程，创业者往往边干边学。

2. 二次创业

传统的观念认为，新建企业为创业，老企业只存在守业问题，不存在创业问题。创业是个动态的过程，伴随着企业全部的生命周期，企业的生命周期分为投入期、成长期、成熟期和衰退期四个阶段。创业者表现最明显的是在投入期和成熟期，没有投入期，就没有创业；成熟期不再次创业，企业就会走向衰退期。成熟期再创业的，就是二次创业，它对企业的生存和发展有着举足轻重的影响。二次创业的目的是使企业避免进入衰退期，恒久地保持成长期和成熟期的良好状态，彰显出长久的竞争优势。二次创业靠什么呢？靠新技术、新产品和新服务。在企业成长期结束、成熟期开始时，就要进行二次创业，就要投入新产品。老产品处于成熟期，新产品处于投入期；老产品进入衰退期，新产品进入成长期。这样就能保证企业生命不衰，青春常驻。没有二次创业，企业必将昙花一现。

3. 连续创业

创业其实是沿着一条哲学法则运行的。创业型，体现的是从无到有，"有"要完成它的生命周期四个阶段，这四个阶段是由"生"到"死"，如何使其不"死"呢？唯一的办法是嫁接生命，把企业生命由原来所生产的产品（或服务、技术）嫁接到另一种新产品（或新服务、新技术）上，但二次创业的生命也是有限的，这就需要三次创业、三次嫁接。进入第三次创业的企业往往有了较大的实力和规模，抗风险能力比较强，而且经过三次创业的企业，不少走向了分权化、集团化，达到"三生万物"的境界。

四、创业的动机

（一）创业动机的概念

创业动机是指创业者由于个体内在或外在的需要，而在创业时所表现出来的目标或愿景。

创业动机常常决定着创业者的行业选择、目标定位等具体取向。创业动机内源于个体的心智与教育成长环境，是个体在综合自我、环境、价值、目标、期望等诸多因素之后所形成的内在的、个人的初始动力，是创业的开始和最基本的驱动力。

（二）创业动机的分类

按照马斯洛的需求理论，现实中创业者的创业动机可分为以下五类。

生理需求：有的人创业是为了不依赖他人而独立地生存。

安全需求：有的人创业是为了拥有永远不会失去的安全感。

归属需求：有的人放弃可以无忧无虑生存的工作，创业是为了拥有更宽广的发展空间和人脉。

尊重需求：有的人放弃高薪而去创业，是为了过一种更加受人尊重的生活，用自己的能力去打拼属于自己的自由王国。

自我实现需求：有的人干脆在创业成功的时候卖掉自己的企业，转身去做咨询、公益、慈善等，这也是一种体现自身价值的生活方式。

由此可以看出，如果创业仅仅是为了赚钱，奋斗仅仅是为了权力，那么这就还不算是真正的成功，因为这样的追求还只是为了满足自己最基本的需求。就算经过奋斗满足了生理需求（有吃、有穿）、安全需求（有房子、有固定收入）、归属需求（有家、有爱人、有天伦之乐）、尊重需求（有钱、有权、有势）的时候，依然还不能算是一个成功者，因为这一切仅仅是为自我实现所做的一种准备和铺垫，或者说是一种积累和储备。

拓展阅读

不可取的十种创业动机

1．"我厌倦了要一直努力工作，压力很大。"

创业比找工作更累，压力更大。你需要仔细考虑，健康和个人问题不会因创业而消失。

2．"这是我的爱好，所以，为什么不把它当成职业？"

问题在于多数爱好都费钱而不是赚钱，你爱做一件事并不意味着有人爱买单。

3．"我绝望了，因为我找不到合适的工作。"

现在经济衰退，工作不好找，但别忘了商业衰退率也很高。绝望的人不会成功，因为他没有创业的资源和毅力。

4．"我家是商业世家，所以我有遗传天赋。"

成功的企业家似乎有内在天赋，但能否自动传给后代就不得而知了。

5．"我继承了些钱，创业是不错的投资。"

创业不能没有资本，但有资本不意味着要创业。不如把钱投给有经验的人士，或干脆存入银行。

6．"我有空闲时间，我需要额外收入。"

创业不是兼职。创业是额外开销而不是额外收入。

7．"我讨厌当小职员、被老板管。"

别因为想得到权力而创业。顾客、供应商、赞助商、合作伙伴等都将是你的新"老板"，这些人可能比现在的老板更难对付。

8．"我的朋友都拥有热门产业，似乎做得不赖。"

不要相信道听途说之事，不要贸然进入你不了解的潮流产业，你的好友可能在成功前付出了很多艰辛。

9．"我想致富，所以我要创业。"

抱着致富的梦想创业，肯定会失望，创业不一定比其他职业更赚钱。可以肯定的是，创业的失败风险更高。

10. "我的首要目标是奉献社会。"

这话值得称赞，但在你成功之后说这话会更有分量。一味地想改变世界而不考虑钱，那么创办的公司会拖垮你。

（三）产生创业动机的驱动因素

产生创业动机的驱动因素主要有个体成就因素和团队合作因素两个方面。

1. 个体成就因素

个体成就因素是促进个体创业的重要驱动力，一般表现为个体的冲动、期许和价值目标等。当个体对自己的人生成就具有较高水平的期望时，创业作为一种职业选择会具有相当大的吸引力，会为个体带来其他选择所无法提供的心理和物质满足感。

2. 团队合作因素

团队协作能力越高，创业者就越有创业的冲劲。团队协作能力高的人，能够处理好团队中各个成员的关系，吸引他人参与到创业中来，并调动他们的创业热情。

五、创业的过程

创业过程包括从产生创业想法到创建新企业并获取回报的整个过程，通常可分为以下六个主要环节。

（一）产生创业动机

创业动机是创业的原动力，它推动创业者去发现和识别市场机会。创业活动的主体是创业者，创业活动首先取决于个人是否希望成为创业者。创业动机不仅是打算创业的一时冲动，更是对创业目标与预期收益的深思熟虑。

（二）识别创业机会

识别创业机会是对可能成为创业机会的诸事件的分析和对创业预期结果的判断。创业机会一般分为两种：一种是意外发现的，一种是经过深思熟虑才发现。国家产业政策的调整、新技术的出现、人口和家庭结构的变化、人们的物质和精神需求的变化、流行时尚等都可能形成创业机会。创业者应该具有敏感的嗅觉，能够及时、准确地识别创业机会，识别之后，还要对创业机会进行评价和提炼。这里需要创业者将知识、经验、技能和其他市场所需的资源进行整合。

（三）整合有效资源

资源是创业的基础性条件，整合资源是创业者开发机会的重要手段。强调整合资源，是因为创业者可以直接控制的可用资源往往很少,许多成功的创业者都有白手起家的经历。创业者需要整合的资源包括基本信息(市场、环境和法律)、人力资源(合作者、最初的雇员)、财务资源等。

(四)创建新企业

创建新企业需要进行大量的准备工作,其中创业计划、创业融资和注册登记尤为关键。创业能否付诸行动,关键看其能否形成一个周密的创业计划;资金往往成为创业企业的"瓶颈",创业融资在企业的创建过程中至关重要;当创业者完成创业计划并获得融资之后,就可以按照法定程序进行注册登记,包括确定企业的组织形式、设计企业名称、向工商行政管理机关提出企业登记注册申请、领取营业执照等。

(五)实现机会价值

创业者整合资源、创建新企业的目的是实现机会价值,并通过实现机会价值来实现自己的创业目标,这是创业过程中的重要环节。确保新创建的企业生存是创业者必须面对的挑战,但创业者不能仅仅考虑生存,同时还要考虑成长,不成长就无法生存得更好,在竞争激烈的环境中尤其如此。创业者需要了解企业成长的一般规律,预见企业不同成长阶段可能面临的问题,采取有效的措施予以防范和解决,使机会价值得到充分的实现,同时不断地开发新的机会,把企业做活、做大、做强、做长。

(六)收获创业回报

对回报的正当追求是创业活动的目的,它有助于强化创业者对事业的执着追求。对创业者来说,创业是获取回报的手段和途径,是一种载体。回报可能是多种多样的,对回报的满意度在很大程度上取决于创业者的创业动机。有调查发现,多数创业者的创业动机首先是自己当老板,然后才是追求利润和财富。对这些人来说,当老板的感受就是回报。

六、创业的环境

所谓创业环境,实际上就是创业活动的舞台。任何创业活动都是在一定的社会环境下进行的,在大学生迈向社会、进入创业阶段的时候,呈现在面前的就是一个巨大的空的舞台。在这个舞台上,诸多事务和要素互动联系、碰撞,形成了一个面面俱到的现实环境系统,因此创业环境对大学生创业具有十分重要的影响。在大学生就业形势日益严峻的社会背景下,采取有效措施,为大学生创业营造良好环境,对促进大学生创业带动就业具有非常重要的作用。

(一)法律、政策、社会环境持续改善

第一,创业政策就是国家推动的与创业相关的一系列措施。创业政策包含三个层次:

首先是个人层面上激发人们的创业激情，其次是使创业者获得创业所需的知识和技能，最后是为创业者提供资源和环境支持。随着创业及创业教育在我国的兴起和普及，我国社会对于大学生创业的态度已实现了从默认创业、接受创业到推动创业、为创业服务的观念转变。为此，近年来，我国各级政府出台了一系列大学生创业政策，较为完善的大学生创业政策体系已见雏形。

第二，创业门槛不断降低。首先，对私营经济在市场进入方面的限制大多将逐渐取消，更多的行业领域将许可民营企业进入；其次，一些经营手续办理程序得到简化，企业自主经营范围变得更为宽泛和自由。

第三，资本市场日趋健全和活跃。在融资方面，银行贷款、金融支持、融资担保、风险投资、产权交易等业务不断推陈出新。为解决创业过程中融资难的问题，有关机构还启动了为创业者提供开业贷款担保和贴息的业务。

第四，各种创业载体和服务机构发展加快。如今，各类企业孵化器、工业园区、企业服务中心、风险投资机构、担保服务机构、信用评级机构、顾问咨询等正在快速发展，更有利于创业的启动与发展。

第五，创业的社会氛围越来越浓厚。几年前，我国的创业的社会氛围并不浓厚，鼓励创业的氛围并没有完全形成。由于受中国传统文化的影响，人们并不觉得创业、冒险是一件光荣的事情，大多数学生与家长在择业时还是倾向于找一份稳定的工作，不喜欢没有把握地冒风险。伴随着创新型国家和地方创业型城市的建设，创业的社会氛围越来越浓厚，鼓励创业，容忍失败，少年强则国强的认识也成为一种社会共识，大众创业、万众创新蓬勃发展，日均新设企业由5000多家增加到16 000多家。

（二）社会经济科技发展为创业者提供了广阔的发展空间

迅速发展的经济不仅需要人们创业、呼唤着人们创业，而且，它也为创业者创造了前所未有的机遇，为创业者提供了一个前所未有的大舞台。

第一，知识经济为大学生提供了巨大的创业舞台。知识经济时代最重大、最根本的变化无疑是资金让位于知识，知识成为最宝贵的资源、最重要的资本，这给一切富有知识与智慧的人提供了前所未有的机遇。2018年政府工作报告中提到，"五年来，创新驱动发展成果丰硕。全社会研发投入年均增长11%，规模跃居世界第二位。科技进步贡献率由52.2%提高到57.5%。载人航天、深海探测、量子通信、大飞机等重大创新成果不断涌现。高铁网络、电子商务、移动支付、共享经济等引领世界潮流"。随着高科技的发展，大量的新兴行业不断涌现，这为受过良好教育并具有相当的专业知识的人才提供了无穷的机会。当代许多创业明星就是在网络技术和服务领域创业成功的。随着知识更新速度的加快，"继续教育"成为人们的终身行为，文化教育、信息传播也成为一个大有前途的创业领域。

第二，第三产业成为我国一个极具魅力的投资领域。从总体上看，我国第三产业仍比较落后，特别是一些新兴第三产业还远远跟不上时代的步伐。随着我国市场经济的进一步发展，第三产业可以为创业者提供许多大显身手的舞台。而且，第三产业投资少、见效快，十分适合普通大众创业。如人工智能、共享经济、知识付费、短视频等都将成为新的创业趋势。

让创业成为一种生活方式

2017年，《经济日报》记者在北京郊区几家小微企业采访，发现一些小微企业主围绕自己的人生爱好、文化追求推出了不少小发明，创业对他们而言已然成为一种生活方式。

吴新芳是一位红酒爱好者，他研究创制了添加枸杞等中草药配方的特色红酒，销售基本上靠朋友们口口相传，虽没有多突出的经营业绩，但能维持盈亏平衡。用他的话说，做自己喜欢的事，再难也是快乐的。对吴新芳而言，让东西方文化在红酒里融合的创意，是支撑这一小微企业继续前行的文化理念。

居住在怀柔区桥梓镇杨家东庄村的蒋五四、张芳夫妇，现在正经营着一家经济律师事务所，因为互联网发达，他们夫妇二人基本在家里就能完成工作。长年居住在乡下，生态环境是比城里好了很多，可取暖设施却跟不上，于是拥有工程学士学位的蒋五四开始琢磨如何取暖，经过了七八年的完善，其"热压力水循环取暖装置"，俗称"水暖炕"，获得了国家发明专利。如今，他们已经在考虑量产的问题。

记者在采访中了解到，有不少这样的创业者追求生活和事业的统一，把创业变成一种生活方式。有的投身农家乐、书吧，有的去做工艺设计，如纯天然的皂雕、纯木制手工首饰等，这些令人目不暇接的创意和创造让生活和事业相互交融，为人们带来了全新的工作生活理念。

第二节　创业精神

创业精神既是创业的源泉和动力，也是创业的支柱。没有创业精神，就不会有创业行动，创业也就无从谈起；即使开始创业，也往往是浅尝辄止、半途而废。因此，创业精神对创业来说至关重要。

一、创业精神的本质

创业精神是创业者在创业过程中的重要行为特征的高度凝练，主要表现为勇于创新、敢担风险、团结合作、坚持不懈等。

（一）创新是创业精神的灵魂

创业精神的灵魂是创新，就是将新的理念和设想通过新的产品、新的流程、新的市场需求，以及新的服务方式有效地融入市场中，进而创造出新的价值或财富的过程。缺乏创新，就不会有新企业的诞生和小企业的成长壮大。

（二）冒险是创业精神的天性

没有甘冒风险和勇担风险的魄力，就不能成为创业者。中外无数创业者虽然成长环境、成长背景和创业机缘各不相同，但大多是在条件极不成熟和外部环境极不明晰的情况下，敢为人先，勇于做"第一个吃螃蟹的人"。

（三）合作是创业精神的精髓

社会发展到今天，行业分工越来越细，没有谁能一个人完成创业所需要完成的所有事情。真正的创业者都是善于合作的，而且还能将这种合作精神扩展到企业的每个员工。面临困境时，团队成员能团结一心，"心往一处想，劲往一处使"。

（四）执着是创业精神的本色

创业的道路是坎坷的，选择了创业就是选择了面对更多困难和迎接更多挑战，而创业精神就体现在战胜困难与挑战的过程中。因此，创业者必须坚持不懈，只有知难而进，在战胜困难中学会成长，才能抓住属于自己的机会。

二、影响创业精神的因素

创业精神主要受文化环境、产业环境、机制环境、生存环境等因素的影响。

（一）文化环境

创业行动者是生活于现实文化环境中的学习者。作为学习者，其生活所在区域的文化价值观就是其学习的重要内容之一，因此在一个商业文化氛围浓厚的地方，潜在的创业行动者容易产生创业精神。以温州为例，早在南宋时期，温州的商业就十分发达。据时人戴栩《江山胜概楼记》所载："市声涌洞彻子夜，晨钟未歇，人与鸟鹊偕起。"程俱《北山集》载："其货纤靡，其人多贾。"这种独特的区域文化传统孕育了当今温州商人的创业精神。

（二）产业环境

不同的产业环境会对创业精神产生影响。对于垄断行业而言，企业缺少竞争，就容易抑制创业精神的产生；而在一个完全竞争的市场结构中，由于企业间优胜劣汰，竞争激烈，往往能激发创业精神。

（三）机制环境

创业精神产生于特定的机制环境中，竞争的机制环境有利于创业精神的产生。

(四）生存环境

在资源贫瘠的地方，人们为了改善生存状况而寻求发展机会，整合外界资源，更容易激发和形成创业精神。例如，我国历史上徽商、晋商的形成，最初都是源于生存环境的艰难。

三、创业精神的作用

创业精神能够激发人们进行创业实践的欲望，是一种内在的动力机制。它在很大程度上决定着一个人是否敢于投身创业实践活动，支配着人们对创业实践活动的态度和行为，并影响着态度和行为的方向及强度。

具体来讲，创业精神可渗透到三个领域并产生作用：一是个人成就的取得，即个人如何创建自己的企业；二是大企业的成长，也就是大企业如何使其整个组织都重新焕发创业精神，创造更高速的成长，从而具有更强的竞争力；三是国家的发展，也就是如何实施创新驱动发展战略，全面建成小康社会，使国家更富强、人民更幸福、社会更和谐。

创新精神能够帮助个人、企业乃至整个国家或地区，在面对错综复杂的竞争环境时走向成功和繁荣。当前，世界产业结构正在发生转变，创业精神有利于我国加快经济发展，促进经济持续健康发展。

四、创业精神的培育

培育创业精神，通常从培育创业人格、培养创新能力和强化创业实践等方面进行。

（一）培育创业人格

个性特征对创业者个人来说非常重要，尤其是独立性、坚持性、敢为性等，所以，人格塑造与创业精神培育相辅相成。大学生要树立心理健康意识，提高心理素质，增强适应能力，自觉培养坚忍不拔的意志品质和艰苦奋斗的精神。此外，还可以通过创业案例剖析创业者的人格特征等，掌握形成良好心理素质与人格特征的途径和方法。

（二）培养创新能力

创新是创业精神的核心。大学生要通过保持个性发展和好奇心、求知欲，勇于突破前人、突破书本、突破难题，自觉培养科学精神，训练创新思维，提高创新能力。

（三）强化创业实践

"纸上得来终觉浅，绝知此事要躬行。"大学生应该利用课余时间参加一定的创业模拟和社会实践活动,增强对企业的了解和对社会的认知。通过在校内外参加创业竞赛活动、实习和见习活动等,在实践中磨炼自己,培育创业精神。

拓展阅读

创业宣言

〔德国〕阿尔贝特·施威茨尔

我怎会甘于庸碌,打破常规的束缚是我神圣的权利,只要我能做到。

赐予我机会和挑战吧,安稳与舒适并不使我心驰神往。

我不愿做个循规蹈矩的人,不愿唯唯诺诺、麻木不仁,

我渴望遭遇惊涛骇浪,去实现我的梦想,

历经千难万险,哪怕折戟沉沙,也要争取成功的欢乐而冲浪。

一点小钱,怎能买动我高贵的意志,

面对生活的挑战,我将大步向前。

安逸的生活怎值得留恋,乌托邦似的宁静只能使我昏昏欲睡。

我向往成功,向往振奋和激动,

舒适的生活怎能让我出卖自由,怜悯的施舍更买不走人的尊严。

我已学会独立思考、自由行动,

面对这个世界,我要大声宣布——这,是我的杰作!

五、企业家精神

"企业家"一词源于法文,意思是"敢于承担一切风险和责任而开创并引导一项事业的人"。而在美国,企业家往往被定义为创办自己的全新小型企业的人。

(一) 透析企业家精神

但是,到底什么样的人才能算得上企业家呢?什么样的行为才能算得上企业家行为?什么样的精神是真正的企业家精神呢?

首先,必须要澄清的是,并不是每一个新办企业都是一种企业家行为,同理,也并非每一个创业者都具有企业家精神。举例来说,如果一对夫妇在某市郊开了一家熟食店,他们的确是冒了一点风险,投入了资金,形成了一个新的餐厅,但是他们是企业家吗?他们所做的事情没有创造出新的满足和消费诉求,而只不过是把赌注押在了该地区外出就餐的人口会日益增多这一点上。从这一点看,即使他们创办的是新企业,这对夫妇也算不上企业家,更谈不上具有企业家精神。

而同样属于餐饮行业的全球连锁快餐——麦当劳，所表现出来的就是企业家精神。也许你会心生怀疑，因为麦当劳并没有发明任何新东西，任何一家餐厅早就开始生产麦当劳所供应的最终产品。但是麦当劳不同于大多数餐厅的是，它凭借着应用管理概念和技巧（即研究客户所注重的"价值"），将"产品"标准化，设计制作流程，设定标准，优化效率，大幅提高单位时间的产出，开辟了新市场和培养了新顾客，这些所有的集合就是企业家行为，而表现出来的就是企业家精神。

那到底何谓企业家精神？企业家精神是表现这个特殊群体所具有的共同特征，是他们所具有的独特的个人素质、价值取向以及思维模式的抽象表达，是对企业家理性和非理性逻辑结构的一种超越、升华。简单来说就是几个词，创新、冒险、合作、敬业、学习、执着、诚信。其中，创新是企业家精神的灵魂，冒险是企业家精神的天性，合作是企业家精神的精华，敬业是企业家精神的动力，学习是企业家精神的关键，执着是企业家精神的本色，诚信是企业家精神的基石，责任是企业家精神的核心。

（二）持续经营与企业家精神

对于经历了初创期的企业和创业者而言，都必须把培养企业家精神、形成企业家行为作为下一阶段乃至很长时间里的目标与追求。因为但凡先期经受住市场考验，有一定的市场品牌认知的企业，都有持续经营的愿望和打算。而企业家精神恰恰是这种持续经营的推动源泉。因为真正伟大的企业，真正成功的创业者都以担当推动社会发展为己任，以创造有效价值为追求，以成为优秀企业家为目标。而初创企业，如果继续顺利地经历成长期、发展期和成熟期，必须以企业家行为和企业家精神作为支撑，这是企业生命发展周期的客观需求，也是创业者自省自励的主观动力。

企业家精神是企业核心竞争力的重要来源，是企业持续经营的保障。彼得·德鲁克认为：所谓公司的核心竞争力，就是指能干别人根本不能做的事，能在逆境中求得生存和发展，能将市场、客户的价值与制造商、供应商融为一体的特殊能力。由此，企业核心竞争力从某种意义上讲，是企业家精神的一个反映或扩展，它体现的正是企业的创新与冒险，合作与进取。企业家精神对企业核心竞争力的巨大作用在一些具有远见卓识和非凡魄力与能力的企业家那里得到了集中体现，如乔布斯、马克·扎克伯格、戴尔、杰克·多西、埃文威廉姆斯。

企业家精神产生的巨大作用如今随处可见：一个企业带动一个城市的发展，一个经理人员的更换使得企业避免倒闭的命运。企业家精神是企业核心竞争力的唯一真实来源，在一个活跃的市场中，土地、劳动者、资本等要素只有在具有企业家精神的人手中，才能在复杂多变的竞争环境中发展壮大起来，才会真正成为财富的源泉，而企业也才能持续经营和得到发展，最终实现基业长青。

> **拓展阅读**

你是不是一个拥有创业精神的创业者

第一个吃螃蟹的人不一定是极具创业潜质的人，但他一定是一位很有创业精神、敢于挑战的人。现代企业家最大的特点就是有梦想、有胆量、有毅力，对机会的把握十分准确，并且永远领先于时代。而作为一个新时代的大学生，你具有创业精神吗？让我们通过一个小测试来衡量一下，你是不是一个拥有创业精神的创业者。

以下测试题目，如果符合你的实际情况，请打"√"，不符合请打"×"。

1. 感情用事这个词不适合我。（　　）
2. 只要一点点小事就能使我情绪激昂。（　　）
3. 已经规划好的事情，我不会因为情绪问题而改变或耽搁。（　　）
4. 一本我感兴趣的小说我会用一晚上看完。（　　）
5. 我很少因为生气而摔东西。（　　）
6. 我曾经有想按计划把几本书读完，结果一本都没有读完的情况。（　　）
7. 我很少向别人抱怨我目前的遭遇和困境。（　　）
8. 我很在意别人对我的看法，即使我知道自己做的是对的。（　　）
9. 即使与我讨厌的人共事合作，我都会识时务地忍住我内心的不愉快。（　　）
10. 失败对我来说难以接受。（　　）
11. 我喜欢做些如栽花、养鱼、垂钓之类能修身养性、陶冶性情的事情。（　　）
12. 我经常否定自己的想法。（　　）
13. 我能长时间做一件枯燥但十分重要的事。（　　）
14. 别人经常对我说"打起精神来"这句话。（　　）
15. 对于认定的事情，我不会动摇，直到成功为止。（　　）

计分方法：

以上奇数题目打"√"的计1分，打"×"的计0分；偶数题目打"√"的计0分，打"×"的计1分。

如果得分在10分以上，说明你有一定的创业精神。

如果得分少于10分，可能你尚未做好创业的心理准备，创业精神一般。

思考与练习

1. 判断下列情形中哪些属于创业，在正确选项的序号上画"√"。

（1）一位妇女喜欢为家庭制作开胃食品，朋友们经常称赞她。后来，她成立了一家公司来制作和销售开胃食品。

（2）一位从事生物化学基础研究的科学家研究出了能推动该领域前沿发展的重要发现。但是，他对识别该发现的实际用途没有兴趣，而且从未尝试那样做。

（3）一位中年男人被从管理职位上"裁员"后，偶然发现了用特殊方法处理旧轮胎作为花园边饰（将不同种类植物分开的隔离物）的创意。

（4）一位退休军官想出一个创意：从政府那里购买淘汰的水陆两栖交通工具，并使用它们建立一家专门从事偏远荒野旅游的公司。

（5）一位年轻的计算机科学家开发出比目前市场上任何软件都要好得多的新软件，并寻求资金创建一家公司来开发和销售该产品。

2. 通过下面的问题可以了解自己是否已经有了创业的思想准备。根据自己的实际情况回答。

（1）能否简单地描述你的创业构想？
（2）你是否了解自己将要从事的行业？
（3）你将通过什么方法来了解自己将要从事的行业？
（4）你能够确定自己长期从事这个行业吗？
（5）你在创业方面有没有比较好的人际关系储备？
（6）你了解当前的创业环境与创业优惠政策吗？

第二篇 创业准备

第四章

创业者与创业团队

第一节 创业者

一、创业者的概念

创业者的概念经历了一个演变的过程。1755年,法国经济学家坎蒂隆首次将创业者的概念引入经济学领域。1880年,法国经济学家萨伊首次给创业者下定义。他将创业者描述为将经济资源从生产率较低的区域转移到生产率较高区域的人,并认为,创业者是经济活动过程中的代理人。美籍奥地利经济学家熊彼特认为,创业者应该是创新者,具有发现和引入新的、更好的、能赚钱的产品、服务和过程的能力。

这里,我们将创业者的概念分为狭义和广义两个方面:狭义的创业者是指参与创业活动的核心人员,广义的创业者是指参与创业活动的全部人员。一般情况下,在创业过程中,狭义的创业者会比广义的创业者承担更多的风险,也会获得更多的收益。

二、创业者的分类

按照创业者创业目标的不同,可将创业者分为以下三种类型。

(一)谋生型创业者

谋生型创业者往往迫于生活的压力,或为了使自己的生活条件有所改善而决定创业。这种创业者绝大部分是以较少资金起步的,创业范围一般局限于商业贸易领域,也有少数从事实业,但基本上是规模较小的加工业。

(二)投资型创业者

投资型创业者是在已经拥有一定的经济实力的基础上进行创业的。这类创业者的创业目标主要是为了获取更大的经济回报。

(三) 事业型创业者

事业型创业者把实现自己的人生理想作为创业目标,把创业当作自己毕生的事业。这类创业者成就意识很强,不甘于为别人打工,愿意为理想放弃一份稳定的工作。他们之所以选择自主创业,是希望通过这一途径来证明自己的能力,实现自我价值,得到社会的认可。这类创业者往往在有了一定的经济基础、经历了市场和社会的磨炼之后,更加明确自己的人生追求。

用"飞轮"起飞梦想

李威,毕业于黄河科技学院,大学互联网创业者,郑州飞轮威尔实业有限公司创办人。

启动,从一只轮子开始

李威小时候就喜欢鼓捣些小发明,大学时的李威本来学的是建筑工程技术,但他在大一下半学期又选修了自动控制的专业课程。

2012年6月的一天,李威从网站上看到一段视频,上面展示了一款双轮的平衡车可用于交通代步、保安巡逻等场景。这款在当时堪称稀奇的产品一下子激起了李威的创造欲,使他之前想开发一个产品的想法又疯长起来。

李威压抑住内心的激动,上网查阅了许多相关的资料,并联系了深圳的一些朋友,让他们帮忙评估平衡车生产的难度。那边的反馈很快过来了:双轮平衡车价格非常高,动辄几万元;每辆车子重量在50千克左右。李威想:"如果能有一款既便宜又轻便的平衡车,市场前景一定不错。"怎么减轻重量呢?李威发现,当时的平衡车的重量主要集中在电机上,而电机与轮子是一体的,如果减少一个轮子,体积就会缩小,重量就会相应减轻。

当年10月,正在百度公司上班的李威选择了离职。他赶往深圳,决心和几个朋友一起把这个有70%成功率的梦想变成现实,"飞轮威尔"团队正式组建。

在深圳一个租来的房间里,除了电脑就是仪器。李威和伙伴在这里架起电机空转,匹配算法,每天测试都需导入程序,有时几百次,经常调试至半夜。2013年4月,飞轮威尔电动独轮平衡车终于进入了测试阶段,李威等几个人经常骑着车,不停地在路上进行测试跑圈,刚开始技术有偏差,大家免不了摔跟头。有时为了测试一块电池能跑多远,他们需要一直不停地跟着车子转圈,直到电耗完为止。当年的10月,独轮平衡车的测试基本没有出过什么问题,李威决定进行小规模的销售。第一批独轮平衡车生产了80台,单价定到2499元,结果一售而空。李威说:"之所以能顺利售完,是因为我们在前期测试时,就不断在网络中放出骑行的小视频,累积了很多意向订户。"

李威的飞轮威尔自平衡电动独轮车先后获得智能自平衡独轮车相关国家专利10余项,他们的产品很快吸引到了天使投资,团队获得了1000万元注资。看到条件具备,李威正式成立了郑州飞轮威尔实业有限公司。他们生产的"F-WHEEL"电动独轮车于2013年11月走向市场，一个月内就收到了国内和东南亚、欧洲等地的海量订单，产品还取得了欧盟CE国际认证。

起飞，多轮驱动靠创新

2014年年初，公司进一步扩大销售运营队伍，布局国内的经销商网络。李威按照一个城市一个独家代理的标准，迅速在100座城市布局。公司也继续研发新产品，比如其中一款加入了拉杆功能，可自由伸缩。当年4月，李威专门针对独轮平衡车开发了一款App（应用程序）。"产品程序需不断优化升级，把程序放在服务器端，用户通过App就能自己更新程序。"李威说，"App可用于检测如机器温度、电池电量以及行驶里程数等机器运行状况，更加方便用户使用。"

2015年8月，李威的母校黄河科技学院在郑州为其提供了一个位于省级科技园内的办公场地。随后，公司在众筹网众筹到300万元，加上另外两家机构的200万元，又获得500万元的天使投资。

新一轮融资之后，李威想开发一款更安全、更轻的四轮平衡车——"轻到可装进背包里"，这就是小i云车的研发初衷。李威认为，这可满足一部分客户的定向需求。"不管是独轮还是双轮，学起来都有难度，这会让一部分客户放弃购买。"李威说，"之前便有了这个想法，只不过一时分不出那么多精力和资金去实现。"

2015年12月8日，中央电视台《新闻联播》对李威和他的飞轮威尔电动平衡车进行了报道。报道一出来，全国各地纷纷打来电话谈合作，微信上求合作的人也不断，李威笑着说："搞得跟过年似的。"12月下旬，李威在发布会上公布小i云车的研发进展。2015年12月29日，公司在郑州楷林IFC国际会议中心正式发布全新概念的智能mini云汽车——小i云车（icarbot）。因为未发布前，这款车就在12月8日的中央电视台《新闻联播》露足了脸，当天到场的新闻媒体、商家等济济一堂，现场人潮涌动。

李威的公司抓住机遇，进一步扩大了规模。他们在深圳投资兴建了厂房，又成立了深圳平衡力科技有限公司；同时，借国家创新创业和"一带一路"政策的东风，在香港成立了平衡力科技（香港）有限公司，主营出口贸易。

李威说："我认为创业者的春天已经到来，从国家到地方都在倡导大众创业、万众创新，各种支持性的政策相继出台。这就是机会，国家政策助力我们实现梦想，青年人更应该焕发出应有的激情和创造力。"

资料来源：河南省教育厅"出彩中原人"创新创业标兵李威（黄河科技学院）

三、创业者应具备的素质与能力

（一）创业者应具备的基本素质

对于创业者而言，具备优秀的素质，就为开创自己的事业打下了良好的基础。创业者应具备以下基本素质。

1. 诚信为本

诚信就是"诚实无欺，信守诺言，言行相符，表里如一"。诚信不仅是为人处世的基本准则，更是经商之魂。在创业经商过程中，诚信是第一品质，是创业者的"金质名片"，也是参与各种商业活动的最佳竞争利器。

2. 直觉敏锐

灵活敏锐的商业意识是企业兴旺之源，创业者需要具备敏锐的直觉。在资源条件和市场条件相同或相近的情况下，为什么有些创业者能取得较大的成就，有些创业者投入较大，获得的却是较小的收益，甚至是铩羽而归？造成这种差别的一个重要因素就是创业者对商机和市场的直觉不同。

3. 把握机遇

机遇往往留给那些有准备的人。当机遇来临时，能够把握机遇的人往往能拔得头筹。对创业者来说，机遇稍纵即逝，因此，创业者需要在不断的市场磨砺中把握住机会，成就一番事业。

4. 追求创新

创业者应该具备不断追求创新的素质，要有不满足于维持现状的意识，要有不断推陈出新的精神。创新是推动经济和社会发展的主导力量，是一个民族兴旺发达、长盛不衰的动力源泉。创新是立业之本，创业是更高水平的创新。

5. 敢于竞争

创业者需要具备敢于竞争的素质，在市场的浪潮中拼搏前进。经济领域的竞争是指市场主体为了追求自身利益而力图胜过其他市场主体的行为和过程。竞争促进经济发展和社会进步，但要遵循自愿、平等、公平和诚实守信的原则，要遵守公认的商业道德，不能滥用竞争权利。

创业者要完全具备以上素质是非常困难的，而且也不可能完全具备这些素质后才去创业。但创业者应该自觉地不断学习和实践，注重提高自身的综合素质。

（二）创业者必备的能力

在现代社会，竞争日趋激烈，创业者能否在竞争中占据优势、成功创业，主要取决于他能否拥有或者运用各种能力。创业者应具备以下几种能力。

1. 创新能力

创新能力是白手起家的创业者的生命源泉。创新不仅仅是从无到有地创造某种产品或服务，更多的情况是在以往的基础上对原有产品和方式方法的改进。创业者的创新能力往往体现在技术、管理和营销上。从某种意义上来讲，创新能力是创业主体不断反思追问的能力。创业本身是一项创新活动，很多未知的或不可预料的因素掺杂其间；创业是开创一项事业，没有一种可以复制的模式让我们一劳永逸。一个新的管理理念或者新开发的产品，往往会给创业者带来惊人的回报。

2. 学习能力

面对日益复杂的市场竞争与合作关系、日新月异的科学技术手段、不断更新的管理理念及各种管理手段，创业者只有不断学习，才能应对时代潮流的冲击与要求。学习能力主要包括制订学习目标和计划的能力、阅读能力、分析归纳能力、信息检索能力等。创业者培养良好的学习能力应注意以下几点：

一是心态归零，吐故纳新。不囿于已取得的成绩和能力，从零开始，保持对环境变化的敏感度，不断学习新知识。

二是精益求精，学有所长。对于创业者而言，学到的知识越多，其能力就越强。但是人的精力是有限的，"门门精通"往往会变成"门门不通"。创业者应该学会选择，在某些领域要精益求精，具备一技之长；在某些领域则可粗略涉猎。

三是开阔视野，终身学习。学习能力的表现之一就是善于发现学习的榜样，学其长处，补己短板。如果仅仅局限在一个小的范围内，视野得不到开阔，就会变成井底之蛙，丧失学习的动力和能力。只有走出去，不断接触新事物和新观点，才能不断地找到自身与他人的差距。社会的发展越来越看重能力，创业者不能因为获得了大学文凭就停止学习，而要树立终身学习的理念。

3. 合作能力

创业者之所以需要与他人合作，首先源于个人的能力有限，同时也因为个人的能力与他人的能力具有互补性。创业者要想与他人合作并有所作为，首先要做到知己，要清楚自己的性格类型、素质特点、能力专长，选定一个适合自己的工作目标；其次要注意分析别人的特点，找到差异性和互补性，只有这样才能真正找到合作伙伴，并与其一道为共同的创业理想的实现而携手合作。

在创业过程中，与伙伴合作要注意以下两个方面：一是平等合作，与合作伙伴在人格上是完全平等的，为了一个共同的目标走到一起的；二是互利合作，合作者之间的互惠互助是为了某些共同目标和利益追求，在一定基础上进行的物质和精神的相互配合协作。

4. 经营管理能力

经营管理能力是指对人员、资金的管理能力，包括人员的选择、使用、组合和优化，也包括资金的聚集、核算、分配、使用和流动。经营管理能力在较高层次上决定了创业实践活动的效率。创业者培养经营管理能力要从学会经营、学会管理、学会用人、学会理财等方面去努力。

创业者一旦确定了创业目标，就要组织实施。为了在激烈的市场竞争中取得优势，创业者必须学会经营，学会质量管理，坚持效益最佳原则；要敢于对企业、员工、消费者负责，保持高度的社会责任感；要学会用人，善于吸纳德才兼备、志同道合者，以及比自己优秀或有专长的人共同创业。

5. 分析决策能力

分析决策能力具体包括分析能力和决策能力两个方面。只有在进行深刻的科学分析的基础上，才能做出正确的创业决定。分析能力主要有三点：一是要做有心人，平时多进行市场调查，在调查的基础上进行决策；二是要养成多思考的习惯，对可能出现的结果进行分析，同时准备好应对措施；三是要向同行学习，集思广益。决策能力是各种综合能力的体现，主要包括选择最佳方案的决策能力、风险规避决策能力、当机立断的决策魄力等。

6. 人际交往能力

人际交往能力是创业者发展和巩固其人脉资源的重要保障。人际交往能力主要表现在表达能力和反应能力两个方面。表达能力是指充分、有效地将自己的观点阐释给对方的能力。充分有效的表达能够使大家领悟企业目标和工作对策，从而更加有效地完成共同的目标。反应能力是表达能力的有效补充。良好的反应能力能够帮助创业者随时领会和把握表达对象的需求和对表达内容的理解，有效地调整表达的方式和内容。

拓展阅读

关于创业者的神话

创业者并不是特殊人群。国外有研究者认为，把创业者看作"神话人物"是认识上的误区。

神话1：创业者无法塑造，而是天生的

现实情况：即使创业者天生就具备了特定的才智、创造力和充沛的精力，这些品质本身也只不过是未被塑形的泥巴和未经涂抹的画布。创业者是通过多年积累的相关技术、技能、经历和关系网后才被塑造成功的，这当中包含着许多自我发展历程。创业者具有10年或10年以上的商业经验，才能识别出各种商业行为，并获得创造性的预见能力和捕捉商机的能力。

神话2：任何人都能创建企业

现实情况：创业者如果能够识别思路和商机之间的区别，思路开阔，他们创办企业成功的机会就比较大。即使运气在成功中很重要，充分的准备仍是必要条件。创办企业只是最简单的一部分，更困难的是要使企业生存下来，持久经营，并把企业发展成最终可以使创业者喜获丰收的企业。在能够存活10年以上的新企业中，10~20家中大约只有1家最后可以给创办人带来资本收益。

神话3：创业者是赌博者

现实情况：成功的创业者会预测风险，小心翼翼。在有选择的情况下，他们通过让别人一起分担风险、避免或最小化风险来左右成功优势的倾斜方向。他们常常把风险分割成可接受、可消化的小块。那时，他们才肯付出时间和资源，看哪部分的风险收益划得来。他们不会故意承担更多的风险，不会承担不必要的风险，当风险不可避免时，也不会胆怯退缩。

神话4：创业者喜欢单枪匹马

现实情况：单个创业者想要完全拥有整个企业的所有权和控制权，只会限制企业的成长。单个创业者通常只能维持生计，想单枪匹马地发展一家高潜力的企业是极其困难的。高潜力的创业者会组建起自己的团队和组织，然后建立自己的企业。

神话5：创业者是他们自己的老板，他们完全独立

现实情况：创业者离完全独立相差很远，他们需要为很多主人和赞助者服务，其中包括合伙人、投资者、顾客、供应商、债权人、雇员、家庭及其他社会和社区义务的相关方。而且，在创业运营过程中，要单枪匹马地获得超过100万至200万美元的销售额是极其困难的，可以说，几乎是不可能的。

神话6：创业者比大公司里的经理工作时间更长，工作更努力

现实情况：没有证据证明所有创业者都比公司里与他们地位相当的人工作得更多。有一些可能工作得多一些，而有些则不是。事实上，一些研究报告说，他们工作得更少。

神话7：创业者承受更多的压力，付出更多

现实情况：做一个创业者是有压力的，是辛苦的，这一点毫无疑问，但是没有证据证明创业者比其他的高要求的专业职位承受更大的压力，而且创业者对他们的工作往往非常满意。他们有很高的成就感，而且不太容易像那些为别人工作的人那样轻易退休。创业者中说自己"永远也不想退休"的是企业中职业经理的3倍。

资料来源：中华励志网

第二节 创业团队

一、创业团队的概念及组成要素

（一）创业团队的概念

团队就是指合理利用每一个成员的知识和技能协同工作，以解决问题、达到共同目标的共同体。创业团队就是由少数技能互补的创业者，为了实现共同的创业目标，达成高品质的结果而组成的共同体。

（二）创业团队的组成要素

创业团队需具备目标（Purpose）、人（People）、定位（Place）、权限（Power）和计划（Plan）五个重要的组成要素，简称5P。

1. 目标

创业团队应该有一个既定的共同目标，为团队成员导航，知道要向何处去。没有目标，这个团队就没有存在的价值。目标在新创办企业的管理中以企业的远景、战略等形式体现。

2. 人

人是构成创业团队最核心的力量。三个及三个以上的人就形成一个群体，当群体有共同奋斗的目标时就形成了团队。在一个创业团队中，人力资源是所有创业资源中最活跃、最重要的资源。创业者应充分调动各种资源和能力，将人力资源进一步转化为人力资本。

目标是通过人员来实现的，所以人员的选择是创业过程中非常重要的一个部分。在一个团队中可能需要有人出主意，有人订计划，有人实施，有人协调不同的人一起去工作，还需要有人去监督创业团队工作的进展，评价创业团队最终的贡献，不同的人通过分工来共同完成创业团队的目标。

3. 定位

定位包含两层意思：

（1）创业团队的定位。它是指创业团队在企业中处于什么位置，由谁选择和决定团队的成员，创业团队最终应对谁负责，创业团队采取什么方式激励下属。

（2）个体（创业者）的定位。它是指作为成员在创业团队中扮演什么角色，是制订计划，还是具体实施或评估。是大家共同出资，委派某个人管理；还是大家共同出资，共同参与管理；或是共同出资，聘请第三方（职业经理人）管理。这体现在新创办企业的组织形式上，是合伙企业或是公司制企业。

4. 权限

创业团队中领导人的权力与其团队的发展阶段和企业所在行业相关。一般来说，创业团队越成熟，领导者所拥有的权力相应越小。在创业团队发展的初期，领导权相对比较集中。

5. 计划

创业团队的计划包含两层意思：

（1）由于目标的最终实现需要一系列具体的行动方案，因此，可以把计划理解成达到目标的具体工作程序。

（2）只有在有计划的操作下，创业团队才会一步一步贴近目标，从而最终实现目标。

二、创业团队的分类

根据创业团队的组成者，创业团队可分为星状创业团队（Star Team）、网状创业团队（Net Team）和从网状创业团队中演化而来的虚拟星状创业团队（Virtual Star Team）三种。

（一）星状创业团队

星状创业团队在形成之前，一般是核心人物有了创业的想法，然后根据自己的设想进行创业团队的组织。因此，在团队形成之前，核心人物已经就团队组成进行过仔细思考，根据自己的想法选择相应人员加入团队，这些加入创业团队的成员可能是核心人物以前熟悉的人，也可能是不熟悉的人，但这些团队成员在企业中更多的时候是支持者的角色。

星状创业团队具有以下特点：

（1）组织结构紧密，向心力强，核心人物在组织中的行为对其他个体影响巨大。

（2）决策程序相对简单，组织效率较高。

（3）容易形成权力过分集中的局面，从而使决策失误的风险加大。

（4）当其他团队成员和核心人物发生冲突时，核心人物的特殊权威使其他团队成员在冲突发生时往往处于被动地位，在冲突较严重时，其他团队成员一般都会选择离开团队，因而对组织的影响较大。

（二）网状创业团队

网状创业团队的成员一般在创业之前都有密切的关系，如同学、亲友、同事等关系。他们在交往过程中共同认可某一创业想法，并就创业达成了共识以后，开始共同进行创业。在创业团队组成时，没有明确的核心人物，大家根据各自的特点进行自发的组织角色定位。因此，在企业初创时期，各个成员基本上扮演的是协作者或者伙伴角色。

网状创业团队具有以下特点：

（1）团队没有明显的核心，整体结构较为松散。

（2）一般采取集体决策的方式，通过大量的沟通和讨论达成一致意见，因此，组织的决策效率相对较低。

（3）团队成员由于在团队中的地位相似，容易在组织中形成多头领导的局面。

（4）当团队成员之间发生冲突时，一般都采取平等协商、积极解决的态度消除冲突，团队成员不会轻易离开。一旦团队成员之间的冲突升级，使某些团队成员撤出团队，就容易导致整个团队的涣散。

（三）虚拟星状创业团队

虚拟星状创业团队由网状创业团队演化而来，基本上是前两种的中间形态。在团队中，有一个核心人物，但是该核心人物地位的确立是团队成员协商的结果，因此，该核心人物从某种意义上说是整个团队的代言人，而不是主导性人物。其在团队中的行为必须充分考虑其他团队成员的意见，不如星状创业团队中的核心人物那样有权威。

> **拓展阅读**
>
> **优秀创业合作伙伴通常应具备的素质**
>
> 要组建创业团队，就要选择优秀的创业合作伙伴。那么，哪些人可以作为候选人呢？一般来讲，一个优秀的创业合作伙伴应具备以下素质：

(1) 慈孝。一般来讲，一个懂得孝敬父母和关爱长辈的人通常是值得信赖的。相反，如果一个人对父母都不好，这样的人人品肯定有问题，是坚决不能做创业合作伙伴的。

(2) 果断。做事果断、敢于担责是一种优秀的品质。如果一个人胆小怕事、瞻前顾后，他只会成为你创业的障碍，而绝不会是推手。

(3) 诚信。做人、做事应以诚信为本。如果一个人连起码的诚信都没有，大家在做事时相互防范，这样的合作是不可能长久进行下去的。

(4) 成熟，有韧劲儿。有些人恨不得一天赚100万元，一万年太久，只争朝夕，这样的朋友还是不合作为好。要知道，万事开头最难，制订半年甚至一年不赚钱且能坚持下去的备用计划，这才是创业的王道。

(5) 专注。很多人思想新潮、想法很多，总是这山望着那山高。他们不了解，很多事情专注最重要，一个人一辈子真正能精通一两个领域就已经很不简单了。因此，在选择合作伙伴时应该选择做事专注、踏实之人，而不是见异思迁、志大才疏之辈。

(6) 认真。做事不认真，敷衍了事，这是所有公司应摒弃的员工，这种人更不可能成为合作伙伴。

(7) 开朗。创业肯定会遇到困难，没有困难的行业肯定不赚钱。性格开朗的人是最容易成就事业的，每天忧心忡忡、茶饭不思、不知明天会如何的人，做事怎么会有激情？

(8) 现实。有些人思考问题和看问题从政治家角度出发，言行如政府官员或党派领袖，动不动就到了造福全人类的高度。这样的人通常眼高手低，初看感觉好像是具有雄才大略之人，实则只会纸上谈兵。既有远大理想，又能面对现实、脚踏实地的人，才是我们合作的伙伴。

(9) 讲效率。这个社会快半步吃饱，慢半步逃跑。任何事情如果不能以最快速度去做，去完成，就只能等着失败。因此，和一个做事不讲效率的人合作，你的企业在当今社会将很难生存。

(10) 忠诚于角色。创业不是儿戏，如果不能精诚合作，大家根本没必要聚在一起。俗话说得好："家有千口，主事一人。"对一个企业来讲，必须有一个核心，对于其他人而言，必须各安其位，各司其职。

(11) 不虚荣。有些人开张伊始，就要坐大班台，装修办公室，请前台接电话……和这样的人合作，开张就是关门的前奏。创业初期还是要先多想想怎么赚钱，而不是花钱。

(12) 不狂妄。有些人觉得自己天下第一，一出手就得是惊天动地的大手笔，和这样的人一起创业，成功的希望很渺茫。"三人行，必有我师"，一个人无论多么聪明，如果没有一颗谦虚、谨慎、善于学习的心，终究难成大器。

三、组建优秀创业团队的要点

由于组建创业团队的基石在于创业愿景与共同信念，因此创业者需要提出一套能够凝聚人心的愿景与经营理念，从而形成共同的目标与企业文化。一般而言，要组建一个优秀的创业团队，应特别注意以下几点。

（一）彼此了解

创业团队的所有成员都应该相互非常熟悉，知根知底。《孙子兵法》云："知己知彼者，百战不殆。"在创业团队中，团队成员都应非常清醒地认识到自身的优劣势，同时对其他成员的长处和短处也一清二楚，这样可以很好地避免团队成员之间因为相互不熟悉而造成的各种矛盾、纠纷，从而强化团队的向心力和凝聚力。

需要注意的是，我们这里所说的了解是真正了解，而不是表面上的了解。例如，尽管许多大学生创业时选择的合作伙伴都是亲戚、同学、朋友、校友等，但还是很快就失败了，其根本原因在于，虽然他们选择的合作伙伴都是"熟人"，但是他们对这些"熟人"并没有真正了解。

（二）相互信任

信任是解决分歧、达成一致的唯一途径。大学生创业团队不仅要志同道合，更需彼此信任。最初创业时，要把最基本的责、权、利讲得明白透彻，尤其是股权、利益分配，包括增资、扩股、融资、撤资、人事安排及解散等，这样在企业发展壮大后，才不会出现因利益、股权等的分配产生矛盾而导致创业团队的解体。

（三）理念一致，目标明确

首先，所有团队成员必须认同大家共同确定的创业目标、分配制度、管理制度、企业发展战略、经营理念、企业文化等，必须保持对企业长期经营的信心。

其次，所有团队成员都必须认识到团队是一体的，所有成败都是整体的而非个人的。大家必须能够同甘共苦，必须将团队利益置于个人利益之上。团队中没有个人英雄主义，每位成员的价值表现为其对团队的贡献。大家愿意牺牲短期利益来换取长期的成功果实，而不计较短期的薪资、福利、津贴等。

再次，所有团队成员都必须对工作抱有满腔激情，必须有每天长时间工作的准备。任何人不管其专业水平多高，如果没有激情，将无法适应艰苦的创业生活。

最后，所有团队成员均应了解企业在成功之前将会面临的挑战，并承诺不会因为一时困难而退出。如果确有特殊原因需提前退出团队，必须将股权优先转让给团队成员。当企业面临困难时，大家必须齐心协力，共同面对，共同解决。

（四）取长补短，相得益彰

从人力资源管理的角度来看，建立优势互补的创业团队是保持创业团队稳定的关键。研究表明，大多数创业团队组建时，并未考虑到成员专业能力的多样性，大多是因为有相同的技术能力或兴趣，至于管理、营销、财务等能力则较为缺乏。

因此，要使创业团队发挥最大的潜力，在创建团队时不仅要考虑成员之间的关系，更重要的是考虑成员特点之间的互补性，如彼此之间性格、经验、专长、技术等的互补，以此来达到团队的平衡。

一般来说，一个优秀的创业团队必须包括以下几种人：

（1）一个很好的"领袖"。此人必须能够高瞻远瞩，能够为企业制订明确的战略、战术；必须有很好的人品，处事公正，能够服众，能够团结整个团队；必须具有很好的协调能力，能够及时化解团队成员的矛盾。

（2）一个很好的"管家"。此人主要负责企业的日常运营及各项规章制度的制定。由于企业日常事务非常琐碎，因此，此人必须思维缜密、工作细致。

（3）一个很好的"财务总管"。资金是企业的生命线，因此，创业团队中最好有一个好的"财务总管"，能合理地安排企业收支，帮助企业融资。

（4）一个很好的"营销总监"。我们经常说，产品是基础，营销是龙头。如果营销不行，产品就不能变成钱，企业只有"关门大吉"。

此外，如果创办的企业是一个技术类企业，可能还需要一个很好的技术专家，从而帮助企业不断地将技术或产品推陈出新，始终站在行业的前沿。

《西游记》取经团队成员角色分析

"团队管理"这一名词是随着工商管理的概念进入中国的，但实际上最早阐述团队理念的是中国，我们早已熟知的《西游记》中的唐僧师徒四人，就是团队合作的典型案例。

《西游记》中的师徒四人组成了一个团队。现代管理学认为，一个团队的最佳组成人数为4～25人。看来我们的祖先已经认识到这一点，只是没有总结。那我们来分析一下《西游记》团队的组织架构。

首先肯定，他们是一个成功的团队！

先分析唐僧。他是这个团队的最高领导，是决策层，在企业里面就好比是总经理。他运用自己的强硬管理方式和制度（紧箍咒）来管理团队，并且通过"软权力"和"硬权力"的结合来调动整个团队。从根本上讲，几个徒弟都服从他，佩服他的学识（软权力），因为唐僧是当时著名的高僧，而且是个翻译家。按现在衡量高层管理人员的标准，他是同声传译员而且是个工商管理硕士，德高望重，绝对是个优秀的管理者，他领导团队去西天取经，并获得成功。

悟空应该是这个团队中的职业经理人，具体一点就是部门经理。他本领高强，到哪里都能混口饭吃，而且此人社会关系和社会资源极其丰富，但性格有点"猴急"。从个人素质上讲，孙悟空是非常优秀的，总经理（唐僧）布置的任务都能高效完成，而且处处留下美名，颇有跨国公司职业经理人的风范。

八戒虽然不太受人喜欢，但是作为团队中的小人物，还是有很多优点的，而且他的许多优点还在团队中起了不小的作用，如调解矛盾、运用公共关系的方法来协调众人之间的关系，这些都是他对团队的贡献。他本人幽默、可爱，充当着团队润滑剂的角色，所以在团队中功不可没。没有八戒的团队是残缺的，而且也是不完美的。用一句话来概括：八戒是公司中跨部门沟通者的典范！

沙僧自不必说，他朴实无华，工作踏实。从企业的角度讲，他是"广大劳动者"，兢兢业业，是劳动模范。他虽然没有职业经理人的风光与协调关系者的公关本领，但是他所做的工作却是最基础的。在团队中，每个人都应该向他学习，主动担起自己的责任，努力工作，从而为团队做出自己的贡献。

白龙马是团队外围一个默默无闻的劳动者身份，任劳任怨，主要角色就是唐僧的司机兼座驾，偶尔在关键时刻挺身而出，表现一下。

在认同他们优秀的同时，我们还要认识到他们的缺点。例如，唐僧性格优柔寡断，不明是非；悟空个人英雄主义严重，无视组织的纪律和制度；八戒悟性较差，贪吃，好色；沙僧缺乏主见，工作欠灵活，等等。这些都是我们应该注意的。只有熟悉自己的缺点并努力克服，我们才能将工作做好。

四、创业团队的管理

创业团队管理的重点是在维持团队稳定的前提下发挥团队的多样性优势。有效的团队管理能使各个本来分散的个体和具有不同能力、不同个性的人组成一个有共同目标、相互协调的整体。团队管理就是要使团队具有不断改善、不断革新的精神，使每个人的才能不停留在原有水平上，从而不断地发展和增强，达到"1+1>2"的效果。进行创业团队的管理，主要从以下几个方面进行。

（一）打造团队精神

团队精神是各个成员的精神支柱，是创业成功的基石。和谐向上的团队精神能充分调动团队成员的团队意识，使其相互理解和支持，为实现团队的目标服务。

1. 重视团队精神

一个没有团队精神的团队或企业，一切美好的想法和愿望都将成为"零"；没有团队意识的员工，无论学历有多高、技术有多精，对企业来讲都是"零"。只有具备团队精神的团队，才会形成一种无形的向心力、凝聚力和创造力。

2. 形成团队精神

第一，培养团队成员的敬业精神。敬业是积极向上的人生态度，而兢兢业业做好本职工作是敬业精神中最基本的一条。要做到敬业，就要求创业者具有"三心"，即耐心、恒心和决心。任何事情都不是一蹴而就的，不可只凭一时的热情、三分钟的热度来做，也不能在情绪低落时就马马虎虎、应付了事。特别在创业初期，团队成员要勇敢地面对并解决困难，而不是一遇到困难就退缩。

| 创新创业教育基础

第二，建设学习型团队。每个成员的学习、每次团队的讨论都是团队成员思想不断交流、智慧火花不断碰撞的过程。如果团队中每个成员都能把自己掌握的新知识、新技术、新思想与其他团队成员分享，集体的智慧势必大增，团队的学习力就会大于个人的学习力，团队智商就会大大高于每个成员的智商，从而达到整体大于部分之和的效果。

第三，建设竞争型团队。竞争型团队必须具有竞争意识，敢于正视自己，敢于面对强手。竞争型团队必须提高自身水平和技能，才能有效地完成团队任务。在建立内部竞争机制时，要注意成员之间的关系是建立在理性基础上的竞争，而不是斗争。协作是团队的核心，要用争论来激活团队的气氛，激发成员的竞争意识；要以发展来吸引人，以事业来凝聚人，以工作来培养人，以业绩来考核人，用有情的鼓励和无情的鞭策让团队的每个成员都能以积极的心态工作，实现自我和超越自我，最大限度地发挥团队威力。

3. 塑造团队文化

高效的团队应注重文化的塑造，尤其是共同价值观的培养。团队文化是由团队价值观、团队使命、团队愿景和团队氛围等因素综合在一起而形成的。塑造团队文化的关键就是在团队形成与发展的过程中确立团队价值观、团队使命和团队愿景，并以此为基础逐渐形成相应的团队文化氛围。

一个人可以走得很快，而一群人才能走得很远
——有赞白鸦

2015年，有赞团队被一个传统的VC（风险投资机构）欺骗。这个机构看好有赞的平台业务，决定投入1亿美金。但是在Term Sheet（投资条款协议）签完了，ICP（电信与信息服务业务经营许可证）也定了的时候，这个机构反悔了，却没有告知有赞团队，而是假装依旧感兴趣并约其调研。

"被忽悠之后，我们的现金流就比较吃紧，只够花半年了。我立马就去找老股东求救，内部先做了一轮融资。但大部分股东都说，这件事不能让创始团队知道。但我觉得，我们刚刚开始创业，如果这种小坎都迈不过去，以后怎么办？"最终还是决定告诉大家，"不行了，兄弟们，我们被人忽悠了，没钱了，快挂了。我们一起看怎么解决。如果觉得没法一起熬的人，你们该撤退就撤退吧。"

但是也没有人走，所以我就拉着大家去太白山徒步，大家一起在野外待了五天。

其实那五天是比较痛苦的。每天早上六七点钟就起床，背着二三十千克重的包登山、爬坡，在悬崖边上行走，一直走到晚上七八点钟，连续走十多个小时，然后扎帐篷、做饭、吃饭……累得跟什么似的，然后第二天接着走。有人直接累哭了。

但每个人首先都得靠自己，因为大家的体力都是透支的，没有人能背着你走，你必须靠自己。但光靠体力是不够的，一个人可以走得很快，而一群人才能走得很远。这也是我带他们去徒步的原因，我希望他们自己领悟到这个道理。

回来之后，我们就开始开会讨论解决方案。那时候，我们已经可以很冷静地思考问题了——我们做的不应该是一个平台业务，而是一个服务性质的业务。定下来之后，我们就去看同类的上市公司是怎么做的。通过这样的方式，我们找到了上市公司的经营模式，然后就一直不断地往前走。

资料来源：经纬创投（ID：matrixpartnerschina）

（二）设置创业团队的组织结构

设置创业团队的组织结构时，必须以团队的战略任务和经营目标为依据，具体要注意以下几点。

1. 权责分明

团队的任何一项工作都离不开其他人的配合，只有协作配合好，才能顺利完成管理工作。对于初创的创业团队，人员分工一般都比较粗放，很多事情不分彼此，一起决策，共同实施。但一定要注意落实责任，权责分明，避免出错或者失误后互相推诿，造成团队成员之间的矛盾。

2. 分工适当

分工并不是越细越好，分工过细会导致工作环节的增加，往往引起工作流程延长，会削弱分工带来的好处。解决扯皮事情的关键是整个团队或成员要在团队精神的指导下相互协调，以完成总体目标。

3. 适时联动

适时联动是为了完成特定任务，成立打破部门分工、跨越部门职能的专门工作小组。小组成员具有双重身份，既要向本部门主管汇报工作，又要向跨部门小组组长汇报。

这种模式适用于已经具有一定规模的企业。创业团队初期由于没有专门的跨部门功能小组，各成员各司其职，在企业规模不是很大的情况下，运行状况还比较好。但是随着企业规模的不断扩大，尤其在新产品更新速度不断加快时和一些比较重大的项目上，缺乏全盘的统筹和协调，会造成企业运转困难。因此，成立一个专门负责新项目或一些重大项目的组织协调工作的机构就显得尤为重要。

当有新项目时，组织各职能部门职员成立一个跨部门的功能小组，小组成员在向本部门主管报告的同时，还要向小组组长报告该项目所辖职能的进展状况，直到项目完成，小组解散。这样，跨部门功能小组在组长的协调下，就能充分发挥团队精神，提高工作效率。

（三）优化创业团队的运作机制

1. 做好决策权限分配

创业团队内部要妥善处理各种权力和利益关系，确定谁适合从事何种关键任务和谁对关键人物承担什么责任。在治理层面，主要解决剩余索取权和剩余控制权的问题。同时，还必须建立进入机制和退出机制，约定以后团队成员退出的条件，以及股权的转让、增股等问题。

剩余索取权是一项索取剩余（总收益减去合约报酬）的权力，也就是对资本剩余的索取，简单地说就是对利润的索取，即经营者分享利润。剩余控制权是相对于合同收益权而言的，是指对企业收入在扣除所有固定的合同支出（如原材料成本、固定工资、利息等）后的余额的要求权，简单地说就是对纯利润的控制权，如使用、支配、处置等权能。

而在管理层面，最基本的原则有三条：一是平等原则，制度面前人人平等；二是服从原则，下级服从上级，行动要听指挥；三是秩序原则，不能随意越级指导，也不能随意越级请示。大学生创业团队内部的管理界限没有那么明显，但一定得把决策权限理清，做到有权有责。

2. 制订员工激励办法

创业团队需要妥善处理创业团队内部的利益关系。大学生创业的资金筹措本来就是难题，分配就更应合理谨慎。团队的管理者要认真研究和设计整个团队的报酬体系，使之具有吸引力，并且使报酬水平不受贡献水平的变化和人员数量的限制，即能够保证按贡献付酬和不因人员增加而降低报酬水平。

3. 建立绩效评估体系

绩效考核必须与个人的能力、团队的发展、扮演的角色和取得的成绩结合起来。传统的绩效评估体系和绩效管理只关注个人绩效如何，而不去考虑个人绩效与团队绩效的结合。造成这种状况的原因多种多样，包括评估不及时、各方意见不能真实反映实际情况、评估含糊不清、易掺入情感因素、忽略了被评估人的绩效给他人带来的影响等。成功的绩效管理不再限定于只注重个人的绩效，而是更加注重整体表现，这样的交流能让员工个人了解团队合作的重要性。个人需要不断进行自我调整，以适应不断变化的环境和业务发展要求。

五、创业团队的领导者

创业团队的领导者是创业团队的灵魂，每个创业团队都必须有一个领导者。创业团队的领导者是整个团队力量的协调者和整合者，其能力和行为对于创业团队的高效运转乃至创业项目的实施有至关重要的作用，主要体现在以下几个方面。

（一）项目策划

项目策划包括策略思考与计划编制等，创业团队的领导者是项目策划的召集人和组织者。项目策划必须注意以下问题：第一，必须弄清所策划项目的价值所在、所涉及的范围、有关的限制因素和创建企业市场服务的定位。第二，确定由谁作为该项目的策划小组负责人。第三，必须考虑当选定创业目标，在资金、人脉等各方面条件都已准备妥当或已积累了相当的实力后，要带领团队准备完整的创业计划。创业计划除了能让创业者自己坚定创业目标、梳理创业内容之外，还可以说服他人合资、入股，甚至可以募得创业基金。

（二）组织实施

创业团队的领导者在制订行动计划后，要组织团队成员去实施。计划的执行程度和领导者的组织实施能力呈正相关。领导者组织团队实施计划的过程中必须注意以下问题：第一，团队行动必须随着企业创业环境的变化而变化，必须与企业的发展目标相适应；第二，设计组织改革的方案时要集思广益，团队成员需要共同参与思考、设计组织改革的基本框架和操作流程；第三，要创造有利于激活企业组织的良好氛围，创业团队的领导者要充分发挥自己的组织领导能力，确立改革创新的理念，使组织能够沿着健康的方向运行。

（三）提高领导力

创业团队的领导者是一个指挥员，要精明果敢，根据具体情况设计出最佳的组织结构形式；善于量才用人，用其所长，避其所短，最大限度地发挥团队成员的主观能动性，做到统筹兼顾，合理安排，指挥调度得当；善于抓住决策时机，及时下达正确的指令，使下属成员步调一致。

（四）加强控制

控制是指根据既定的目标不断监控和修正所采取的行为，以实现预期目标或业绩。控制的主要目的是使正确的行动得到长期保持，错误的行动得到及时纠正。通过评估、监控创业团队的绩效，将实际的表现与预先设定的目标进行比较，纠正显著的偏差，使创业回到正确的轨道。由此，创业团队须采取两个具体的措施，即考核与激励，对执行计划的团队和个人加以考核和督促；激励员工，以提高其工作效率。

拓展阅读

唐僧如何成为领导

《西游记》中的唐僧团队虽然是虚拟的，但是师徒历经艰险求取真经的故事，不仅家喻户晓，而且是团队领导者文化的集中代表。

这个团队最大的优势就是互补性，领导有权威、有目标，但能力差点；员工有能力，但是自我约束力差，目标不够明确，有时还会开小差。但是总的来看，这个团队是个非常成功的团队，虽然历经九九八十一难，但最后修成了正果。

唐僧是一个目标坚定、品德高尚的人。他受唐王之命，去西天求取真经，普度众生，广播善缘。要说降妖伏魔的本领，他连最差的白龙马都不如，但为什么他能够担任西天取经的团队领导？关键在于唐僧有三大领导素质。

首先，目标明确，善定愿景。

一个团队领导，能够为团队设定前进目标、描绘未来的美好生活是其必要素质。领导如果不会制定目标，肯定是个糟糕的领导。唐僧从一开始就为这个团队设定了西天取经的目标，而且历经磨难，从不动摇。一个企业，也应选择这样的人做领导，团队的领导本身就是企业文化的传承者和传播者，只有他自己坚定不移地信奉企业的文化，以身作则，才能更好地实现团队的目标。

其次，手握紧箍咒，以权制人。

唐僧如果没有紧箍咒，估计早被孙悟空一棒打死了，或者使唤不动他。这也是一个领导的必备技能，一定要树立自己的权威，没有权威，也就无法成为领导。但是唐僧从来不滥用自己的权力，只有在大是大非面前，才动用自己的惩罚权，这对企业领导也有借鉴意义。组织赋予的惩罚权千万不要滥用，奖励胜于惩罚，这是领导艺术的基本原理。

最后，以情感人，以德化人。

最初的时候，孙悟空并不尊重唐僧，老觉得这个师傅肉眼凡胎、不识好歹，但是在历经艰险后，唐僧的执着、善良和对悟空的关心也感化了孙悟空，让他死心塌地地保护唐僧。作为一个团队领导，情感管理也是非常重要的，尤其在中国文化的大背景下，中国人做生意往往是先交朋友，先认可人，再认可事，对事情的判断主观性比较大。所以在塑造团队精神的时候，领导一定要学会进行情感投资，要多与下属交流、沟通，关心团队成员的衣食住行，塑造一种家庭感的氛围。

思考与练习

1. 除本章提到的五种基本素质以外，你认为创业者还应具备哪些基本素质，在你的身边进行调研，了解人们对创业者素质和能力的认识。

2. 调查身边的创业团队，了解他们的组织架构及运行方式；收集优秀创业团队的案例，分析它们有何共同之处。

3. 如果你打算创业，在选择团队成员时有何要求？如果你是团队的领导者，如何更好地管理团队？

第五章

创业机会与创业风险

第一节　创业机会

一、创业机会的概念与特征

创业机会是指在社会经济活动过程中形成的一种有利于企业经营成功的因素，是一种带有偶然性并能被经营者认识和利用的契机。

创业机会具有以下特征：

（1）普遍性。凡是有市场、有经营的地方，客观上就存在着创业机会。创业机会普遍存在于各种经营活动过程之中。

（2）偶然性。对一个企业来说，创业机会的发现和捕捉带有很大的不确定性，任何创业机会的产生都有"意外"因素。

（3）消逝性。创业机会存在于一定的时空范围之内，随着产生创业机会的客观条件的变化，创业机会也会相应地消逝。

二、创业机会的分类

（一）按创业机会的来源分

按创业机会的来源分，创业机会可分为问题型机会、趋势型机会和组合型机会。

问题型机会：指由现实中存在的未被解决的问题所产生的创业机会。问题型机会在人们的日常生活和企业实践中大量存在，如顾客的抱怨，大量的退货，无法买到称心如意的商品，服务质量差，等等，在这些问题的解决中，存在着价值或大或小的创业机会。

趋势型机会：指在变化中看到未来的发展方向，预测到将来的潜力和机会。这种机会一般容易产生在重要领域的改革或时代变迁的时期。在这种环境下，各种新的变革不断出现，但往往不被多数人所认可和接受，它一般处于萌发阶段，能够及早地发现并把握这种机会的人，就有可能成为未来趋势的先行者和领导者。

组合型机会：指将现有的技术、产品、服务等两项以上的因素组合起来，实现新的用途和价值而获得的创业机会。这种机会好比"嫁接"，对已经存在的多种因素进行重新组合，往往能出现与过去功能大不相同或者效果倍增的局面。

（二）按目的-手段关系的明确程度分

按目的-手段关系的明确程度分，创业机会可分为识别型机会（目的-手段关系明确）、发现型机会（目的-手段关系有一方不明确）和创造型机会（目的-手段均不明确）三种，如表5-1所示。

表5-1 创业机会按目的-手段关系的明确程度进行分类

手段＼目的	明确	不明确
明确	识别型机会	发现型机会
不明确	发现型机会	创造型机会

识别型机会：指市场中的目的-手段关系十分明确时，创业者可通过目的-手段关系的连接来辨识机会。例如，当商品供求之间出现矛盾或冲突，供应不能有效地满足需求时，就会出现大量的创业机会。常见的问题型机会大多属于这一类型。

发现型机会：指目的或手段任意一方的状况未知，等待创业者去发掘机会。例如，一项技术被开发出来，但尚未有具体的商业化产品出现，因此，需要通过不断尝试来发掘市场机会。

创造型机会：指目的和手段皆不明确，因此，创业者要比他人更具先见之明才能创造出有价值的市场机会。在目的和手段都不明确的情况下，创业者想要建立起连接关系的难度非常高。但这种机会通常可以创造出新的目的-手段关系，这将为创业者带来巨大的利润。

在商业实践中，识别型、发现型和创造型三种类型的创业机会可能同时存在。一般来说，识别型机会多半存在于供求尚未均衡的市场，创新程度较低。这类机会并不需要太繁杂的辨别过程，只要拥有较多的资源，就可以较快地进入市场获利。把握创造型机会则非常困难，它依赖于新的目的-手段关系，而创业者往往拥有的专业技术、信息、资源规模等都相当有限，所以更需要创业者的创造性资源整合能力与敏锐的洞察力，同时还必须承担巨大的风险。发现型机会最为常见，也是目前大多数创业者研究的对象。

三、创业机会的来源

创业机会从何而来,这个问题很重要,但难以阐述清楚。在众多观点的基础上,我们认为美国谢恩教授的观点比较有代表性。谢恩教授提出了产生创业机会的四种变革,分别是技术变革、政治和制度变革、社会和人口结构变革、产业结构变革。

(一) 技术变革

技术变革可以使人们去做以前不可能做到的事情,或者更有效地去做以前只能用不太有效的方法去做的事情。新技术的出现也改变了企业之间的竞争模式,使创办新企业的机会大大增加。例如,网络电话协议技术使传统的资本密集型的电话业务转化成为一种只需要少量资金就可运行的业务,为那些资本缺乏的创业者提供了新的机会。

(二) 政治和制度变革

政治和制度变革革除过去的禁区和障碍,或者将价值从经济因素的一部分转移到另一部分,或者创造了更大的新价值。例如,环境保护和治理政策出台,会将那些污染严重、对环境破坏大的企业的资源转移到推进生态文明建设的创业机会上来;专利技术的严格执行,通过专利费用的形式将价值转移到拥有专利的大公司,使那些缺乏核心技术的企业从品牌企业沦为加工厂或破产倒闭。

(三) 社会和人口结构变革

社会和人口结构变革是通过改变人们的偏好和创造以前并不存在的需求来创造机会。例如,西方国家的情人节、母亲节等诸多节日正在逐渐影响中国人的生活,因而创造了许多新的创业机会或价值增值机会。

(四) 产业结构变革

产业结构变革是指因其他企业,或者为主体顾客提供产品、服务的企业消亡,或者企业被吞并、互相合并等而使行业结构发生变化,进而改变行业中的竞争状态。产业结构变革会影响创业机会。

四、创业机会的识别

(一) 影响创业机会识别的因素

在现实中,许多人都有创业的想法,富有创业幻想。但在众多的创业想法中发现真正的创业机会,并有能力抓住它,最终成为一个成功的创业者,受到许多因素的影响。

1. 先前经验

在特定的产业中,先前经验有助于创业者识别机会,这被称为"走廊原理"。"走廊原理"是指创业者一旦创建企业,就像开始了一段旅程,在这段旅程中,通向创业机会的"走廊"将变得清晰可见。某个人一旦投身于某产业创业,将比那些从产业外观察的人更容易看到产业内的新机会。

2. 认知因素

机会识别可能是一项先天技能或一种认知过程。有些人认为,创业者有"第六感觉",使他们能看到别人错过的机会。多数创业者以这种观点看待自己,认为自己比别人"更警觉"。警觉在很大程度上是一种习得性的技能。拥有某个领域更多知识的人,倾向于比其他人对该领域内的机会更警觉。例如,一位计算机工程师就比一位律师对计算机产业内的机会和需求更警觉。

3. 社会关系网络

个人社会关系网络的深度和广度影响着机会识别。建立了大量社会与专家关系网络的人比那些拥有少量人际关系网络的人容易得到更多机会和创意。一项针对 65 家初创企业的调查发现,半数创业者报告说,他们通过社会关系得到了他们的商业创意。一项类似的研究考察了独立创业者(独自识别出创业机会的创业者)与网络型创业者(通过社会联系识别机会的创业者)之间的差别。研究人员发现,网络型创业者能比独立创业者识别出更多的机会。

4. 创造性

创造性有助于产生新奇或有用的创意。从某种程度上讲,机会识别是一个创造过程,是不断反复的创造性思维过程。在听到更多奇闻趣事的基础上,你会很容易看到创造性包含在许多产品、服务和业务的形成过程中。

(二)识别创业机会的方法

创业者可以通过多种方法识别创业机会,这里主要归纳几种较为常用的方法。

1. 通过系统分析发现机会

多数机会都可以通过系统分析得以发现。人们可以从企业的宏观环境(政治、经济、法律、技术等方面)和微观环境(顾客、竞争对手、供应商等)的变化中发现机会。借助市场调研从环境变化中发现机会,是发现机会的一般规律。

2. 通过问题分析和顾客建议发现机会

进行问题分析,可以首先问"什么才是最好的"。一个有效并有回报的解决方法对创业者来说是识别机会的基础。这个分析需要全面了解顾客的需求以及可能用来满足这些需求的手段。

另外，一个新的机会可能会由顾客识别出来，因为他们知道自己需要什么。这样，顾客就会为创业者提供机会。顾客的建议多种多样，他们会提出一些诸如"如果那样的话不是更好吗"之类的非正式建议。无论采用什么样的手段，一个讲究实效的创业者总是渴望从顾客那里征求想法。

3. 通过创造获得机会

通过创造获得机会，这种方法在新技术行业中最为常见。它可能始于拟满足的市场需求，从而积极探索相应的新技术和新知识；也可能始于一项新技术发明，进而积极探索新技术的商业价值。通过创造获得机会比其他方法的难度都大，风险也更高。如果成功，则其回报也更大。这种情况下所产生的创新在人类所有具有重大影响的创新中居于压倒性的主导地位。索尼公司开发随身听（Walkman）就是一个很好的例子。索尼公司觉察到人们希望随身携带一个听音乐的设备，并利用公司微缩技术的核心能力从事项目研究，最终开发出划时代的产品——随身听，在当时取得了巨大的成功。

绿色创业的先行者

王洋洋，毕业于河南农业大学，河南希芳阁绿化工程股份有限公司董事长。

2001年9月，王洋洋考入河南农业大学农业资源与环境学院，2005年考取本校植物营养学研究生。在校7年期间，他一直担任资源与环境学院团委委员，还曾担任过研究生年级长、本科生助理班主任，曾被聘为新生班主任。王洋洋在学习上也是佼佼者，曾先后获得"中国大学生自强之星""省三好学生""省优秀学生干部""省社会实践先进个人"等荣誉称号。扎实的学业基础和丰富的实践经历，为王洋洋创业奠定了良好基础。

上大三时，王洋洋发现学校文艺演出比较多，常有人租赁音响设备。2005年，他和两位同学组成了创业团队，专做音响租赁。"郑州学校多、活动也多，做这个肯定有市场。"王洋洋说。为此，王洋洋跑到各种庆典活动现场，顶着烈日学调音技术，晚上熬夜啃专业知识。很快，他就承担了本校及周边学校的文艺演出、开幕式等大型活动的音响设备供给。然而由于诸多原因，第一次创业最终仅以收回成本而告终。

首次创业使王洋洋接触到很多不同的圈子，其中一个是企业管理培训行业，这也是他第二次创业的行业。2007年7月，王洋洋读研二，一个偶然的机会接触到了成本压缩培训，当时这种培训沿海城市做得比较多，内地市场属于空白。于是，王洋洋开始了第二次创业。他和两个朋友在郑州开办公司，做成本压缩培训，推广著名讲师的课程。一腔热血的他深入市场后却发现，很多企业对于培训公司是有抵触情绪的。第二次创业持续了一年半，最终以微利告终。

"这两次失败为我积累了不少经营和管理的经验。"王洋洋说，两次创业项目发展到一定阶段就"钻"不下去，缺乏核心竞争力。环保是21世纪的主题，王洋洋思考后决定走与自己专业一致或相关的创业道路，于是暂时蛰伏在省内某环保企业。

创业项目要有核心竞争力

王洋洋所在环保企业经常到国内各大城市进行参观，在这期间，他注意到发达城市和欠发达城市最大的区别是城市的绿化程度。王洋洋心中有点激动，感觉商机又在向他招手，但这次他没有贸然行动，而是更加成熟全面地考虑。

王洋洋发现，除城市林网及园林景观，对草坪的另一个需求是休闲和娱乐。传统草坪生产是以土壤为栽培基质，出售时必须连同根系上的泥土一起铲起，破坏了土壤的耕作层。有没有一种节能、环保、可持续的生产草坪的方法呢？

通过网络搜集及大量文献资料的查找，王洋洋发现市场上确实有一种"无土草坪"，是从国外传入的，国内刚刚起步，但技术还处于摸索阶段，产品主要还是以回土绿化和屋顶绿化居多。王洋洋心里没了底，觉得科技成本太高，涉及的专业知识较多，于是这个想法暂时搁浅。

直到2008年8月，奥运会中全部用草铺设的巴士车的出现，让王洋洋眼前一亮，他看到了无土草坪的另一片广阔市场：立体绿化，室内铺设。

当王洋洋满怀激情地把想法告诉周围朋友和亲戚的时候，得到的支持并不是很多。"既然想做，为什么不大胆尝试一下，成功只不过是把准备工作做到极致而已。"做了大半辈子生意的父亲告诉他，"新鲜事物推广起来并不容易，但只要符合市场发展趋势，还是非常有发展前景的。"这番话激发了王洋洋的斗志。

"无土草坪当时在国内刚起步，河南还是空白。"王洋洋说，这么好的项目却没有充足的资金，幸好有团省委和母校河南农大的支持，2009年4月，河南希芳阁绿化工程有限公司正式成立。

万事开头难。"那是2009年年初，当时投资了几万块钱，生产了两三亩的草坪，眼看苗子已经长出来了，可有一天先是一小片草地干枯，第二天所有的草全部死亡。"王洋洋赶紧找来河南农大的老师指导，才知是病虫害惹的祸。

经过这次之后，王洋洋深深体会到项目的风险所在，"没有强大的技术做后盾，很有可能全军覆没"。之后，王洋洋加紧了与河南省农科院、河南农大相关专业老师们的联系，邀请他们不定期做工作指导。最终，公司于2009年取得无土草坪国家发明专利，并于当年获郑州市高新区创新创业大赛三等奖，获得风险投资100万元。

经过悉心培养，第一批无土草坪成坪了。可2009年销售一度走低，一起创业的3个人，7个月没有领工资。而无土草坪在冬季生产时需要大棚培养和大面积的生产场地，这对刚刚起步的他们来说是一笔不小的投资。那年冬天异常寒冷，3个人蹲在地头，看着无土草坪冻成了冰疙瘩，都默不作声。

"有人建议趁过年卖鞭炮，解决生计，事业可以先放一放。"王洋洋不同意。"坚持，一定要坚持，与其去卖鞭炮，还不如研究如何提高销量，但凡在困难的分水岭，90%的人都死在了最后那一步,没有坚持住。"

此时,母校河南农大又伸出了援手。2010年3月,希芳阁基地落户郑州,虽然前期只有3亩地,但这足以重新点燃一颗创业的心。

虽然基地有了着落,草坪的销路却出现了问题。"我感觉资金也解决了,场地也解决了,后面就一帆风顺了,其实实际情况并不是这样的。"王洋洋说,无土草坪的出现在当时还是一个新鲜事物,大家接受起来需要一段时间。

"不少年轻人都喜欢浪漫的草坪婚礼,为什么不用无土草坪做草坪婚礼呢?"王洋洋说,团队经过市场调研发现,当时不少婚庆公司用的都是假草,如果能把真草用在室内,肯定大受欢迎。

原生态草坪婚礼一推向市场,迅速刮起了旋风。这一尝试也让公司起死回生,挣到了第一桶金。可是,当别人还沉浸在喜悦中时,王洋洋又有了新想法。

做行业的变革者,引领绿色风潮

公司要发展,就需要不断地创新。继草坪婚礼之后,王洋洋带着团队乘势而上,展会绿化、屋顶绿化、绿色家装等业务迅速铺开。

2012年,郑州雾霾很严重,王洋洋再一次敏锐地嗅到了商机。团队会同河南省城市科学研究会,结合中国杭州·世界屋顶绿化大会学习成果,很快联合郑州市屋顶绿化协会、业内企业在郑州市推广无土草坪,轻而易举地解决了坡屋面绿化难问题,彻底颠覆了传统屋顶绿化、空中花园的施工方法。

在这个过程中,希芳阁取得了无土草坪立体绿化结构及其建造方法发明专利和无土草坪立体绿化结构实用新型专利两项,王洋洋也成为《屋顶绿化技术规范》和《立体绿化技术规范》等河南省地方标准的起草人之一,公司找到了新的发展方向。

一路披荆斩棘,公司发展进入了快车道。2014年,在郑州高新技术开发区的助推下,希芳阁顺利登陆资本市场,成功挂牌"新三板"。为什么希芳阁会被选中?王洋洋说,"新三板"主要面对成长性和创新能力俱佳的高新技术企业。立体绿化属于新兴行业,极具潜力,这也是希芳阁成功挂牌的原因之一。当然,"立体绿化技术""自动灌溉系统""智能养护系统""屋顶绿化用轻质生态营养土""北方地区屋顶绿化专用苗木"这五项专利技术更是为公司上市插上了腾飞的翅膀。

公司成功挂牌后,"做行业的变革者,为绿色生活代言"成为王洋洋新的追求。"相比其他上市的'大块头'企业来讲,我们只是个'小个子',但是生机勃勃,充满潜力。"王洋洋说,在土地资源日益稀缺的今天,屋顶绿化、立体绿化是补充地面绿化不足、改善和提高生态环境质量的重要手段。特别是近两年雾霾天气的日益严重,以及人们对生活环境和生活品质的追求越来越高,必将极大地推动这一行业的发展。

正是凭借着科技支撑、强大的团队、创新的精神以及政府和学校的扶持,王洋洋品尝到了创业学子梦寐以求的成功。在"大众创业、万众创新"风生水起的当下,他的创业精神也必将激励有着创业宏图大志的莘莘学子,以创客身姿在"双创"的大潮中击楫中流。

资料来源:河南省教育厅"出彩中原人"创新创业标兵王洋洋

五、创业机会的评价

对创业者来说,关键在于如何能够从众多机会中寻找出真正有价值的创业机会,并采取快速行动来把握机会。在此,我们介绍几种可用于评价创业机会价值潜力的一般方法。掌握了这些方法,有助于打算创业的学生在发现创业机会后花费较少的时间、精力和成本,迅速形成对创业机会价值潜力的基本判断。

(一)定性评价方法

斯蒂文森等人(1994年)认为,对创业机会的充分评价需要考虑以下几个重要问题:① 机会的大小、存在的时间跨度和随时间成长的速度等问题;② 潜在的利润是否足够弥补资本、时间和机会成本的投资,带来令人满意的收益;③ 机会是否开辟了额外的扩张、多样化或综合的商业机会选择;④ 在可能的障碍面前,收益是否会持久;⑤ 产品或服务是否真正满足了目标市场的真实需求。

隆杰内克等人(1998年)提出了评价创业机会的五项基本标准:① 对产品有明确界定的市场需求,推出的时机也是恰当的;② 投资的项目必须能够维持持久的竞争优势;③ 投资必须具有一定程度的高回报,而且允许一些投资中的失误;④ 创业者和机会之间必须相互适合;⑤ 机会中不存在致命的缺陷。

(二)定量评价方法

1. 标准打分矩阵法

标准打分矩阵法是指通过选择对创业机会成功有重要影响的因素,并由专家小组对每一个因素进行最好(3分)、好(2分)、一般(1分)三个等级的打分,最后求出对于每个因素在各个创业机会下的加权平均分,从而可以对不同的创业机会进行比较。表5-2中列出了其中10项主要的评价因素,在实际使用时可以根据具体情况选择其中的全部或部分因素来进行评价。

表5-2 标准打分矩阵表

标准	专家打分			
	最好（3分）	好（2分）	一般（1分）	加权平均分
易操作性				
质量和易维护性				
市场接受性				
增加资本的能力				
投资回报				
专利权状况				
市场大小				
制造的简单性				
口碑传播潜力				
成长潜力				

2. 温斯丁豪斯法

温斯丁豪斯法实际上是计算和比较各个机会的优先级。其计算公式如下：

$$机会优先级 = \frac{技术成功率 \times 商业成功率 \times (价格 - 成本) \times 投资生命周期收入}{总成本}$$

在该公式中，技术成功率和商业成功率是以百分比（0%~100%）来表示的，成本是以单位产品成本计算的，投资生命周期收入是指可以预期的所有收入，总成本包括研究、设计、制造和营销等环节的成本之和。对于不同的创业机会，应将具体数值代入计算，特定机会的优先级越高，该机会越有可能成功。

3. 珀泰申米特法

珀泰申米特法是计算创业机会的成功潜力指标。对于每个因素来说，不同选项的得分可以从-2分到+2分。通过对所有因素得分的相加得到最后的总分，总分越高，说明特定创业机会成功的潜力越高。只有那些最后得分高于15分的创业机会，才值得创业者进行下一步的策划，低于15分的都应被淘汰。如表5-3所示为珀泰申米特法评价。

表 5-3 珀泰申米特法评价

评价因素	得分
对于税前投资回报率的贡献	
预期的年销售额	
生命周期中预期的成长阶段	
从创业到消费高速增长的预期时间	
投资回收期	
获得领先地位的潜力	
商业周期的影响	
为产品制定高价的潜力	
进入市场的难易程度	
市场试验的时间范围	
销售人员的要求	
总　分	

4. 贝蒂的选择因素法

在贝蒂的选择因素法中，通过对 11 个选择因素的设定来对创业机会进行判断，如表 5-4 所示。如果某个创业机会只符合其中的 6 个或更少，该创业机会的成功概率较小；相反，如果这个创业机会符合其中的 7 个或更多，那么该创业将很有希望成功。

表 5-4 贝蒂的选择因素法判断

选择因素	是/否
这个创业机会现阶段是否只有你一人发现了	
初始的产品生产成本是否可以承受	
初始的市场开发成本是否可以承受	
产品是否具有高利润回报的潜力	
是否可以预期产品投放市场和达到盈亏平衡点的时间	
潜在的市场是否巨大	
你的产品是否是高速成长的产品家族中的第一个成员	
你是否拥有一些现成的初始用户	
是否可以预期产品的开发成本和开发周期	
你的创业是否处于一个成长中的行业	
金融界是否能够理解你的产品和顾客对它的需求	
总　评	

5. 蒂蒙斯创业机会评价模型

蒂蒙斯总结出一个包含八类分项指标的创业机会评价模型，如表5-5所示。该评价模型提供了一些量化方式，使创业者可以对行业与市场、经济因素、收获条件、竞争优势、管理团队、创业者的个人标准、理想与现实的战略性差异、致命缺陷等问题做出判断，以及判断这些要素加起来是否可以组成一个有足够吸引力的商机。一些风险投资商、政府基金和创业大赛就是借用了该模型对创业项目进行评价。

表5-5 蒂蒙斯创业机会评价模型

行业与市场	市场容易识别，可以带来持续收入
	顾客可以接受产品或服务，愿意为此付费
	产品的附加价值高
	产品对市场的影响力大
	将要开发的产品生命周期长
	项目所在的行业是新兴行业，竞争不激烈
	市场规模大，销售潜力达到1000万至10亿美元
	市场成长率在30%~50%，甚至更高
	现有厂商的生产能力几乎完全饱和
	在5年内能占据市场的领导地位
	拥有低成本的供货商，具有成本优势
经济因素	达到盈亏平衡点所需要的时间在2年以下
	盈亏平衡点不会逐渐提高
	投资回报率在25%以上
	项目对资金的要求不是很高，能够获得融资
	销售额的年增长率高于15%
	有良好的现金流量，能占到销售额的20%~30%
	能获得持久的毛利，毛利率能达到40%以上
	能获得持久的税后利润，税后利润率要超过10%
	资产集中程度低
	运营资金不多，需求量是逐渐增加的
	研究开发工作对资金的要求不高
收获条件	项目带来的附加价值具有较高的战略意义
	存在现有的或可预料的退出方式
	资本市场环境有利，可以实现资本的流动

续表

竞争优势	固定成本和可变成本低
	已经获得或可以获得对专利所有权的保护
	竞争对手尚未觉醒，竞争较弱
	拥有专利或具有某种独占性
	拥有发展良好的网络关系，容易获得合同
	拥有杰出的关键人员和管理团队
管理团队	创业团队是一个优秀管理者的组合
	行业和技术经验达到了本行业内的最高水平
	管理团队的正直廉洁程度能达到最高水平
	管理团队知道自己缺乏哪方面的知识
创业者的个人标准	个人目标与创业活动相符合
	创业家可以做到在有限的风险下实现成功
	创业家能承受薪水减少等损失
	创业家渴望尝试创业这种生活方式，而不只是为了赚大钱
	创业家可以承受适当的风险
	创业家在压力下状态依然良好
理想与现实的战略性差异	理想与现实情况相吻合
	管理团队已经是最好的
	在客户服务管理方面有良好的理念
	所创办的事业顺应时代潮流
	所采取的技术具有突破性，不存在许多替代品或竞争对手
	具备灵活的适应能力，能快速地进行取舍
	始终在寻找新的机会
	定价与市场领导者几乎持平
	能够获得销售渠道，或已经拥有现成的网络
	能够允许失败
致命缺陷	不存在任何致命缺陷

在实际中，可以将上述评价方法适当综合起来应用，也可以延伸，更加广泛地应用于对创业机会的分析和研究。

六、适合大学生的创业机会

对于想创业的大学生来说，最好是依托自身的优势，以此起步，进而逐渐提高创业活动的层次。这里总结了六种适合大学生的典型的创业机会。

（一）满足大学生学习和生活需求的产品和服务

大学生创业者对于学生市场的需求是最为了解的，这是多数大学生开始创业时首先考虑到的方向。创业者可以通过回顾自己在大学生活中遇到的问题或不满的地方，也可以通过对在校大学生进行问卷调查，从而了解大学生的各种重要需求，然后从中挑选出最适合自身资源的创业机会。做校园代理是大学生常见的创业方式，这些业务的成本和风险都比较低。

（二）特色零售店或服务项目

零售和服务行业的进入门槛不高，对资金、技术和团队的要求较低，服务的对象又非常广泛，这一行业适合多数大学生进行创业。随着消费者需求的持续变化，创业机会层出不穷，每年都会有新的模式和新的企业迅速崛起。零售和服务行业最需要的就是商业模式和服务的创新。创业者把自己的独特创意融入其中，就有可能开创出新的零售模式或特色服务项目。

（三）网上开店或网络服务

"80后""90后"的大学生对于互联网非常熟悉，互联网上的创业机会也异常丰富。最普通的网上创业就是开网店，在网上注册账户卖自有产品或代销。网上开店的秘诀在于透彻理解网上购物行为，通过合理规划产品的品类、高水平地展示产品、积极管理客户评价等方面来提高网店的利润。此外，大学生还可以创造出特色的网络服务，以低成本实现客户价值。例如，财客在线就是通过满足年轻人记账的需要而成功的，通过会员付费和广告收入来赢利。

（四）处于同质商品阶段的小产品的品牌化经营

成熟行业给大学生的创业机会比较少，毕竟行业格局已经形成。只有一些零散型的产业，如那些处于商品化阶段的日常用品或农产品行业，才有创业的机会。这些小产品的行业内竞争层次很低，同质化的产品如果以相同的价格很难做大企业和打造品牌，企业的利润也很微薄。因此，创业者需要转换经营思路，进行品牌化运作，提升产品的档次，甚至加入一些创意元素。例如，可以从杯子、镜子、梳子、玩具等日用品中选择创业项目，将小产品打造成特色品牌。

(五) 开发具有技术含量的新产品

大学生创业者（尤其是理工科学生）可以开发出新产品，以创新技术作为创业的关键资源，组建公司来生产和销售新产品（或提供技术服务）。新产品的开发单靠某个人是很难成功的，它需要一个团队来协作开发，一般以导师为核心的研究团队有可能开发出更高技术含量的新产品。

创业者如果自身无法开发新产品，可寻找可以合作创业的新产品开发者，这需要创业者与研发人员的能力互补，这种创业可以获得政府相关机构的大力支持。尤其是与政府政策相关的战略性新兴产业和其他重点产业，更有可能成为政府关注与扶持的典型创业项目。

(六) 国外最新成功模式的移植

发达国家的经济与技术走在我国的前面，它们曾经历过的创业机会也很可能在今天的中国出现。这需要用历史的眼光来看待经济和技术的发展，找出不同经济发展阶段的典型商业形态，从而借鉴发达国家的经验并成功把握这些机会。

携程网创始人之一季琦说过，中国式的创新更多的是继承式的创新，在借鉴欧美发达国家商业模式的情况下，结合中国具体情况，进行改造式创新和应用。因为人类的物质、精神需求和享受，总是从低级到高级，从简单到复杂。欧美的服务业已经领先于我们发展，已经经过了客户的需求选择，中国的服务业也大体会遵循他们的发展轨迹。因此，在服务行业，继承欧美的成熟商业模式特别有价值。研究它们成长的轨迹和成败的原因，对于我们这些后来者也非常有益。

在高科技领域（尤其是互联网），这一滞后发展模式更加明显。美国等先进国家最先开发出新技术和新商业模式，国内创业者迅速跟进，在模仿中进行再创新。目前，国内著名的互联网公司大多是借鉴或模仿美国公司而发展起来的。例如，当当网是从亚马逊网站得到启发的，腾讯是直接模仿 MSN 发家的，淘宝网则借鉴了 e-Bay 等。

创业的几个金点子

为什么有些人会觉得赚钱难，创业难，商机难寻？其实创业金点子往往就在每个人的身边，要看个人有没有善于发现金点子的眼睛。当你意识到它的存在，就有可能走向成功。下面与读者分享创业的四大金点子，看了这些让创业者年入百万的创业金点子后，你还能不动心吗？

1. 代销店

如今，一些企业为了拓宽市场，减少费用支出，会以代销形式进行产品销售。创业者可以去找一些企业合作，开办一家代销店。开办代销店投资少、风险小，一般在确定营业场所之后，企业只向代理商收取一定的押金，再无其他大的投资。代销店经营的商品由合作企业负责送货上门，价格也由合作企业统一制定，售后服务也由合作企业负责。创业者只要搞好销售，就可以得到企业固定的分成。此外，创业者还可以通过互联网这个平台来销售合作企业的商品，这样操作起来就更简单易行。

2. 校园二手货经营店

现在中国大学生的数量相当大，而且大学生的消费也相当惊人。大学生毕业后，很多东西无处可放，弃之可惜，因此，创业者可以在校园创立二手商品店，解决毕业生的烦恼。创业者可以低价购进一些二手货品，然后经清洗、保养后，转手卖给其他在校学生或校外消费者。

3. 情侣礼品店

情侣礼品店虽然随处可见，但大多数都是传统礼品店，因此，创业者只要寻找有新意、有特色的小礼物作为货源，就能吸引消费者的眼球。当精致的饰品被贴上爱的标签时，饰品本身的价格就不重要了。因此，只要商品有特色、有个性，就不怕没有消费者。

4. 解压玩具店

现在职场竞争激烈，人们的压力日益增大。当人们的压力无处发泄的时候，解压玩具可以帮人们解决这个问题，解压玩具让解压成了一件轻松快乐的小事。创业者可以选择一些能够帮助客户宣泄情绪的解压玩具。例如，"捏泡泡"玩具可以模仿挤压真气泡时的触感和声音；又如仿真灯泡，当人使劲把它砸向地面、墙壁时，它会变成一摊，但几十秒后又会恢复原状；还有一种被称作"尖叫鸡"的解压玩具，只要按压它，就会发出逼真的惨叫声，消费者可以用捏"尖叫鸡"的办法来代替自己尖叫、怒吼。

资料来源：大学生创业网

第二节　创业风险

一、创业风险的概念

风险是指在一定环境、一定时间段内，影响决策目标实现的不确定性，或是某种损失发生的可能性。发生损失的可能性越大，风险就越高。风险可以用不同结果出现的概率来描述：结果可能是好的，也可能是坏的；坏结果出现的概率越大，风险就越高。

创业风险是指在创业过程中，由于创业环境的不确定性，创业机会与创业企业的复杂性，创业者、创业团队的能力与实力的局限性，而导致创业活动偏离预期目标的可能性及后果。

二、创业风险的分类

（一）按产生原因分

按产生原因分，创业风险可分为主观创业风险和客观创业风险。

主观创业风险是指在创业阶段，由于创业者的身体与心理素质等主观方面的因素导致创业失败的可能性。

客观创业风险是指在创业阶段，由于市场的变动、政策的变化、竞争对手的出现、创业资金缺乏等客观因素导致创业失败的可能性。

（二）按影响程度分

按影响程度分，创业风险可分为系统创业风险和非系统创业风险。

系统创业风险是指源于创业者或所创办企业之外的，由创业环境变化带来的风险，如产品市场风险、资本市场风险等。创业者或所创办企业无法对系统创业风险进行控制或施加影响。

非系统创业风险是指源于创业者或所创办企业本身的商业活动和财务活动而引发的风险，如团队风险、技术风险、财务风险等。创业者或所创办企业可以通过一定的手段对非系统创业风险进行预防和分散。

（三）按内容分

按内容分，创业风险可分为机会选择风险、环境风险、人力资源风险、技术风险、市场风险、管理风险、财务风险等。

机会选择风险是指创业者由于选择创业而放弃自己原先所从事的职业所丧失的潜在晋升或发展机会的风险。

环境风险是指由于创业活动所处的社会、政治、经济、法律环境等变化，或由于意外灾害导致创业者或所创办企业蒙受损失的可能性，如战争、国际关系变化或有关国家政权更迭、国家政策改变、宏观经济环境发生大幅度波动或调整、法律法规的修改，或者创业相关事项得不到政策许可、合作者违反契约等给创业活动带来的风险。

人力资源风险是指由于人的因素对创业活动的开展产生不良影响或偏离经营目标的潜在可能性。创业者自身的素质和能力有限、创业团队成员的知识和技能水平不匹配、管理过程中用人不当、关键员工离职等因素是人力资源风险的主要诱因。

技术风险是指由于技术方面的因素及其变化的不确定性而导致创业失败的可能性。技术成功的不确定性，技术前景、技术寿命、技术效果的不确定性，技术成果转化的不确定性，等等，都会带来技术风险。

市场风险是指由于市场情况的不确定性导致创业者或所创办企业损失的可能性。市场风险包括产品市场风险和资本市场风险两大类。市场供给和需求的变化、市场接受时间的不确定性、市场价格变化、市场战略失误等原因会给创业活动带来一定的市场风险。

管理风险是指管理运作过程中因信息不对称、管理不善、判断失误等影响管理水平而形成的风险。管理风险可能由管理者素质低下、缺乏诚信，权力分配不合理，不规范的家族式管理或决策失误等引起。

财务风险是指创业者或所创办企业在理财活动中存在的风险。对创业所需资金估计不足、难以及时筹措创业资金、企业财务结构不合理、融资不当、现金流管理不力等可能会使企业丧失偿债能力，导致预期收益下降，形成一定的财务风险。

（四）按创业与市场和技术的关系分

按创业与市场和技术的关系分，创业风险可分为改良型风险、杠杆型风险、跨越型风险和激进型风险。

改良型风险是指利用现有的市场和技术进行创业所存在的风险。这种创业风险最低，经济回报有限，即风险虽低，但要想生存和发展，获取较高的经济回报也比较困难。一方面，这类创业会遭遇已有市场竞争者的排斥或进入壁垒的限制；另一方面，即便进入，想要占有一定的市场份额也非常困难。

杠杆型风险是指利用新的市场和现有的技术进行创业所存在的风险。这种创业风险稍高。对一个全球性公司来说，这种风险往往是地理上的，常见于挖掘未开辟的市场，如互联网行业利用原有技术进入农村市场。

跨越型风险是指利用现有市场和新的技术进行创业所存在的风险。这种创业风险稍高，主要体现在创新技术的应用方面，常见于企业的二次创业。领先者可获得一定的竞争优势，但模仿者很快就会跟上。

激进型风险是指利用新的市场和技术进行创业所存在的风险。这种创业风险最高，如果市场很大，可能会带来巨大的机会。对于第一个行动者而言，其优势在于竞争风险较低。但是知识产权保护力度很弱，市场需求不确定，确定产品性能有很大的风险。

三、创业风险的防范

（一）系统风险的防范

系统风险是由全局性的共同因素引起的，创业者或企业本身控制不了或无法施加影响，并难以采取有效措施予以消除。对于系统风险，创业者或企业可以从以下三个方面做好风险的防范工作。

1. 谨慎分析

创业者应对其所处的创业环境进行深入了解、谨慎分析。目前，我国实施更加积极的

创新创业教育基础

就业政策，贯彻鼓励创业的方针，在自主创业税费减免、小额担保贷款、创业地落户及场地、项目、技术、培训等方面，为大学生创业提供了一揽子优惠和鼓励政策，创造了更为宽松的创业环境。创业者首先应对创业环境进行正确的认识和了解，对创业环境进行合理的评估，通过层层细化、逐级分析来熟悉创业的宏观环境和微观环境等，以求准确、深入地评估创业过程中可能遇到的系统风险。

2. 正确预测

在创业风险中，有些是可以预测的，有些是不可预测的。创业者应尽可能地运用所学知识和所掌握的资源，采用科学的方法对那些能够预测的风险进行深入分析，通过和团队成员探讨、请教外部专家等方法来预测创业环境的可能变化，以及变化会给企业带来的影响，尽量对创业的系统风险做到心中有数，以便制定相应的应对策略。

3. 合理应对

由于系统风险的不可分散性，创业者只能通过谨慎分析和正确预测来制定合理的应对措施，巧妙规避并尽可能降低系统风险发生对创业者自身或企业的不利影响。例如，预测到市场利率上升则尽量筹集长期资金，预测到未来经济低迷则尽可能持有较多现金等。

（二）非系统风险的防范

非系统风险是由特定创业者或企业自身因素引起的，只对该创业者或创业企业产生影响。因此，创业者或创业企业可以在某种程度上对其进行控制，并通过一定的手段予以预防和分散。

1. 机会选择风险的防范

机会选择风险是一种潜在风险，是由于选择创业失去其他发展机会所可能带来的最大收益。因此，创业者在创业准备之初就应该对创业的风险和收益进行全面权衡，将创业目标和目前的职业收益进行比较，结合当下的创业环境、自己的生涯规划进行权衡分析。

如果认为创业时机已经成熟，刚好有一个绝佳的商业机会可以转化为创业项目，而且该项目又可以和自己的职业生涯规划相吻合，就要狠下决心，立即着手创业。否则，就不要急于创业，而应先就业或者继续从事目前的工作，边工作边认真观察、学习所在公司各层领导的工作方法和技巧，并用心学习所在公司开拓市场的技巧，同时学会利用自己的工作机会建立良好的关系网络，待时机成熟再开始创业。

2. 人力资源风险的防范

人力资源是创业活动中的重要资源，由此产生的风险对创业企业来说往往也是致命的，所以一定要予以充分关注。首先，创业者应不断充实自己，持续提高个人素质，使自己的知识和能力与创业活动相匹配；其次，通过沟通、协调、激励、奖惩、评价、目标设定等多种手段管理团队，并在创业团队发展的不同阶段确定相应的管理内容，科学合理地对成员进行绩效评价；最后，招聘那些具有良好职业道德和团队合作意识、拥有与岗位相匹配的技能的员工，通过在合同中明确权利、义务关系和适当授权，以及通畅的人力资源管理系统，使关键员工的工作管理与非工作管理相结合。

3. 技术风险的防范

技术创新能够给创业者带来丰厚的回报，但掌控不好也可能使创业者颗粒无收。因此，创业者一定要注意技术风险的防范：第一，应加强对技术创新方案的可行性论证，减少技术开发与技术选择的盲目性，并通过建立灵敏的信息预警系统，及时预防技术风险；第二，通过组建技术联合开发体或建立创新联盟等方式减少技术风险发生的可能性；第三，提高创业企业技术系统的活力；第四，高度重视专利申请、技术标准申请等保护性措施的采用，通过法律手段减少损失出现的可能性。

4. 管理风险的防范

通过提高管理者的素质，改变管理和决策方式，可以有效应对创业企业的管理风险。具体来说，可以采取以下措施：第一，努力提高核心创业成员的素质，树立其诚信意识和市场经济观念，并以此为基础搞好领导层的自身建设，建立能够适应企业不同发展阶段变革的组织机构；第二，实行民主决策与集权管理的统一，合理分配企业的执行权，避免不规范的家族式管理影响创业企业的发展；第三，明确决策目标，完善决策机制，减少决策失误。

5. 财务风险的防范

筹资困难和资本结构不合理是很多创业企业明显的财务特征和财务风险的主要来源。有效规避财务风险要求做到：第一，创业者要对创业所需资金进行合理估计，**避免筹资不足影响企业的健康成长和后续发展**；第二，要学会建立和经营创业者自身及创业企业的信用，提高获得资金的概率；第三，创业者或团队一定要学会在企业的长远发展和目前利益之间进行权衡，设置合理的财务结构，从恰当的渠道获得资金；第四，管理创业企业的现金流，避免现金断流带来的财务拮据甚至破产清算的局面。

四、风险承担能力估计

风险承担能力是指创业者所能承受的最大风险。创业者在进行风险识别的过程中，不但要确定其决定接受的风险程度，还要对其实际能承受风险的程度进行评估，以采取合理的风险管理方法，减少创业过程中的不确定性。影响创业者风险承担能力的因素主要有以下四个方面。

（一）特定时间段所要承担的风险

从创意到商业构想，再到创业企业的建立，不同阶段的创业风险大小会有所不同。一般来说，随着时间的推移和创业活动的深入，创业者面临的风险会逐渐增大。创业者首先要能够根据风险的来源及对创业活动的影响程度，估计出在不同时间段可能要承受的总风险。

（二）可用于承担风险的资金

一般来说，创业者的年龄和家庭状况会对创业者用于承担风险的资金有所影响。刚毕

创新创业教育基础

业的大学生因为很少有创业资金的积累，其用于承担风险的资金较少。同样，家庭比较困难的创业者会更多考虑家庭基本生活对资金的需求，拥有较少的家庭支持，其用于承担风险的资金一般也会较少。正常情况下，用于承担风险的资金数量和创业者的风险承担能力呈正相关关系。

（三）从其他渠道取得收入的能力

从其他渠道取得收入的能力越强，创业失败对创业者的情绪和生活水平的影响就越小，创业者能够用来偿还创业失败所导致的债务的能力就越强（采用公司制作为企业法律形式的创业活动除外，因为公司制企业是有限责任，只以创业者投入企业的资金为限对公司债务承担责任），其风险承担能力也就越强。因此，从其他渠道取得收入的能力和创业者的风险承担能力也呈正相关关系。

（四）危机管理能力

创业者的危机管理能力会影响到创业风险发生时采取的风险抑制措施的效果，从而影响到损失的程度。危机管理能力越强，风险因素导致风险事件发生并进而可能形成风险损失时，创业者就越能及时采取有效的风险防范措施对损失状况进行抑制，避免损失进一步扩大，减少损失所产生的危害。所以，创业者的危机管理能力越强，其风险承担能力就越强，二者也呈正相关关系。

拓展阅读

网上创业的机会与风险分析

随着互联网的高速发展，很多"80后""90后"渴望并试图通过网络营销，用电子商务缔造自己创业的"梦工厂"。但是，互联网创业风险与机遇并存，大家一定要谨慎。

1. 网上创业机会分析

（1）市场巨大。

首先，网络市场是个全球性的大市场。在这个市场内，有时不需要中介就能将产品和服务信息传送给全球任何一个角落的顾客。

其次，这个规模巨大的市场还在快速增长着。

最后，网络营销和电子商务具有方便性、交互性、高效性、经济性，在满足消费者个性化需求方面具有传统经营方式不可比拟的优越性。

（2）成本低廉。

首先，网上创业开办费用低。相对于"门面"少则几千元、多则几万元的租金费用来说，网络空间的租金可以忽略不计。

其次，采购成本低廉。通过阿里巴巴等平台，小批量进货或者代发，可降低库存积压与资金占用成本。

最后，营销成本低廉。通过网络收集市场信息、发布企业信息、开展售后服务活动、发布广告，成本比传统的营销方式要低得多。

（3）营销方便。

网络的各种功能都能作为营销工具，如网站、搜索引擎、电子邮件、即时通信工具、网络广告等。

2. 网上创业风险分析

（1）竞争激烈。

由于网上创业资金门槛低，进入容易，大量的创业者已经进入了这个领域，一些传统企业也纷纷将市场扩展到网络中，这使新进入者面临着巨大的竞争压力。

（2）法律与信用环境有待提高。

现阶段，我国网上经营的法律制度还不健全。电子合同、在线支付、产品交付等问题虽有了初步的法律规范，但还没有做到全面的法律保护。个人隐私权保护、欺诈等问题困扰着消费者，使其不敢大胆地在网上购物。

（3）物流成本过高。

相比起实体运营，网店经常需要支付额外的快递费等物流费用，而且目前已有的物流配送公司经常存在物流配送效率低且不规范的问题。

（4）电子商务系统安全风险。

黑客攻击、计算机病毒等会造成支付信息、订货信息、销售信息、谈判信息、机密的商务往来文件等商务信息被窃取、篡改和破坏。机器失效、程序错误、错误操作、错误传输都会造成信息失误或失效，给创业者带来不可挽回的损失。

资料来源：阳光巴士创业网

思考与练习

1. 按学生的兴趣成立若干小组，要求各组产生尽可能多的创意，从创意中讨论出若干创业机会，并对创业机会进行评价分析。

2. 请判断以下风险的类别：

（1）科研成果转化的不确定性；

（2）消费者的消费习惯发生改变；

（3）经济发展进入衰退期；

（4）创业团队成员发生重大的意见分歧。

3. 请根据下列题目，自行进行风险承受态度和承受能力测试：

（1）风险承受态度测试：

① 你能够接受赔钱吗？
② 在压力之下，你是否仍然能够表现较好？
③ 你的性格是否乐观，可以免于过度忧虑吗？
④ 你对于自己的决定是否从来都很有信心？
⑤ 在意外损失出现时，你能控制住自己的情绪吗？
⑥ 你去看魔术表演，魔术师邀请观众上台表演，你会立刻上台吗？
⑦ 某大公司想邀请你担任部门主管，薪金比现在多20%，但你对这个行业一无所知，你愿意接受这个职务吗？

（2）风险承受能力测试：
① 你父母都是工薪阶层吗？
② 你家庭的月收入为中等以上水平吗？
③ 你购买疾病及养老保险了吗？
④ 你父母或亲友中有经商的吗？
⑤ 你有需要偿还的数额较大的借款吗？
⑥ 一旦你创业失败或者丧失了主要的经济来源，你依然能够较好地生活吗？

第六章

商业模式

第一节　商业模式概述

一、商业模式的内涵

1. 商业模式的定义

什么是商业模式？商业模式是赚钱的方法吗？理论界针对商业模式给出了很多定义，实业界对商业模式的理解也比较混乱。很多企业家和创业者根据经验把商业模式理解为收入模式，并将收入模式和管理模式混为一谈。

商业模式是指企业实施相关商业活动的一套逻辑化的方式方法，将原本看起来做不到的事情做到，将原本做不好的事情做好，从而获取相应的利润。因此，商业模式创造的不仅是赚钱的模式，同时创造了整个机构的战略框架。

任何好的关于商业模式创新的讨论及研讨的起点都应该是基于对一个商业模式本质的共识性的理解。我们需要一个人人都能理解的关于商业模式的定义、一个可使描述和探讨变得容易的定义。确定这样一个定义的挑战是，它既要简单、有效、直观、易理解，又不能因过于简化而降低了其描述真实企业运行环境下的复杂情况的能力。

本书中提供了一个商业模式的定义方式，你可以通过它来描述和分析各种商业模式、你所在的组织、你的竞争者以及其他的企业，即商业模式描述的是一个组织创造、传递以及获取价值的基本原理。商业模式就像一幅战略蓝图，通过组织框架、组织流程以及组织系统来实施。从本质上来讲，商业模式是企业为客户创造并传递价值，使客户感受并享受到企业为其创造的价值的系统逻辑。

2. 商业模式相关概念的辨析

（1）商业模式与收入模式。

如果收入模式描述的是企业挣什么钱（What），则商业模式描述的是企业如何挣钱（How）。收入模式偏结果，商业模式偏逻辑。商业模式是一个创造价值的系统，而收入模式只是系统的一个要素。商业模式与收入模式是整体和部分的关系。

（2）商业模式与商业计划。

商业计划是指创业者对创业过程的设计与规划，往往针对初创企业，有明确的市场数据可以参照，是静态的。商业模式是针对企业从 0 到 1 过程中创造价值的假设，需要验证，是动态的。对于创业者而言，目标是要找到一个可复制的商业模式。

二、商业模式的结构

商业模式作为一个系统逻辑，存在一个结构联系，即基本要素和要素之间的连接关系。从客观角度来看，商业模式最基本的是由以下四者及其联系构成的：一是价值体现，即企业拟为客户创造并传递的价值。二是价值创造方式。三是价值传递方式。四是企业的盈利方式。其中，价值体现是基础，新创企业如果不能发现客户所需要的价值，那就不能为客户创造出他们所需要的价值。价值创造和传递方式，是新创企业将自己的价值构想变为现实，并为客户传递价值的过程性手段。在为客户创造并传递价值的同时，新创企业也不能忘记"自己的盈利方式是什么"。否则，新创企业很可能难以实现盈利。至于其他要素，是这四个要素的次一级、次二级要素。同时需要注意的是，要素之间的联系方式不同及具体特点不同，相同要素构成的也会是不同的商业模式。

Alexander Osterwalder 提出的商业模式模型，主要包含九个要素：

（1）客户细分（Customer Segments）。任何一个组织或企业都会服务于一个或者多个客户群体。

（2）价值主张（Value Propositions）。一个组织的价值主张在于解决客户的问题和满足客户的需求。

（3）分销渠道（Channels）。价值主张通过沟通、分发以及销售渠道传递给客户。

（4）客户关系（Customer Relationships）。以客户群体为单位来建立和维护客户关系。

（5）核心资源（Key Resources）。核心资源是指为实现上述各项元素的供给和交付而必需的资源。

（6）关键业务（Key Activities）。为实现供给和交付所需完成的关键业务。

（7）重要合作（Key Partnerships）。部分活动需要外包，部分资源需要从其他企业获取。

（8）收入来源（Revenue Streams）。收入来源于将价值主张成功地提供给客户。

（9）成本结构（Cost Structure）。成本结构取决于经济模式中的各项元素。

三、商业模式的层次

企业在创造价值过程中的不同出发点将会形成价值创造的不同层次：

（1）以自我为中心。企业根据自己的需要，以销售为导向，采用各种办法将产品或服务卖出去，属于被动和自私的模式。

（2）以产品为中心。企业根据现有的资源和能力，创造出最好的产品或服务来创造价值，企业认为只要自己的产品足够好，就能够吸引消费者。

（3）以用户为中心。企业根据前期的市场调查和分析，结合用户的需求创造出适合的产品或服务来创造价值。在这一层商业模式中，根据满足用户需求的手段不同，层次也有区别：

① 物质需求。通过高级的营销工具满足已有明确需求的用户，甚至能够掌握用户心理和行为模式，努力地刺激用户或引发潜在消费者的需求，如进行低价折扣的促销活动。

② 生活方式。企业为用户提供一种超越物质需求的价值观，将用户的使用和生活方式结合在一起，甚至会改变用户的生活方式。

③ 情感需求。企业完全从用户的利益和角度出发，将一切商业行为建立在关爱用户的基础上，不仅帮助用户选择物质和精神需求，甚至还能帮助用户减少不必要的物质和精神需求，保持足够的战略眼光。

第二节 商业模式要素

商业模式包含9种必备要素（见图6-1）。

重要伙伴 KP	关键业务 KA	价值主张 VP	客户关系 CR	客户细分 CS
	核心资源 KR		分销渠道 CH	
成本结构 CS			收入来源 RS	

图6-1 商业模式画布

一、客户细分

客户细分描述了一家企业期望服务的不同的目标人群和机构。企业要考虑的是在为谁创造价值，谁是企业最重要的客户。客户是企业商业模式实现的核心。缺乏客户，任何一家企业都无法生存。为了更好地满足客户需求，企业往往通过前期调查和预测，分析顾客的需求、行为以及特征的区别，将客户分成不同的群组。一个商业模式可以服务于一个或者多个大大小小的客户群体。但对于企业而言，必须谨慎地将特定的产品和服务与特定的客户群相匹配。

一般情况下，细分客户群体的条件有以下 5 条：

（1）客户需求催生了一项新的供给。

（2）为满足顾客需求，需要建立一个新的分销渠道。

（3）客户关系的类型有所改变。

（4）客户消费产生的利润率显著不同。

（5）顾客愿意为了某方面的特殊改进而买单。

例如，客户群体可细分为以下几类：

（1）大众市场。基于大众市场的商业模式基本不会区分客户群体。它们的价值主张、分销渠道和客户关系聚焦于一个庞大的、有广泛的相似需求和问题的客户群体。这种商业模式常见于电子消费产业。

（2）小众市场。企业的目标为小众市场的商业模式往往迎合的是某一个具体的、专门的客户群体。其价值主张、分销渠道和客户关系都是根据该小众市场的具体需求量身定制的，常见于供应商 - 采购关系中，如很多汽车零部件制造商依赖于主流企业制造商的采购。

（3）求同存异的客户群体。有的商业模式面向的是有一点点需求和问题区别的多个细分市场。

二、价值主张

价值主张描述了企业为某一客户群体提供能为其创造价值的产品和服务。价值主张直接表明选择某一个客户群体，而放弃另一个客户群体的原因。每一个价值主张都是某一特定产品和服务的组合，能够迎合与之匹配的客户需求。

企业为了清楚自己的价值主张是什么，可以问如下几个问题：

（1）我们要向客户传递什么样的价值主张？

（2）在我们的客户面对的各种问题中，我们要解决哪一个问题？

（3）为了解决客户问题，我们能够满足顾客哪些需求？

（4）面对不同的客户群体，我们应该提供什么样的产品和服务的组合？

一般情况下，企业创造的价值可以从数量和质量两方面来认识：从数量角度来看，可以有价格、服务反应速度和时间等；从质量角度来看，可以有产品的创新、服务、定制和品牌效应等。

三、分销渠道

分销渠道描述的是企业如何与客户群体进行沟通，建立联系，进而为客户传递自身价值主张。企业与客户的交流、分销渠道构成了企业的客户交互体系。分销渠道的作用主要有以下 4 点：

(1) 使客户更加了解公司的产品和服务。

(2) 评估企业的价值主张。

(3) 购买产品和服务。

(4) 提供售后服务支持。

企业要关注以下几个问题：

(1) 我们的客户希望用什么样的渠道与企业建立联系？

(2) 渠道构成有哪些？其中最有效的是哪个？

(3) 如何将这些渠道与客户工作整合在一起？

四、客户关系

客户关系描述了企业针对某一个客户群体所建立的客户关系的类型。企业要关注以下几个问题：

(1) 企业的每一个客户群体希望与企业建立并保持什么类型的关系？

(2) 企业已经建立了什么类型的关系？

(3) 现有客户关系的成本如何？

(4) 如何将客户关系与其他要素进行整合？

例如，根据服务可以将客户关系分为私人服务、专属私人服务、自助服务、自动化服务、社区服务等。

五、收入来源

收入来源表示企业从每一个客户群体获取的收益。收入来源是商业模式的动脉。每一种收入来源包含不同的价格机制，如定价、议价、市场价格浮动、折扣方式等。一个商业模式可能包含的收益来源分为以下两种不同的类型：

(1) 一次性收入：交易收入由客户一次性支付产生。

(2) 持续收入：因向顾客传递了新的价值主张或提供售后支持而带来的客户持续支付。

收入的来源有很多种，如常规销售费用、租赁费、使用费、会员费、广告费、培训费等。同时企业要考虑以下几个问题：

(1) 哪一种价值是客户愿意付款的？

(2) 该客户群体为哪种价值主张买单？

(3) 客户当前使用的支付方式是什么？

(4) 未来更愿意使用何种支付方式？

(5) 每个收益来源占总体收益贡献的比例是多少？

六、核心资源

核心资源描述的是保证一个商业模式顺利运行所需要的最重要的资产。每一个商业模式都需要一些核心资源，这些资源创造的价值主张是获得市场的基础。不同的商业模式需要不同的核心资源。核心资源一般包括物质资源和非物质资源。其中非物质资源有知识性资源、经验性资源、人力资源、技术资源、金融资源等。同时企业要考虑以下几个问题：

（1）企业的价值主张需要哪些核心资源？
（2）企业的分销渠道需要哪些核心资源？
（3）维系客户关系需要哪些核心资源？
（4）收入来源需要哪些核心资源？
（5）开展关键业务需要哪些核心资源？

七、关键业务

关键业务描述了保障商业模式正常运行所需要做的重要事情。这些业务是企业正常运行所必需的重要行动。与核心资源一样，关键业务是企业为了创造和提供价值主张，获取市场，维护客户关系以及获取收益的关键所在。不同的企业关键业务也有区别。例如，咨询公司的关键业务主要是提供解决方案。培训机构的关键业务是教学培训、知识的传授和学生的引导。一般情况下，关键业务可以从以下几个方面思考：生产、解决方案、平台。同时企业要考虑以下几个问题：

（1）企业的价值主张需要哪些关键业务？
（2）企业的分销渠道需要哪些关键业务？
（3）维系客户关系需要哪些关键业务？
（4）收入来源需要哪些关键业务？

八、重要伙伴

重要伙伴描述的是为了保证一个商业模式顺利运行所需要的供应商和合作伙伴网络。企业需要与外界建立联盟来优化自身的商业模式、降低风向或者获得资源。重要合作伙伴主要分为四个类型。第一，非竞争者之间的战略联盟。第二，竞争者之间的战略合作。第三，为新业务建立合资公司。第四，为保证可靠的供应而建立的供应商和采购商关系。

寻找合作伙伴的动机主要有三个。第一，优化资源，实现规模效应。第二，降低风险和减少不确定性。第三，获取少数关键的特殊资源。

同时，企业需要考虑以下几个问题：
（1）谁是企业的关键合作伙伴？

(2) 谁是企业的关键供应商？
(3) 企业从合作伙伴那里获取什么关键资源？
(4) 合作伙伴参与了哪些关键业务？

九、成本结构

成本结构描述了运营一个商业模式所发生的所有成本。创造和传递价值、维系客户关系、创造收益都会发生成本。在确定了核心资源、关键业务以及重要伙伴的情况下，核算成本相对而言就会变得简单。

成本最小、收益最大是每一个商业模式的目标，因此，可以将商业模式分为成本导向和价值导向两种类型。企业要清楚以下相关问题：
(1) 商业模式中最重要的固定成本是什么？
(2) 最贵的核心资源是什么？
(3) 最贵的关键业务是什么？

第三节 商业模式设计与创新

一、商业模式设计

商业模式设计是指一个跨领域团队通过发散和聚敛，创造出一个新商业模式的过程。创建的企业需要设计商业模式，传统企业在商业模式创新时也需要设计商业模式，商业模式设计不是一次性的行为，而是不断完善的过程，直到找到一个可持续的、最优的商业模式。

1. 组建跨领域团队

结合团队组建的原则，通过跨领域合作，将企业内部人员、相关行业的专家、政策制定者、客户等组建成为一个跨领域团队。其中，行业专家从全局出发分析行业的发展现状，有助于成员对当前行业有深入的认识。政策制定者或解析者能够提供宏观的政策支持，有助于实现商业模式的可持续发展。从客户视角设计商业模式，能够实现以客户为导向，减少后期的验证成本和重新设计的风险。

2. 环境分析

为保证商业模式设计后能够在企业实施，必须考虑企业的内部资源和外部环境。可以借助 SWOT（优势、劣势、机遇、威胁）分析工具，更好地识别企业内部优势和发展机会以及相关劣势和外部威胁，提升商业模式的竞争力。

3. 创意风暴

由于商业模式的九个要素之间相互联系，相互制约，因此，以不同的角度和关系为设计起点，都会产生不同的商业模式效果。以价值主张为例，价值主张效果可以分为低成本、安全性高、品质好、购买快捷方便、服务好、产品功能强大、品牌度高等。商业模式的起点和中间路径也是可以选择的，如果企业拥有客户资源，客户细分就可以成为商业模式设计的起点，甚至合作伙伴、关键业务也能成为商业模式设计的起点。

4. 创意选择

在上述步骤中，团队成员利用创意风暴，提出多种商业模式。结合企业的内部资源和外部环境分析，聚焦并选择最适合企业当前阶段发展的商业模式，可从以下几个方面展开评估：第一，客户需求。选择客户最能够接受的商业模式，进行客户验证。第二，价值最大化。借助商业模式画布工具，对利润进行简单的计算和评估。第三，核心竞争力。利用 SWOT 工具，分析商业模式的门槛，判断别人是否能够复制自己。第四，可复制性。商业模式的逻辑是否清晰，本企业是否能实现复制推广。

5. 商业模式原型制作

前期准备完成，可以设计商业模式，也可以借助商业模式画布进行。

二、商业模式创新的意义

任何一个企业的商业模式不是保持静态不变的。随着时间的改变，消费者的价值取向从一个产业转移到另一个产业，企业必须重新思考和调整自己的商业模式。由于行业各异，宏观和微观经济环境处于不断变化的状态中，没有一个特定的商业模式能够保证在各种条件下都产生优异的财务结果。商业模式必须根据客户需求的变化以及市场竞争形势的演变而做出调整和变化。一般情况下商业模式创新的目的主要有 4 种：

（1）满足未被响应的现实市场需求。

（2）将新的技术、产品推向市场。

（3）用更好的商业模式改进、颠覆现有市场或推动其转型。

（4）创造一个全新的市场。

三、商业模式的创新路径

优秀的商业模式是丰富和细致的，并且其各个部分要互相支持和促进，改变其中任何一个部分，就会变成另外一种模式。基于与公司管理层和市场分析人员的交流，埃森哲管理咨询公司总结出了商业模式再造的途径。

1. 通过量的增长扩展现有商业模式

美国专营 B2B（企业对企业的电子商务模式）业务的 W. W. Grainger 公司，向全球超过 100 万家工商企业和机构客户供货，其产品从设备、零部件到办公用具和日常劳保用品，一应俱全。该公司一直尝试通过多种途径使客户订货更加容易。这些途径包括设在各地的分支机构、电话、传真、印刷目录等，现在再加上网上订货，就更强化了其以方便顾客为价值诉求的商业模式。另外，该公司还通过在原有商业模式的基础上将业务引向新的地域，增加客户数量，调整价格，增加产品线和服务种类等扩展了现有的商业模式。

2. 更新已有商业模式的独特性

这种途径注重更新的是企业向客户提供的价值，借以抵抗价格战带来的竞争压力。以美国 Teradyne 公司（全球领先的半导体测试设备供应商）为例，它以创新产品赢得客户，但盈利却来自源源不断的产品升级和周到细致的服务。

3. 在新的领域复制成功

企业用现成的手法向新市场推出新产品，在新的条件下复制自己的商业模式，利用现有品牌效应降低成本的运营能力，给新的产品注入品牌活力。

4. 通过兼并增加新模式

企业通过购买或出售业务来重新为自己的商业模式定位。例如，阿里巴巴公司开展了并购和控股，从互联网 B2B 交易平台开始，发展为涵盖信用支付、网络沟通、网络金融、医疗、影视、交通等方面的业务模式。

思考与练习

1. 商业模式的九大要素分别是什么？
2. 分析一个企业的商业模式的各个元素。

第三篇 创业实施

第七章

创业资源

第一节 创业资源概述

一、创业资源的概念

创业资源是指企业创立及成长过程中所需要的各种生产要素和支撑条件,是创业企业在创造价值过程中所需要的特定资产。

对于创业者来说,只要是对其创业项目和创业企业的发展有所帮助的要素,都可以归入创业资源的范畴。创业者既要积累个人资源,也要善于创造性地整合社会资源,以创造有利于创业的良好条件。

> **拓展阅读**
>
> **创业资源与一般商业资源的比较**
>
> 创业资源与一般商业资源既有相同点,又有一定的区别。
>
> 创业资源是商业资源,但不是所有的商业资源都是创业资源,因为只有创业者可以利用的资源才是创业资源。例如,一座无人开采的、价值巨大的矿山是一种商业资源,但该矿山不一定是创业资源,因为创业活动多数具有轻资产、小团队的特征,创业者一般没有能力通过开发一座价值连城的矿山开始创业。
>
> 创业资源更多地表现为无形资源,一般商业资源则更多地表现为有形资源。创业资源的独特性更强,创业者的个人能力和社会网络资源是其中最为关键的因素;一般商业资源中,规范的管理和制度则是企业取得成功的基础资源。

二、创业资源的分类

（一）按性质分

按性质分，创业资源可分为人力资源、财务资源、物质资源、技术资源和组织资源。

人力资源：不仅包括创业者及创业团队的知识、训练和经验等，也包括团队成员的专业智慧、判断力、视野和愿景，甚至包括创业者本身的人际关系网络。创业者是创业企业最重要的人力资源，其价值观念和信念是创办企业的基石，其所拥有的人际和社会关系网络使其能够接触到大量的外部资源，降低潜在的创业风险。鉴于企业之间的竞争主要是人才之间的竞争，高素质人才的获取和开发便成为创业企业可持续发展的关键因素。

财务资源：主要是指货币资源，通常是创业企业向债权人、权益投资者通过内部积累筹集的负债资金、权益资金和留存资金。一般来说，创业初期以不高于市场平均水平的资本成本及时筹集到足额的财务资源，是创业企业成功创办和顺利经营的前提条件。

物质资源：指创业企业经营所需要的有形资源，如建筑物、机器、原材料和办公设备等。一些自然资源如矿山、森林等有时也会成为创业企业的物质资源。

技术资源：包括关键技术、制造流程、作业系统、专用生产设备等。技术资源通常包括三个层次：一是根据自然科学和生产实践经验发展成的各种工艺流程、加工方法、劳动技能和诀窍等，二是将这些流程、方法、技能和诀窍等付诸实施的相应的生产工具和其他物资设备，三是适应现代劳动分工和生产规模等要求的对生产系统中所有资源进行有效组织和管理的知识、经验和方法。技术资源大多与物质资源相结合，可以通过法律手段予以保护，部分技术资源会形成组织的无形资产。

组织资源：一般是指企业的正式管理系统，包括企业的组织结构、作业流程、工作规范、信息沟通、决策体系、质量系统，以及正式或非正式的计划活动等，有时候组织资源也可以表现为个人的技能或能力。其中，组织结构是一种能够使组织区别于竞争对手的无形资源。它能将创新从生产功能中分离出来，使组织结构加速创新；能将营销从生产功能中分离出来，使组织结构更好地促进营销。

（二）按存在形态分

按存在形态分，创业资源可分为有形资源和无形资源。

有形资源：指具有物质形态的、价值可用货币度量的资源，如组织赖以生存的自然资源以及建筑物、机器设备、原材料、产品、资金等。

无形资源：指具有非物质形态的、价值难以用货币精确度量的资源，如信息资源、关系资源、权力资源以及企业的信誉、形象等。无形资源往往是使有形资源更好发挥作用的重要手段。

（三）按重要性分

按重要性分，创业资源可分为核心资源和非核心资源。

核心资源：包括技术资源和人力资源。这些资源涉及创业企业有别于其他企业的核心竞争力。

非核心资源：主要包括场地、资金和环境资源。这些资源是企业成功创办和持续经营的基本资源。

（四）按来源分

按来源分，创业资源可分为内部资源和外部资源。

内部资源：指创业者或创业团队自身所拥有的可用于创业的资源，如创业者自身拥有的可用于创业的资金、技术、创业机会信息等。

外部资源：来自于外部机会的发现，是创业者从外部获取的各种资源，包括从朋友、亲戚、商务伙伴或其他投资者身上等筹集到的资金、空间、设备或其他原材料等。

三、创业资源的获取

创业资源的获取是指在确认并识别资源的基础上，得到所需资源并使之为创业服务的过程。创业资源的获取不仅决定着把创业设想转化为创业行动，而且决定着企业这一契约组织的形成方式。

（一）影响创业资源获取的因素

影响创业资源获取的因素主要有创业导向、商业创意的价值、创业资源的配置方式、创业者的管理能力及社会网络等。

1. 创业导向

创业导向是一种态度或意愿，这种态度或意愿会导致一系列创业行为。创业导向通过促进机会的识别和开发，进而促进资源的获取。因此，创业者要注重创业导向的培育和实施，充分关注创业者特质、组织文化和组织激励等影响创业导向形成的重要因素，采取有效的方式获取资源，并在资源的动态获取、整合和利用过程中，注意区分不同资源，充分发挥知识资源的促进作用。

2. 商业创意的价值

创业的关键在于商业创意。商业创意为资源获取提供了杠杆，但获取资源困难的程度还取决于创意的价值被资源所有者认同的程度。换言之，一种能被资源所有者认同的有价值的商业创意，才有助于降低创业者获取资源的难度。

3. 创业资源的配置方式

由于创业资源的异质性、效用的多维性和知识的分散性，人们对于同一创业资源往往具有不同的效用期望。有些期望难以依靠市场交换得到满足，因此，如果通过资源配置方式创新，能够开发出新的效用，使之更好地满足资源所有者的期望，创业者就有可能从资源所有者手中获得资源使用权，以开展生产经营活动。

4. 创业者的管理能力

创业者的管理能力是企业软实力的主要表现，管理能力越强，获取资源的可能性越大。创业者的管理能力可以从其沟通能力、激励能力、行政管理能力、学习能力和协调能力等多方面予以衡量。创业者通过管理能力获取必要资源的同时，还能为创业企业创造良好的发展环境。

5. 社会网络

社会网络是机构之间及人与人之间比较持久的、稳定的多种关系结合而成的网络关系。由于创业资源广泛存在于各种资源所有者手中，这些所有者又处于一定的社会网络之中，而且人们对于商业活动的认识和参与，客观上会受到自己所处社会网络及在其中地位的影响，所以，社会网络对于创业资源的获取具有重要的意义。

不同的社会网络和网络地位，为人们之间的沟通协作提供了不同渠道。在社会网络中处于优势地位的创业者，具有较好的社会关系依托，可以有选择地了解不同对象的效用需求，有针对性地对不同对象传递商业创意，有目的地获取不同资源所有者的理解和信任，最终成功地从不同网络成员那里获取所需的资源，为自己进行资源配置方式创新提供了基础。

除上述因素外，创业者的资源辨识能力和外部社会环境等也会对创业资源的获取产生一定影响。

（二）获取创业资源的途径

获取创业资源的途径分为市场途径和非市场途径两大类。当创业所需要的资源有活跃的市场，或者有类似的可比资源进行交易时，可以采用市场途径，其他情况下则可以采用非市场途径。

1. 通过市场途径获取创业资源

通过市场途径获取创业资源包括购买和联盟两种。

购买：指利用财务资源通过市场购入的方式获取外部资源，主要包括购买厂房、设备等物质资源，购买专利和技术，聘请有经验的员工及通过外部融资获取资金等。需要注意的是，诸如知识，尤其是隐性知识等资源虽然可能会附着在非知识资源之上，可以通过购买物质资源（如机器设备等）得到，但很难通过市场直接购买，因此，需要创业企业通过非市场途径去开发或积累。

联盟：指通过联合其他组织，对一些难以或无法自己开发的资源实行共同开发。这种方式不仅可以汲取显性知识资源，还可以汲取隐性知识资源。但联盟的前提是联盟双方的资源和能力互补且有共同的利益，而且能够对资源的价值及使用达成共识。

> **提示**
>
> 显性知识是指能明确表达的知识,即人们可以通过口头传授、教科书、期刊、视听媒体、软件和数据库等方式获取,或者通过书籍、数据库等编码方式传播,也容易被人们学习的知识。隐性知识与显性知识相对,是指那种我们知道但难以言述的知识。

2. 通过非市场途径获取创业资源

通过非市场途径获取创业资源包括资源吸引和资源积累等。

资源吸引:指发挥无形资源的杠杆作用,利用创业企业的商业计划和创业团队的声誉,通过对创业前景的描述来获得或吸引物质资源、技术资源、人力资源和资金等。

资源积累:指利用现有资源在企业内部通过培育形成所需的资源,主要包括自建企业的厂房,在企业内部开发新技术,通过培训来增加员工的技能和知识,通过企业的自我积累获取资金等。

> **提示**
>
> 究竟是通过市场途径还是非市场途径获取资源,主要依赖于资源在市场的可用性和成本等因素。例如,若证明快速进入市场能够带来成本优势,则可采用外部购买方式。对于多数创业企业来说,由于初始资源的不完整性,创业者需要获取资源所有者的信任来获取资源。但无论如何,采用多种途径同时获取不同资源总是正确的选择。

(三) 获取创业资源的技巧

为了及时、足额并以较低成本获取创业所需要的资源,创业者需要掌握一定的获取创业资源的技巧。

1. 充分重视人力资源的获取

人力资源在创业资源中的决定性作用要求创业者必须充分重视人力资源的获取。创业者一方面应努力增强自身能力的培养,另一方面应充分重视创业团队的建设。一支知己知彼、才华各异、能力互补、目标一致和彼此信任的团队是创业资源中最为重要的资源,也是创业成功必不可少的保证。

2. 以能用和够用为原则

不是所有的资源都是企业的资源,创业者在获取资源时应坚持能用的原则,只有满足自己需求、自己可以支配并使其充分发挥作用的资源,才是需要获取的资源。

另外,资源的使用是有代价的,因此,在获取创业资源时应该本着够用的原则,而不是多多益善。一方面,财力的有限性使创业者难以筹集更多的资源;另一方面,当使用资源的收益不能弥补其成本时,资源的使用并不能给企业带来效益。

3. 尽可能获取多用途资源和杠杆资源

资源自身的特性决定了其用途的不同,有的资源可能在不同场合具有不同的用途,获取具有多用途的资源可以帮助创业者应付创业过程中出现的意外。在知识社会,具有独特创造性的知识是现代社会的高质量杠杆资源，对于杠杆资源的合理利用，有助于创业者取得一定的杠杆收益，达到事半功倍的效果。

四、创业资源的整合

创业资源的整合是一个复杂的过程，是创业企业对不同来源、不同层次、不同结构、不同内容的资源进行选择、汲取、激活、配置和有机融合的过程，以使之具有更强的柔韧性、条理性、系统性和价值性，并对原有的资源体系进行重构，摒弃无价值的资源，以形成新的核心资源体系。创业资源的整合过程可以分为资源扫描、资源控制、资源利用和资源拓展四个步骤。

（一）资源扫描

创业者要知道自己的资源优势及企业所拥有的最初资源，将已有资源识别出来，包括己方所有有价值的有形资产和无形资产，如人才、技术、设备、品牌等；找到自己的资源优势和不足，同时认清哪些属于战略性资源，哪些属于一般性资源，还要确定资源的数量、质量、使用时间及使用顺序。

创业者在扫描自身已有资源的同时，也要对外部环境进行扫描，及时发现创业企业所需的资源，确定自己所缺的创业资源可以从哪些渠道获得，以及谁拥有这些重要资源，并对各种资源渠道获得的难易程度进行排序；进而寻找利益交集，对资源所有者的利益需求进行深度分析，并与自己所拥有的资源进行比较，找到利益契合点。这通常需要创业者具有行业知识和一定的社会关系网络。创业者在创业初始阶段会利用与自己关系较近的资源网络，随着业务的向前发展而逐渐扩充这一网络。

（二）资源控制

资源控制的范围包括创业者自身拥有的资源、通过交易等形式可获得的资源以及通过社会网络等形式可以控制的资源。在许多情况下，创业者自身拥有的资源（如教育背景、经验、声誉、行业知识、资金和社会网络等）存在于创业团队中。在特定的行业，创业团队中成员的社会网络资源和技术对于企业的成功至关重要。创业者在获取资源的过程中，需要判断这种资源对实现企业的目标是否起关键作用，并且创造性地设计出双赢的合作方案，形成长期互利关系。

（三）资源利用

在获取和控制大量资源的基础上，创业企业开始对这些资源进行配置和利用，将它们合理有效地配置到最能发挥其使用效益的地方去，体现出这些资源的价值。企业资源在未整合之前大多是零碎的、低效的，要发挥这些资源的最大使用价值、产生最佳效益，就必须运用科学方法对各种类型的资源进行细化、配置和激活，将有价值的资源有机地融合起来，使它们相互匹配、互为补充、互相增强。

在配置资源之后，新的资源或者说竞争优势就会形成，企业必须利用区别于其他企业的这种优势来赢得市场。在整合资源并将其转化为企业内部的独特优势之后，创业者需要协调各种资源之间的关系，匹配有用的资源，剥离无用的资源，通过协调，使资源之间的联系更加紧密，更加具有匹配性，形成"1+1>2"的局面，并为下一步拓展资源奠定基础。

（四）资源拓展

资源拓展，即将以前没有建立起联系的资源建立联系，将新获取的资源与已有的资源进行融合，进一步开发潜在的资源为企业所用，这也是企业持续获得竞争优势的根本来源。开拓创造的过程能使创业者培养新的能力，从而使其能够更充分地发现和掌握创业机会。

第二节 创业融资

任何企业的生产经营活动都需要资金的支撑。对于创业企业来说，无论是进行产品研发还是产品的生产和销售，都需要大量的资金投入。如何有效融资是创业者极为关注的问题之一。

一、创业融资的概念

创业融资是指创业企业从自身生产经营及资金运用情况出发，根据未来经营发展的需要，通过一定的渠道或方式筹集资金，以满足后续经营发展需要的一种经济行为。

创业企业筹集资金的基本目的在于满足企业扩张或者还债的需要。同时，创业企业筹集资金应该遵循一定的原则，通过一定的渠道和方式去进行。

二、创业融资的过程

一般来说，创业融资的过程包括以下几个阶段。

（一）做好融资前的准备

尽管创业融资较为困难，但创业融资却是创业企业顺利成长的关键。因此，创业者一定要在融资之前做好充分的准备工作：对融资过程有一定的了解，建立和经营个人信用，积累自己的人脉资源，学习估算创业所需资金的方法，了解各种融资渠道，熟悉创业计划书的结构和编写策略，提高自己的谈判技巧，等等，以增加融资成功的概率。

（二）计算创业所需资金

世上没有免费的午餐，也没有零成本的资金。创业者必须明白，企业所使用的资金都是具有一定成本的。这并不是说筹集的资金越少越好，因为任何一家顺利经营的企业都需要基本的周转资金，如果筹集的资金不足以维持企业的日常运转，企业则会面临资金断流，进而导致破产清算，但这也不意味着筹集的资金越多越好。如上所述，资金都是具有成本的，如果在资金使用过程中不能创造出高于其成本的收益，则企业会发生亏损。因此，创业者在筹集资金之前，要能够运用科学方法准确地计算资金需求量。

（三）编写创业计划书

创业企业对于资金的需求，需要通盘考虑企业创办和发展的方方面面，要对企业有一个全面的筹划。编写创业计划书是一种很好的对未来企业进行规划的方式。在创业计划书中，创业者需要估计未来可能的销售状况以及实现销售需要配备的资源，并进而计算出所需要的资金数额。

（四）确定融资渠道

确定了创业企业需要的资金数额之后，创业者需要进一步了解各种融资渠道的优缺点，根据筹资机会以及创业者对企业未来的所有权规划，充分权衡利弊，确定所要采用的融资渠道。

（五）展开融资谈判

选定所拟采取的融资渠道之后，创业者需要与潜在的投资者进行融资谈判。创业者要对自己的创业项目非常熟悉，充满信心，并对潜在投资者可能提出的问题做出猜想，事先准备相应的答案；在谈判时，要抓住时机陈述重点，做到条理清晰；另外，还应向有经验的人士进行咨询，以增加谈判成功的概率。

三、创业所需资金的计算

合理地筹集创业所需资金是对创业者最为基本的素质要求，也是其创办企业的前提。筹集不到足额资金会使企业出现资金断流，甚至被迫清算；筹集的资金过多，又会导致资金的闲置，导致企业经营效率低下。因此，创业者一定要能够对创业所需资金进行科学的估算。一般来讲，创业所需资金包括投资资金和营运资金两部分。

（一）投资资金

投资资金发生在企业开业之前，是企业在筹办期间产生各种支出所需要的资金。投资资金包括创业企业开业之前的流动资金投入、非流动资金投入，以及开办费用支出所需要的资金投入。在计算投资资金时，大部分创业者均能想到购置厂房、设备及材料等的支出，以及员工的工资支出，但常常会忽略诸如机器设备安装费用、厂房装修费用、创业者的工资支出、业务开拓费、广告费等开业前可能发生的其他大额支出。此时，采用表格形式将投资资金的项目一一列举出来，是合理估算投资资金的有效方法。表7-1是投资资金估算常用的表格。

表7-1 投资资金估算

行次	项目	数量	金额	行次	项目	数量	金额
1	房屋、建筑物			10	广告费		
2	设备			11	水电费		
3	办公家具			12	电话费		
4	办公用品			13	保险费		
5	员工工资			14	设备维护费		
6	创业者工资			15	营业税费		
7	业务开拓费			16	开办费		
8	房屋租金			17	……		
9	存货的购置支出				合计		

表7-1中有关项目的内容说明如下：

第1~3行投资资金的支出属于非流动资金支出，一般在计算创业资金时作为一次性资金需求予以考虑。其中，关于房屋、建筑物的支出（包括厂房的装饰、装修费用），若企业拟在租来的房屋中办公，则将相应的支出填写在第8行房屋租金中，而且应关注房租的支付形式。一般来说，房屋租金多采用"押一付三"的方式支付，这样房屋租金的资金支出起码应相当于4个月的租金数额。若房租支付采用按半年付费或按年付费的形式，则房屋租金的支出会更多。设备的支出包括机器设备的安装费用。

第4~15行投资资金的支出属于流动资金支出，在计算创业资金时需要考虑其持续性投入问题。创业者在估算投资资金时，注意不要忽略其自身的工资、业务开拓费、设备维护费等项目。

第16行是创业企业的开办费用。不同行业所需要的企业开办费用不同，如高科技行业企业筹建期间员工的工资和人员的培训费可能较高，有较高进入门槛的行业企业的筹建期可能较长等。总之，开办费用是企业无法避免的一项投资支出。

最后，不同行业所需要的资金支出不同，创业者应通过市场调查，将本行业所需的资金支出项目予以补充，填写在表格中第17行及以下的相应位置，并在最后计算所需要的投资资金的合计数。例如，若创业项目需要特定技术，则要支付购买技术的费用；若采用加盟的方式进行创业，则需要支付加盟费用。

> **提示**
>
> 创业者在计算投资资金时，一方面，要尽可能考虑所需要的各种支出，避免漏掉一些必需的项目，以充分计算资金需求；另一方面，由于创业资金筹集的困难性及创业初期资金需求的迫切性，创业者应想办法节省开支，如采用租赁厂房、采购二手设备等措施节约资金。

（二）营运资金

营运资金主要是流动资金，是创业企业开始经营后到盈亏平衡前创业者投入企业的资金。计算营运资金需要根据企业未来的销售收入、成本和利润情况来确定，通过财务预测的方式实现。

1. 测算营业收入

营业收入是指企业在从事销售商品、提供劳务和转让资产使用权等日常经营业务过程中所形成的经济利益的总流入。对创业企业营业收入的测算是制订财务计划与编制预计财务报表的基础，也是计算营运资金的第一步。在测算营业收入时，创业者应立足于对市场的研究和对行业营业状况的分析，根据其试销经验和市场调查资料，利用推销人员意见综合、专家咨询、时间序列分析等方法，以预测的业务量和市场售价为基础估计每个会计期间的营业收入，并根据行业的信用政策特点和创业企业拟采用的信用政策估算由此可能产生的现金流入。

> **提示**
>
> 会计期间是指为了会计核算的需要，人为地将企业持续不断的生产经营过程划分成相等的时间单位。会计期间分为月度、季度、半年度、年度等。

2. 编制预计利润表

利润表是指用来反映企业在某一会计期间的经营成果的财务报表。该表是根据"收入－费用＝利润"的会计等式，按营业收入、营业利润、利润总额、净利润的顺序编制而成的，是一个时期的、动态的报表。

创业者在编制预计利润表时，应根据测算营业收入时预计的业务量对营业成本进行测算，根据拟采用的营销组合对销售费用进行测算，根据市场调查阶段确定的业务规模和企业战略对创业企业经营过程中可能发生的管理费用进行测算，根据预计采用的融资渠道和相应的融资成本对财务费用进行测算，根据行业的税费标准对可能发生的营业税费进行测算，以此计算创业企业每个会计期间的预计利润。预计利润表的格式如表7-2所示。

表 7-2 预计利润表

项目	1	2	3	4	5	6	7	…	n
一、营业收入									
减：营业成本									
营业税金及附加									
销售费用									
管理费用									
财务费用									
二、营业利润（损失以"－"填列）									
加：营业外收入									
减：营业外支出									
三、利润总额									
减：所得税费用									
四、净利润（损失以"－"填列）									

由于创业企业在起步阶段业务量不稳定，在市场上默默无闻，营业收入和推动营业收入增长所付出的成本之间一般不成比例变化，所以，对于创业企业初期营业收入、营业成本和各项费用的估算应按月进行，并按期预估企业的利润状况。一般来说，在企业实现收支平衡之前，企业的利润表均应按月度编制；达到收支平衡后，可以按季度、半年度、年度来编制。

3. 编制预计资产负债表

资产负债表是指总括反映企业在某一特定日期全部资产、负债和所有者权益状况的报表。该表是根据"资产＝负债＋所有者权益"这一会计基本等式，依照流动资产和非流动资产、流动负债和非流动负债的大类列示，并按照一定要求编制的，是一个时点的、静态的会计报表。

创业者在编制预计资产负债表时，应根据测算的营业收入金额和企业的信用政策，确定在营业收入中回收的货币资金及形成的应收款项，根据材料或产品的进、销、存情况确定存货状况，根据投资资本估算时确定的非流动资金数额和选择采用的折旧政策计算固定资产的期末价值，根据行业状况和企业拟采用的信用政策计算确定应付款项，根据估算的收入和行业税费比例测算应交税费和预计利润表中的利润金额确定每期的所有者权益，并可据此确定需要的外部筹资额。预计资产负债表的格式如表 7-3 所示。

表 7-3 预计资产负债表

项目	1	2	3	4	5	6	7	...	n
一、流动资产									
货币资金									
应收款项									
存货									
其他流动资产									
流动资产合计									
二、非流动资产									
固定资产									
无形资产									
非流动资产合计									
资产合计									
三、流动负债									
短期借款									
应付款项									
应交税费									
其他应付款									
流动负债合计									
四、非流动负债									
长期借款									
其他非流动负债									
非流动负债合计									
负债合计									
五、所有者权益									
所有者权益合计									
六、外部筹资额									

与预计利润表一样，预计资产负债表一般在企业实现收支平衡前也应按月度编制，在实现收支平衡后可以按季度、半年度、年度来编制。

四、创业融资的渠道

创业融资的渠道是指创业者筹集资金的方向与通道，体现资本的来源和流量，主要由社会资本提供者的数量及分布决定。目前,中国社会资本的提供者众多,数量分布广泛,为创业企业融资提供了广泛的资本来源。具体来讲,创业融资的渠道主要有以下几种。

(一) 私人资本融资

1. 个人积蓄

创业者的个人积蓄是创业融资最根本的来源。几乎所有的创业者都向他们新创办的企业投入个人积蓄。个人积蓄的投入对于创业企业来说具有以下重要意义。

(1) 创业者个人积蓄的投入表明了创业者对于项目前景的看法。只有当创业者对未来的项目充满信心时,他才会毫无保留地向企业投入自己的积蓄。

(2) 将个人积蓄投入企业,是创业者日后继续向企业投入时间和精力的保证。向企业投入的积蓄越多,创业者会在日后的生产经营过程中对企业越关注。

(3) 个人积蓄的投入有利于创业者分享投资成功的喜悦。因此,准备创业的人应从自我做起,较早地将自己收入的一部分储存起来,作为创业储备资金。

(4) 个人积蓄的投入是对债权人债权的保障。在企业破产清算时,债权人的权益优于投资者的权益,企业能够融到的债务资金一般以投资者的投入为限,所以创业者投入企业的初始资金是对债权人债权的基本保障。

当然,对许多创业者来说,个人积蓄的投入虽然是新企业融资的一种途径,但并不是根本性的解决方案。一般来说,创业者的个人积蓄对于创业企业而言总是十分有限的,特别是对于新创办的大规模企业或资本密集型的企业来说,几乎是杯水车薪。

2. 向亲友融资

向亲友融资也是创业融资的重要渠道,在创业中起着重要的支持作用。特别是在中国,以家庭为中心形成的亲缘、地缘、商缘等为经纬的社会网络关系,对包括创业融资在内的许多创业活动产生着重要影响。家庭成员和亲朋好友由于与创业者个人的关系而愿意投入资金,向亲友融资从而成为创业企业十分常见的融资方式。

在向亲友融资时,创业者必须按照市场经济的游戏规则、契约原则和法律形式来规范融资行为,保障各方利益,减少不必要的纠纷,具体要注意以下几个方面。

(1) 创业者一定要明确所融集的资金的性质,并据此确定彼此的权利和义务。若融集的资金属于亲友对企业的投资,则属于股权融资;若融集的资金属于亲友借给创业者或创业企业的,则属于债权融资。由于股权资本自身的特性,创业者对于亲友投入的资金没有必要承诺日后的分红比例和具体的分红时间,但对于从亲友处借入的款项,一定要明确约定借款的利率和具体的还款时间。

(2) 无论是借款还是投资款项,创业者最好能够通过书面形式将事情确定下来,以避免将来可能出现的矛盾。

(3) 创业者在向亲友融资之前,需要仔细考虑这一行为对亲友关系的影响,要将日后可能产生的有利和不利方面告诉亲友,尤其是创业风险,以便在未来出现问题时把对亲友的不利影响降到最低。

(二) 机构融资

1. 向银行借款

比较适合创业者的银行借款形式主要有抵押贷款和担保贷款两种。缺乏经营历史从而也缺乏信用积累的创业者，比较难以获得银行的信用贷款。

抵押贷款是指借款人以其所拥有的财产做抵押，作为获得银行贷款的担保。在抵押期间，借款人可以继续使用其用于抵押的财产。抵押贷款有动产抵押贷款和不动产抵押贷款两种。动产抵押贷款是指以股票、国债、企业债券等银行承认的有价证券，以及金银珠宝首饰等动产做抵押，从银行获取贷款。不动产抵押贷款是指以土地、房屋等不动产做抵押，从银行获取贷款。

担保贷款是指借款人向银行提供符合法定条件的第三方保证人作为还款保证的借款方式。当借款方不能履约还款时，银行有权按照约定要求保证人履行或承担清偿贷款连带责任。其中较适合创业者的担保贷款形式有自然人担保贷款和专业公司担保贷款两种。自然人担保贷款是指自然人提供担保取得贷款，专业公司担保贷款是指由担保公司提供担保取得贷款。

2. 向非银行金融机构借款

非银行金融机构是指以发行股票和债券、接受信用委托、提供保险等形式筹集资金，并将所筹资金用于长期性投资的金融机构。根据法律规定，非银行金融机构包括经银监会批准设立的信托公司、境外非银行金融机构驻华代表处、农村和城市信用合作社、典当行、保险公司、小额贷款公司等机构。创业者可以从这些非银行金融机构取得借款，筹集生产经营所需资金。

3. 中小企业间的互助机构贷款

中小企业间的互助机构是指中小企业在向银行融资的过程中，根据合同约定，由依法设立的担保机构以保证的方式为债务人提供担保，在债务人不能依约履行责任时，由担保机构承担合同约定的偿还责任，从而保障银行债权实现的一种金融支持制度。信用担保可以为中小企业的创业和融资提供便利，分散金融机构的信贷风险，推进银企合作。

4. 交易信贷

交易信贷是指企业在正常的经营活动中，由于延期付款或预收货款所形成的企业间常见的信贷关系，通常也称为商业信用。企业在筹办期及生产经营过程中，均可以通过交易信贷筹集部分资金，如企业在购置设备或原材料的过程中，可以通过延期付款的方式，在一定时期内免费使用供应商提供的部分资金。

5. 融资租赁

融资租赁是指实质上转移与资产所有权有关的全部或绝大部分风险和报酬的租赁。融资租赁是集融资与融物、贸易与技术更新于一体的新型金融业务。由于其融资与融物相结合的特点，出现问题时租赁公司可以回收、处理租赁物，因而在办理融资时对企业资信和担保的要求不高，所以非常适合中小企业融资。此外，融资租赁属于表外融资，不体现在企业财务报表的负债项目中，不影响企业的资信状况，这对需要多渠道融资的中小企业非常有利。

企业在筹建期，通过融资租赁的方式取得急需设备的使用权，解决部分资金需求，获得相当于租赁资产全部价值的债务信用，一方面可以使企业按期开业，顺利开始生产经营活动；另一方面又可以解决创业初期资金紧张的局面，节约创业初期的资金支出，将用于购买设备的资金用于主营业务的经营，提高企业现金流量的创造能力。同时，融资租赁分期付款的性质可以使企业保持较高的偿付能力，维持财务信誉。

（三）风险投资

风险投资又称创业投资，是指由专业机构提供的投资付与极具增长潜力的创业企业并参与其管理的权益资本。从投资行为的角度来讲，风险投资是具备资金实力的投资机构或投资家，对具有专门技术并具备良好市场发展前景，但缺乏充足资金的创业企业进行资助，以此帮助其实现创业计划，并相应承担该阶段投资可能失败的风险的投资行为；从运作方式来讲，风险投资是由专业化人才管理的投资中介向具有较大潜力，但同时也蕴藏着失败风险的创新型企业投入风险资本的过程，也是协调风险投资家、技术专家、投资者的关系，利益共享、风险共担的一种投资方式。

风险投资的主要特征有如下6点。

（1）投资对象多为处于创业期的中小企业，而且多为高新技术企业。

（2）投资期限通常为3~5年，投资方式为股权投资，一般会占被投资企业15%~30%的股权，而不要求控股权，也不需要任何担保或抵押，但可能对被投资企业以后各阶段的融资提出一定的权利要求。

（3）投资决策建立在高度专业化的基础之上。

（4）风险投资人一般积极参与被投资企业的经营管理，提供增值服务。

（5）由于投资目的是追求超额回报，当被投资企业增值后，风险投资人会通过上市、收购、兼并或其他股权转让方式撤出资本，实现增值后的回收。

（6）风险投资人顺利退出投资时往往能够获得原始投资额五倍以上的资本升值，但也有可能投资失败。

拓展阅读

红杉风投

1972年，投资家唐纳德·凡伦汀在硅谷创立了一家风险投资公司，以加州特有的红杉树命名。该公司进入中国后，取名红杉风投。红杉风投是迄今为止最大、最成功的风险投资公司。它投资成功的公司占整个纳斯达克上市公司市值的1/10以上，包括苹果公司、

Google（谷歌）公司、思科公司、甲骨文公司、Yahoo（雅虎）公司、网景公司和 YouTube（优兔）等知名公司。红杉风投在美国、中国、印度和以色列大约有 50 名合伙人，包括公司的创始人凡伦汀和因为成功投资 Google 而被称为"风投之王"的麦克·莫利兹。

红杉风投的投资对象覆盖了各个发展阶段的未上市公司，从最早期到马上就要上市的公司。红杉风投内部将这些公司分成三类。

（1）种子孵化阶段（Seed Stage）。这种公司通常只有几个创始人和一些发明，要做的东西还没有做出来，有时公司还没有成立，处于天使投资人投资的阶段。红杉风投投资思科时，思科就处于这个阶段，产品还没做出来。

（2）早期阶段（Early Stage）。这种公司通常已经证明了自己的概念和技术，已经做出了产品，但是在商业上还没有成功。当初它投资 Google 时，Google 就处于这个阶段，当时 Google.com 已经有不少流量了，但是还没有挣钱。

（3）发展阶段（Growth Stage）。这时公司已经有了营业额，甚至有了利润，但是为了发展，还需要更多的资金。这个阶段的投资属于锦上添花，而非雪中送炭。

红杉风投在每个阶段的投资额差一个数量级，分别为 10 万美元至 100 万美元、100 万美元至 1000 万美元和 1000 万美元至 5000 万美元。

其他风投公司喜欢投资快速盈利的公司，而红杉风投更喜欢投资快速发展的公司，即使它的风险较大，如苹果、Google、Yahoo 等公司都属于这类公司。

（四）天使投资

天使投资是一种非组织化的创业投资形式，是指自由投资者（个人）或非正式风险投资机构（团体）对有发展前景的原创项目构思或初创期小企业进行早期权益性资本投资，以帮助这些企业迅速启动的一种民间投资方式。可以说，天使投资人是年轻的公司甚至处于起步阶段公司的最佳融资对象，他们是创业企业的早期乃至第一批投资人，在创业企业的产品和业务成形之前就把资金投入进来。这种融资方式最早出现在 19 世纪百老汇喜剧发展之中，20 世纪 80 年代在西方国家逐渐兴起。如今在美国、加拿大、英国等金融投资市场发达的国家，天使投资是创业企业在起步和成长阶段最主要的融资方式之一。目前，我国天使投资的规模还非常有限，依然缺乏这种投资文化，相应的制度也不健全。

天使投资的主要特征如下。

（1）天使投资的金额一般较小，而且是一次性投入，它对创业企业的审查也并不严格。它更多的是基于投资人的主观判断或者由个人的好恶决定的。通常天使投资是由一个人投资，是个体或者小型的商业行为。

（2）很多天使投资人本身是企业家，了解创业者的难处。他们不一定是百万富翁或高收入人士，很可能是创业者的邻居、家庭成员、朋友、公司伙伴、供应商或任何愿意投资公司的人士。

（3）天使投资人不但可以带来资金，同时也能带来一定的资源网络。如果他们是知名人士，还可提高公司的信誉和影响力。

天使投资与风险投资的关系

天使投资是风险投资的一种，但相对而言，天使投资不是那么正式和规范；而风险投资基金的运作则是一种正规化、专业化、系统化的大型商业行为，投资人在投入资金的同时更多地投入管理，除了注入资金以外，更注重提供增值服务。天使投资投入的资金规模一般较小，一次性投入，投资人不参与管理，对投资项目的审查不太严格；风险投资一般投资额较大，往往是几家机构的资金联合进行投资，而且是随着创业企业的发展逐步投入，其对被投资企业和项目的审查也很严格。

（五）政府扶持基金

创业者还可以利用政府扶持政策，从政府方面获得融资支持。随着我国经济的发展，政府对创业的支持力度无论从产业的覆盖面，还是从政府对创业者的支持额度等方面都有了很大进展，由政府提供的扶持基金也在逐步增加。

科技型中小企业技术创新基金是经国务院批准设立、用于支持科技型中小企业技术创新的政府专项基金。根据中小企业和项目的不同特点，创新基金支持方式主要有贷款贴息、无偿资助、资金投入等。另外，中华人民共和国科学技术部的 863 计划、火炬计划等，每年也会拿一定数额的资金用于科技型中小企业的技术研发、技术创新和成果转化。中小企业国际市场开拓资金是由中央财政和地方财政共同安排的专门用于支持中小企业开拓国际市场的专项资金。

此外，财政部设有利用高新技术更新改造项目贴息基金、国家重点新产品补助基金，国家发展和改革委员会设有产业技术进步资金资助计划、节能产品贴息项目计划，工业和信息化部设有电子信息产业发展基金等。各省、区、市也为支持当地创业型经济的发展纷纷出台了许多政策，支持创业。创业者应结合自身情况，利用好相关政策，以获得更多的政府扶持基金，降低融资成本。

火炬计划

火炬计划是一项发展中国高新技术产业的指导性计划，于 1988 年 8 月经中国政府批准，由中华人民共和国科学技术部（原国家科学技术委员会）组织实施。

火炬计划的申报条件如下。

（一）基本条件

申报单位应是在中华人民共和国境内注册、具有独立法人资格的企事业单位。

(二) 其他条件

1. 产业化环境建设

申报高新区和基地方向项目的单位,应是国家高新区、国家高新技术产业化基地、国家火炬计划特色产业基地、国家火炬计划软件产业基地、科技兴贸创新基地内的服务机构。

申报科技中介机构方向项目的单位,应是国家级示范生产力促进中心、国家级科技企业孵化器、国家大学科技园、国家技术转移示范机构、企业国际化发展机构、科技金融服务机构。

2. 产业化示范

申报高新技术产业化示范方向项目的单位,应是地方科技部门重点支持的企业或国家火炬计划重点高新技术企业。

申报科技兴贸示范项目的单位,应是地方科技部门重点支持的企业和国家火炬计划重点高新技术企业;申报的项目产品已出口且出口规模不超过500万美元。

3. 创新型产业集群

申报单位应在经批准开展试点的创新型产业集群内。

4. 科技服务体系

申报单位应是在经批准开展科技服务体系火炬创新工程试点地区内的科技中介机构,原则上应是国家级示范生产力促进中心、国家级科技企业孵化器、国家大学科技园、国家技术转移示范机构、企业国际化发展机构及相关科技金融服务机构等。

五、创业融资的选择策略

无论通过哪种渠道融资,这些融资都不外乎两类:股权融资和债权融资。

(一) 股权融资

股权融资是指企业的股东愿意让出部分企业所有权,通过企业增资的方式引进新的股东的融资方式。股权融资所获得的资金,企业无须还本付息,但新股东将与老股东同样分享企业的盈利。股权融资的特点决定了其用途的广泛性,既可以充实企业的营运资金,也可以用于企业的投资活动。广义上的股权融资包括内部股权融资与外部股权融资。内部股权融资主要是企业的内部积累,外部股权融资包括个人积蓄、亲友投入、合伙人资金和天使投资等。

创业企业在创建的启动阶段及较早发展阶段,内部积累极为重要。内部积累的资金来源主要是企业在经营过程中赚取的利润,采用内部积累方式融资符合优序融资理论的要求,也是很多创业者的必然选择。鉴于创业企业在资金实力、经营规模、信誉保证、还款能力等方面的限制,创业企业往往会通过不分红或少分红的方式,将企业的经营利润尽可能地通过未分配利润的形式留存下来，投入到再生产过程，可为持续经营或扩大经营提供必要的资金支持。

（二）债权融资

债权融资是指企业通过借钱的方式进行融资，对于债权融资所获得的资金，企业首先要承担资金的利息，另外在借款到期后要向债权人偿还资金的本金。向亲友借款、向银行借款、向非银行金融机构借款、向其他企业借款等都是常用的债权融资方式。债权融资的特点决定了其用途主要是解决企业营运资金短缺的问题，而不是用于资本项下的开支。

（三）股权融资与债权融资的比较

股权融资与债权融资各有优缺点，如表7-4所示。创业者在筹集资金时应对二者的优缺点进行比较，并考虑企业的资金需要量、资金的可得性、宏观理财环境、筹资的成本、风险和收益，以及控制权分散等问题来进行综合分析。

表7-4 股权融资与债权融资的比较

比较项目	股权融资	债权融资
本金	永久性资本，保证企业最低的资金需要	到期归还本金
资金成本	根据企业经营情况变动，相对较高	事先约定固定金额的利息，较低
风险承担	高风险	低风险
企业控制权	按比例或约定享有，分散企业控制权	无，企业控制权得到维护
资金使用限制	限制条款少	限制条款多

如何与投资人进行有效沟通

（一）沟通前的准备

1. 了解投资人

了解投资人的投资模式、投资流程和退出方式等，是重在投资个人还是投资团队；重在求项目的长期发展，还是重在短期获利。除了缺钱，创业者还缺什么？创业者对项目投资人熟悉吗？投资人认为能增值吗？

2. 写创业计划书

对创业者来说，创业计划书是创业者的自我梳理、自信心的来源，也是创业团队内部声音的统一；对投资人来说，创业计划书是高效地初筛项目、进行内部沟通讨论的依据。

3. 寻找投资人和预约

寻找投资人的途径包括朋友推荐（首选）、官网联系方式（个人邮箱优于公司邮箱）、微博联系（以私信为主）、活动现场等。

| 创新创业教育基础

联系投资人的方法包括发送创业计划书（避免群发，邮件中突出团队背景和优势，以及项目方向）、电话初步沟通、预约面谈等。

一般来说，与投资人沟通的流程为：第一次电话沟通→面谈（多次）→邮件反馈（多次）→合伙人面谈（多次）→达成投资意向。

（二）沟通内容

1. 创业计划书讲解

一般来说，投资人对创业计划书的关注点包括：创业者的创业愿景和初衷、企业创造价值、创业市场规模、团队执行力等。

2. 现场问答

一般来说，投资人的提问点集中于怎么制造产品壁垒，从而应对抄袭者。常见的可以建立壁垒的地方有10个：① 团队人力优势；② 产品功能优势；③ 核心技术优势；④ 内容优势；⑤ 资源优势；⑥ 渠道优势；⑦ 口碑品牌优势；⑧ 商务运营优势；⑨ 用户优势，包括用户数、关系网络、数据等；⑩ 生态系统优势，即由相互作用的企业组织与个人所形成的经济群体，包括生产商、销售商、消费商、供应商、投资商、竞争商、互补者、企业所有者或股东，以及有关的政府机构等，同时包括企业生产经营所需的各种资源。

3. 问题反馈处理

投资人的反馈方式和创业者应该采取的应对方法包括：① 投资人明确拒绝时，创业者应礼貌地感谢并听取建议，避免纠缠；② 投资人认为项目待定时，创业者可以持续跟进项目进展；③ 投资人建议调整方向时，创业者如认同可再重新沟通。

第三节　新企业的选址

新企业选址是指企业在开业之前对经营地址进行论证和决策的过程。创业者要充分认识到企业选址对企业经营发展的重要性，对影响企业选址的诸多因素进行科学分析，掌握企业选址的策略和技巧。

一、新企业选址的重要性

新企业在创建、生存与发展过程中，除了企业的目标定位、团队管理和市场运营等因素外，选址是关系到新企业成功的重要环节，直接关系到新企业发展目标的实现。

（一）选址是企业一项长期的发展投资

对于新企业来讲，生产经营活动需要关注地址、人力、财力、物力、信息、技术等元素，其中地址作为重要元素具有长期性与稳定性的特点。选址对新企业设施配备、产品或服务的成本及管理费用等都有着长期影响。新企业地址一旦确定，便不易变动。当企业外部环境发生变化时，如企业产品或服务的消费群体、生产经营的商业环境等发生变化，创业者为适应变化的市场环境，迅速做出反应，可及时调整产品或服务的种类与价格等众多经营因素，而企业生产经营场所的变动则很难。变动企业地址涉及企业租赁协议、已建与在建工程等问题，也涉及企业的人、财、物等资源配置问题。因此，新企业科学合理地选择地址，可长期获得收益。

（二）选址决定企业的成功

新企业选择的地址科学合理，在与其他企业竞争时就占据"地利"的优势。在同行企业之间，一个企业即使经营水平一般，但选择了正确的经营地点也容易使其取得成功。在生产经营中会出现两个同一行业、同一规模、同一消费群体的企业，虽然它们的产品构成、管理水平、服务水平和营销手段等方面基本相同，但由于各自所处的地址不同，各自的经营效益就会有很大差异。

选址正确，企业将获得良好的经济效益，也将极大地影响企业生产经营的成本、效益和未来企业的发展与规模扩充。尤其是与消费者直接接触的服务型企业，选址就是选消费者，其选址的科学合理程度在很大程度上直接决定着企业的经营收入，甚至企业的前景。

（三）选址对实现企业经营目标和经营战略影响重大

好的经营地址是稀缺资源，意味着企业将获得较高的营业额与利润。如果选址不当，企业的经营目标与经营战略便无法实现。那些劳动力或原材料成本较低的地方，一般被采取低成本经营战略的企业所选择；那些交通便利、地区或社区发展状况及未来发展规划较好的地方，一般被为消费者提供快捷服务的企业所选择。新企业在制定经营目标与经营战略时，需要考虑的因素很多，其中包括对所选地址的研究分析与评估，从而为企业制定经营目标提供依据，并在此基础上按照消费者的构成及需求特点确定营销战略。

（四）选址对提升企业竞争力意义深远

新企业的竞争力具有复杂性与多层次性，新企业所在地区的商业环境质量深刻地影响着新企业的持续竞争力，即企业所在地区的交通运输基础设施要能满足企业正常有效的运营，社区文化与社会治安等商务环境要能助推企业竞争力的增强等。如果新企业所在地区已形成具有竞争力的企业集群，其区域竞争优势的独特性和集聚效应对新企业商务环境的影响力自然会比企业的地理位置显得更为重要，因为该地区具有其他地区竞争对手难以模仿的特性。

二、影响新企业选址的因素

创业者选择新企业经营地址时,需考虑政治因素、经济因素、技术因素、社会文化因素、自然因素、人口因素等,其中经济因素和技术因素对选址决策起着基础作用。

(一) 政治因素

选择新企业地址时,创业者应重视对政府在市场发展、产业发展等方面相关规定的研究;研究政府已经出台的法律法规对新企业产品或服务、销售价格和营销策略等产生的影响,使新企业经营管理合法化;研究政府在不同时期发展产业的重点和优惠政策,可将新企业建在政府支持该产业的地区,使新企业抢占市场先机。当创业者作为投资者要到国外去设立公司时,更应该考虑不同国家的政治环境,如该国对某一产业的发展政策是否稳定,对外国人设立公司是否有歧视政策等。

(二) 经济因素

经济因素决定了新企业预选地区的购买力,一般反映在该地区消费者的银行存款、收入水平、家庭总收入等指标上,这些数据与该地区繁荣程度有着密切关系。创业者还应注意考察新企业预选地区的商业环境是否形成了具有竞争力的企业集群。新企业地址选择在与自身产品或服务相关联企业和相关联机构相对集中的地区是比较容易获得成功的。在一个发达的经济区域中,具有竞争力的企业集群标志着该地区的竞争力。各个企业间形成一种竞争与合作的商业伙伴关系,这样一群具有竞争力的企业和一系列高效运转的机构共同促进该地区的繁荣发展。

(三) 技术因素

以科技研发与生产为方向的高科技新企业在选址时,创业者可考虑将新企业建在某地区与社区的技术研发中心附近,或建在新技术信息快速传递的地区。创业者可及时了解和掌握国内外新技术发展、变化的新规律、新特点和新趋势,避免技术本身进步的难以预测性和技术市场变化的不确定性对高科技新企业带来的不利影响。

(四) 社会文化因素

选择新企业地址时,创业者应考虑新企业地址所在城市的影响力、所在地区的社区文化与商业文化,分析新企业产品或服务目标消费群体的文化品位与消费心理。不同文化背景下的消费者生活态度与价值取向的差异,导致他们对健康、营养、安全与环境等的关注程度不同,会直接影响新企业产品或服务的市场需求与市场拓展。

(五) 自然因素

创业者应该关注所选地址的地质状况、水资源的可用性、气候变化等自然因素是否符合新企业生产与经营的客观需要；同时，应考虑地理环境对选址是否有利：一是交通便利与畅通的程度，交通便利与畅通的程度对新企业的营销有很大影响；二是所选地址周围的卫生与硬件设施情况及繁华程度，若新企业地址选在卫生环境好且位于车站附近、商业区或人口密度高的地区或同一行业集中的地区，将具有较大的优势。

（六）人口因素

创业者应该对新企业的潜在消费群体有所了解，要重点了解该地区的人口结构、人口数量及人口稳定状况，以及消费者的职业与收入状况，还要了解消费者的购买习惯、消费能力等情况。人口因素往往反映该地区的市场需求及市场容量。一般情况下，新企业地址附近的人口越多、越密集，对新企业的经营发展就越好。例如，要开一家孕婴店，创业者就要了解该地区是否以新结婚的年轻人居多，因为该群体购买孕婴用品的潜力最大。

三、新企业选址的策略和技巧

科学且行之有效的选址对新企业的成长至关重要，因此，创业者必须掌握新企业选址的策略和技巧，具体应注意以下几个方面。

（一）在收集与研究市场信息的基础上选址

市场信息对新企业选址的影响是不可忽视的，决定着创业者正确地做出选址决策。依据影响企业选址的各种因素，创业者可自己或借助中介机构收集市场信息，并对收集的多方面市场信息进行定性与定量的科学分析，在此基础上进行科学选址。

（二）在考察与评估备选地址的基础上选址

创业者要对多个备选地址进行实地考察，并采用科学的定量分析的方法对备选地址进行考察与评估。经过对备选地址的实地考察与定量分析，按照新企业"必需的"和"希望的"选址条件，对备选地址进行详细的比较分析后，选择出最佳地址。

（三）在咨询与听取多方建议的基础上选址

创业者通过咨询有经验的企业家或相关人士，把新企业选址的备选方案与最佳地址呈现出来，听取他们的意见与建议，获得有益的帮助，并综合分析各种信息、意见与建议，制定详细的备选地址优势与劣势对比表，按照新企业所进入的行业特点与新企业的市场定位等特征，综合运用选址的评估方法，最终做出正确的选址决策。

思考与练习

1. 实地调查一家创业企业，了解其创业过程中所需要的资源种类及获取方式和技巧，了解其创业所需的资金数额及资金来源，分析其融资方式的利弊以及对你的启示。

2. 了解一个创业失败的案例，分析创业者失败的原因，重点分析在创业资源和创业模式方面导致其失败的因素。

3. 假设你是一个即将毕业的大学生，准备毕业后自主创业。请根据你选择的创业机会，分析以下问题。

（1）列出创业所需要的资源和需要继续获取的资源。

（2）写出你准备获取资源的途径和方法。

（3）估算创业所需要的资金。

（4）搜集你所在的城市、大学或你计划投入的行业是否有对创业活动的扶持政策，并从中筛选出你可能用到的政策。

（5）以小组为单位，选择当地一家大型银行的中小企业部、一家城市或农村信用合作社、一家开展贷款业务的典当公司或财务公司、一家风险投资公司，联系其负责人或相应工作人员进行访谈，比较这些机构在创业融资方面的规划和具体做法。

第八章 创业计划书编写与项目路演

第一节 创业计划书概述

一、创业计划书的概念

创业计划书又称商业计划书,是指创业者就某一具有市场前景的新产品或服务向风险投资者游说,以取得风险投资的商业可行性报告。

创业计划书是创业者叩响投资者大门的"敲门砖",是创业者计划创立的业务的书面摘要,一份优秀的创业计划书往往会使创业达到事半功倍的效果。

二、创业计划书的作用

一份优秀的创业计划书不仅能够吸引投资者的眼球,而且能够有效地指导企业经营,帮助创业者理清未来的发展思路。因此,在具体的创业实践中,创业者一定要重视创业计划书的价值与作用。具体来讲,创业计划书具有以下作用。

(一)创业计划书是创业者把握企业发展的总纲领

创业者通过制作创业计划书,能够明确创业方向,理清创业思路。创业计划书的写作是一个长期的过程,创业者需要根据企业的实际情况进行不断的调整和完善。在这一过程中,创业者或者改变销售策略,或者更新经营思路,或者认识到某一方面的错误与不足,甚至改变总目标下的某一分目标,这些都有利于企业的良性发展。总之,对创业者来说,创业计划书无异于总纲领和总路线。

(二)创业计划书是创业团队及合作者共同奋斗的行动纲领和目标

创业计划书是创业者对理想的现实阐述,是理想与现实的连接桥梁。创业企业的预期目标、战略、进度安排、团队管理等方面都是创业者理想的具体化图景,是创业团队奋斗的动力。明确细致的创业计划有助于统一思想和路线,有助于创业团队成员步调一致、有的放矢。创业计划书是合作者的"兴奋剂",能让创业者及其合作者紧密地团结在一起,同甘共苦,打拼未来;创业计划书还是亲缘纽带的"黏合剂",因为优秀的创业计划书可以让创业者赢得亲友的信任与支持,坚定创业者在艰难的创业路上的信心。

(三) 创业计划书是投资者决定投资的重要参考

从融资角度看,创业计划书通常被喻为"敲门砖"。在一份详细完备的创业计划书中,往往包含了投资者所需要的信息:创业企业的现实业绩和发展远景、市场竞争力和优劣势、企业资金需求现状和偿还能力,以及创业者及其团队的能力和阵容等。这些都是投资者关心的重点,是他们衡量创业企业实力和潜力的依据,并以此作为对创业企业进行投资的重要参考。

(四) 创业计划书为企业经营活动提供依据与支撑

创业计划书是为企业发展所做的规划,企业的创立与成长需要由创业计划书来引领。创业计划书的主要构思围绕的是企业,主要内容更是离不开企业,诸如资金规划、财务预算、产品开发、投资回收、风险评估等,步步都与实现目标及企业发展休戚相关。因此,创业计划书是企业经营活动的有力依据和有效支撑,对创业行动具有指导意义。

三、创业计划书的基本结构

一份完整的创业计划书由封面、目录、正文和附录四部分组成。

(一) 封面

封面也称标题页,可以放一张企业的项目、产品彩图或企业 logo(商标),但须留出足够的版面排列以下内容:创业计划书编号、标题、企业名称、项目名称、联系人及联系方式、公司主页(网址)、日期等。其中,标题明确了创业项目的名称,体现了创业企业的经营范围,一般以醒目的字体在封面上标示出来,如"××创业计划书"。

(二) 目录

目录是正文的索引,需要按照章节顺序逐一排列每章大标题、每节小标题,以及各章节对应的页码。初步写完创业计划书后,要注意确认目录页码与内容的一致性。例如,下面是"淘宝书店创业计划书"目录的部分内容。

目录

第一章　淘宝书店概况
(一) 背景介绍

（二）书店简介

（三）宗旨

（四）战略目标

（五）营销策略

（六）财务预测

（七）融资计划

（八）创业团队介绍

第二章　经营与服务

（一）主营业务

（二）拓展业务

第三章　市场分析

……

第四章　选址分析

……

（三）正文

正文是创业计划书的主要内容，包括摘要、主体和结论三大部分。

1. 摘要

摘要是企业的基本情况、竞争能力、市场地位、营销战略、管理策略，以及创业项目的投资前景及风险预测等方面的综合概述。摘要既是创业计划书的引文，用来引起读者的阅读兴趣，又是创业计划书的总纲，提纲挈领，让读者对创业计划书的内容有一个整体的认知。因此，摘要是整个计划书的精华和亮点，也是整个计划书的灵魂。

摘要是对整个创业计划书做出的精华式的总结，所以通常在计划书的主体完成后编写。一份出色的摘要应简短精练，篇幅占1~2页纸即可。

摘要的关键问题

鉴于摘要在创业计划书中的重要地位，内容一定要简明生动、精练贴切，不用面面俱到。可以试想一下，如果投资者在摘要中没有发现闪光点，创业计划书就有可能是一沓废纸，扮演不了帮助创业者融资成功的角色。摘要部分应提纲挈领，能吸引人继续读下去，同时让创业者有希望成功融资。一般来讲，写摘要时可围绕以下关键问题进行展开。

第一组问题：

你的创意由来和存在的理由是什么？

你的理念是什么？

你能准确客观地描述你的目标市场吗？你了解它们吗？

你能给你的目标客户带来什么价值？他们为什么接受？

你预计市场占有份额和增长率会是多少？
你最大的竞争者是谁？你怎么应对？
你需要多少投资？

第二组问题：
你预计需要多少融资？怎么安排资金？
销售额、成本及利润情况如何？
你会使用何种分销渠道？
你的核心能力是什么？
盈亏平衡点是什么时候？
你有专利吗？如何保护它？

第三组问题：
你的团队能胜任吗？为什么？
你将如何分工？
你有行动时间安排表吗？列举行动计划。
为什么你是创业带头人？你能胜任吗？

2. 主体

主体是对摘要的具体展开。为了让读者一目了然，一般采取章节式、标题式的方式逐一描述。主体的内容具体包括企业介绍、市场分析、产品（服务）介绍、组织结构介绍、前景预测、营销策略描述、生产计划展示、财务规划和风险分析等。只要执笔者能够条分缕析，可以自行调整各章节的具体顺序。

3. 结论

结论是整个创业计划书内容的总结式概括。它和摘要首尾呼应，体现了文本的完整性。

（四）附录

附录是对主体部分的补充。受篇幅限制，不宜在主体部分过多地描述，不能在一个层面详细展示，或需要提供参考资料、数据的内容，一般放在附录部分，以供参考。

创业计划书的附录一般包括以下内容：企业营业执照，审计报告，财务报表，新产品鉴定，商业信函、合同，相关荣誉证书等。

拓展阅读

编写创业计划书的六个 C（六要素）

第一个 C 是 Concept，概念。概念指的是你计划书里的内容，它可以让别人很快地知道你卖的是什么。

第二个 C 是 Customers，顾客。有了卖的东西以后，接下来要考虑卖给谁，谁是顾客，要明确顾客的范围。例如，假定顾客都是女人，那50岁以上的女人和5岁以下的女孩是否都是顾客，这一点需要界定清楚，即要明确适合的年龄层。

第三个C是Competitions，竞争者。你卖的东西有没有人卖过？如果有人卖过是在哪里？有没有其他的东西可以取代？这些与竞争者的关系是直接的还是间接的？

第四个C是Capabilities，能力。要卖的东西自己会不会，懂不懂？例如，开餐馆，如果厨师不做了找不到人，自己会不会炒菜？如果没有这个能力，至少合伙人要会做，再不然也要有鉴赏的能力，不然最好不要做。

第五个C是Capital，资本。资本可以是现金，也可以是资产，是可以换成现金的东西。那么资本在哪里？有多少？自有的部分有多少？可以借贷的有多少？这些都要很清楚。

第六个C是Continuation，永续经营。当事业做得不错时，将来的计划是什么？

第二节 创业计划书的编写准备

一、确定创业计划书的编写人员

创业计划书应该由创业者自己来编写。创业计划书是创业者能力和构思的具体体现，亲自编写创业计划书可以帮助创业者理清思路，把创业的激情融入计划书之中，有利于增添计划书的感染力。但是，创业计划书的编写非常复杂，是各方面知识的浓缩（如市场营销知识、企业管理知识、财务规划知识、人力资源知识、调查与预测知识等），任何一个创业者都不可能是各方面的专家，所以为了尽可能使创业计划书更加符合现实，更加具有可操作性，在编写过程中，创业者应该向其他人员咨询。

二、确定创业计划书的范围

在编写创业计划书时，创业者必须从不同角度进行广泛而深入的思考，以确定创业计划书的范围。

（一）创业者的角度

创业者自身比任何人都了解创业企业的创造力和技术，因此，创业者必须清晰地表达出创业企业经营的产品或服务，以及其特色和卖点。

（二）市场的角度

创业者必须以消费者的眼光来审视企业的经营运作，应该采取一种以消费者为导向的市场营销策略。这就需要进行大量的市场调查工作，甚至还得亲自请教市场营销专家。

（三）投资者的角度

创业者应该试图用投资者的眼光来考察企业的生产经营，投资者往往特别关注计划中的财务规划。如果创业者不具有财务分析和预测能力，就应该聘请外部的财务顾问提供帮助。

三、搜集相关信息

编写创业计划书时需要搜集多种信息，主要包括市场信息、运营信息、财务信息等。信息的来源渠道多种多样，互联网就可以为创业者提供大量的有价值的信息资源。

（一）市场信息

产品或服务的潜在市场信息对创业者尤为重要。为了判断市场规模，创业者需要明确自己的目标市场，如目标顾客是男性还是女性，是企业还是消费者个人，是高收入人群还是低收入人群，是城市居民还是农村居民等。目标市场的确定将会使创业企业的市场规模和市场目标比较容易确定。为了更准确地了解真实的市场信息，创业者往往要花费较多的资源去进行市场调查。

（二）运营信息

在编写创业计划书的过程中，可能需要以下运营信息：地点、原材料、设备、劳动技能、生产或办公场所、其他相关的开支。

（三）财务信息

财务信息的主要作用是用来说服投资者因为创业企业将来会赢利而对该企业进行投资。主要的财务信息包括：资金的需求和来源、未来的销售情况、资金的周转、企业的投资收益率如何、投资回收期多长、风险资本的退出。

四、准备一份优秀的创业计划书做参考

创业计划书的编写有较大的难度，单纯看几本参考书并不能马上解决问题，最好找一份类似的、已经成功的创业计划书作为参考，然后按照提纲来编写。当然，我们只能是借鉴，绝对不能照搬照抄，因为每一个企业都应该有自己的特色。

七招看你的创业计划是否可行

当你确定自己适合创业后，不必急着马上走上创业这条路，还必须先评估一下自己的创业计划是否可行。

（1）你看到别人使用过这种方法吗？一般来说，一些经营红火的公司的经营方法比那些特殊的想法更具有现实性。在有经验的企业家中间流行着这样一句名言："还没有被实施的好主意往往实施不了。"

（2）你真正了解你所从事的行业吗？许多行业都要求选用从事过这个行业的人，并对其行业内的方方面面有所了解。否则，你就得花费很多时间和精力去调查诸如价格、销售、管理费用、行业标准、竞争优势等。

（3）你能否用语言清晰地描述出你的创业构想？你应该能用很少的文字将你的想法描述出来。根据成功者的经验，不能将这些想法变成自己的语言大概也是一个警告——你还没有仔细地思考吧！

（4）你的设想是为自己还是为别人？你是否打算在今后五年或更长时间内，全身心地投入这个计划的实施中去？

（5）你的想法经得起时间考验吗？当企业家的某项计划真正得以实施时，他会感到由衷的兴奋。但过了一个星期、一个月甚至半年之后，它将是什么情况？它还那么令人兴奋吗？是否有了完全不同的另外一个想法来替代它？

（6）你有没有一个好的人际关系网？创办企业的过程实际上就是一个组织供应商、承包商、咨询专家、雇员的过程。为了找到合适的人选，你应该有一个服务于你的个人关系网。

（7）明白什么是潜在的回报。每个人投资创业，最主要的目的就是赚最多的钱。可是，在尽快致富的设想中隐含的绝不仅仅是钱，你还要考虑成就感、爱、价值感等潜在回报。如果没有意识到这一点，那就必须重新考虑你的计划。

经过自我分析后，如果你能正确回答上述几个问题，那么你创业成功的胜算将会很大。如果你证明你适合创业，这时你就可以决定着手去创业了。

第三节 创业计划书的编写与检查

一、编写创业计划书的原则

一份好的创业计划书必须呈现竞争优势与投资者的利益，同时也要具体可行，并提出尽可能多的客观数据来加以佐证，编写过程中应具体把握以下原则。

（一）市场导向原则

利润来自于市场需求，没有明确的市场需求分析作为依据，所编写的创业计划书将是空泛的、无意义的。因此，创业计划书应以市场为导向的观点来编写，要充分显示对市场现状的把握与对未来发展的预测，同时要说明市场需求分析所依据的调查方法与事实证据等。

（二）文字精练原则

创业计划书应避免那些与主题无关的内容，要开门见山、直奔主题并清晰明了地把自己的观点亮出来。风险投资者没有时间，也不愿意花过多的时间来阅读一些对他来说毫无意义的东西。文字精练、观点明确，才能引起投资者的注意和兴趣，从而提高融资成功的概率。

（三）前后一致原则

创业计划书的内容复杂繁多，因此容易出现前后不一、自相矛盾的现象。如果出现这种情况，会让人很难明白，甚至使人对计划产生怀疑。所以，整个创业计划书前后的基本假设或预估要相互呼应，保持一致。

（四）呈现竞争优势原则

编写创业计划书的重要目的之一是为投资人或贷款人提供决策依据，借以融资。因此，创业计划书中要呈现出具体的竞争优势，显示经营者创造利润的强烈愿望，并明确指出投资者预期的报酬，但同时也应该说明可能遇到的风险或威胁，不能只强调优势和机遇而忽略不足与风险。

（五）便于操作原则

创业计划书是创业者拟订的创业行动蓝图，因此，必须具有很强的可操作性，以便于实施。特别是其中的营销计划、组织结构、管理措施、应对风险的方法和策略等，必须具有可行性和可操作性。

（六）通俗易懂原则

创业计划书中应尽量避免使用技术性很强的专业术语，因为这些术语不是谁都可以看得明白的。过多的专业术语会影响读者阅读的兴趣，让他们觉得太深奥。即使不得已要使用专业术语，也应该在附录中加以解释和说明。

（七）客观实际原则

创业计划书中的所有内容必须实事求是，即使是财务规划也要尽量客观、实际，切勿凭主观意愿进行估计。创业者必须事先进行大量的调查和科学分析，尽量陈列出客观、可供参考的数据与文献资料。

二、创业计划书具体内容的编写

（一）封面设计

封面是创业计划书的脸面，将首先呈现在读者面前，因此一定要有独特的风格。创业计划书的封面重在设计，要求设计者有一定的审美能力和艺术天赋。有人认为别人看不懂的一定是独特的，其实这是错误的认知。封面一般以简约、明确为主，忌晦涩怪异。例如，图8-1所示的封面既突出了创业项目，又具有一定的审美性和艺术性，能使读者产生最初的好感，形成良好的第一印象。

图8-1 广塑有限责任公司创业计划书封面

（二）企业介绍

企业介绍如同自我介绍，目的是让投资者认识该企业。企业介绍中会涉及企业的基本概况（名称、组织形式、注册地址、联系方式等）、发展历史与现状、所提供的产品或服务的竞争力、未来的发展规划和目标等。其中，企业目标是企业各项活动要达到的效果，是企业发展的动力，在创业计划书中是亮点所在，因此必须下功夫写好。

（三）市场分析

市场分析在整个创业计划书中起着举足轻重的作用，主要包括目标市场分析、行业分析、竞争对手分析等内容。

1. 目标市场分析

"目标市场"这一概念由著名的市场营销学者麦卡锡提出。他认为应当按消费者的特

创新创业教育基础

征把整个潜在市场分成若干部分，根据产品本身的特性选定其中部分消费者作为一个特定的群体，这一群体被称为目标市场。例如，对手机消费群体的分析如下：手机更新换代异常频繁，早已进入了寻常百姓家，但手机又有诸多消费群体，高端人士青睐外观精巧、质量上乘、功能先进的手机，商务人士喜欢具备多样化的商务功能的手机，学生一族追求时尚型手机，普通百姓则以结实耐用的手机为首选。

对目标市场的分析，应从以下几个方面入手：

（1）你的细分市场是什么？
（2）你所拥有的市场有多大？
（3）你的市场份额是多少？
（4）你的目标顾客群是哪些或哪类人？
（5）你的五年生产计划、收入和利润是多少？
（6）你的营销策略是什么？

详细的目标市场分析能够帮助投资者判断企业目标的合理程度及他们对风险的承担能力。在对目标市场的分析中，创业者需要阐明这样的观点：企业处在一个足够大、发展前景非常广阔的市场中，并有足够的能力应对来自各方面的竞争。

目标市场的选择策略

目标市场的选择策略，即关于企业为哪个或哪几个细分市场服务的决定，通常有以下五种模式可供参考。

（1）市场集中化。企业选择一个细分市场，集中力量为之服务。较小的企业一般专门填补市场的某一部分。集中营销使企业深刻了解该细分市场的需求特点，采用针对性的产品、价格、渠道和促销策略，从而获得强有力的市场地位和良好的声誉，但同时隐含较大的经营风险。

（2）产品专门化。企业集中生产一种产品，并向所有顾客销售这种产品。例如，服装厂商向青年、中年和老年消费者销售高档服装，而不生产消费者需要的其他档次的服装。这样，企业在高档服装方面树立了很好的声誉，但一旦出现其他品牌的替代品或消费者偏好转移，企业将面临巨大的威胁。

（3）市场专门化。企业专门服务于某一特定顾客群，尽力满足他们的各种需求。例如，服装厂专门为老年消费者提供各种档次的服装。企业专门为这个顾客群服务，能建立良好的声誉，但一旦这个顾客群的需求量和特点突然发生变化，企业就要承担较大风险。

（4）有选择的专门化。企业选择几个细分市场，每一个对企业的目标和资源利用都有一定的吸引力，但各细分市场彼此之间很少或根本没有任何联系。这种策略能分散企业的经营风险，即使其中某个细分市场失去了吸引力，企业还能在其他细分市场赢利。

（5）完全市场覆盖。企业力图用各种产品满足各种顾客群体的需求，即以所有的细分市场作为目标市场。例如，服装厂商为不同年龄层次的顾客提供各种档次的服装。一般只有实力强大的大企业才能采用这种策略。例如，IBM公司在计算机市场、可口可乐公司在饮料市场开发众多的产品，满足各种消费需求。

2. 行业分析

行业是企业要进入的市场。在创业计划书中，创业者要分析所入行业的市场全貌及关键性的影响因素。行业分析需要从以下几个方面来进行。

（1）该行业现状：处于萌芽期还是成熟期，发展到了何种程度，总销售额是多少，总收益如何。

（2）该行业的发展趋势：未来走向如何。

（3）该行业的影响因素：国家的政策导向、社会文化环境、竞争者的现状、行业壁垒等。

（4）该行业市场上的所有经济主体概况：竞争者、消费者、供应商、销售渠道等。

在进行行业分析时，应该对所选行业的基本特点、竞争状况及未来趋势有一个准确的把握，这些是建立在对所选行业充分了解的基础之上的。创业者只有做到这一点，才能了解行业发展规律，认清行业发展方向，确立企业发展目标。

3. 竞争对手分析

竞争对手是这样一类企业：它们在市场上和你的企业提供着相同或类似的产品和服务，并且在配置和使用市场资源过程中与你的企业相比具有一定的竞争性。如何打败竞争对手、如何在竞争中胜出是每个企业家都需要考虑的问题。

信息搜集是进行竞争对手分析的前提。企业内部信息库、传统媒体、互联网、商业数据库、咨询机构、服务机构、人际关系网络等都是搜集竞争对手信息的重要途径。当你获得竞争对手的产品情况、营销策略、技术含量、商界信誉等信息后，做好了相关准备工作，你的创业计划书就会有据可依、表述充分。进行竞争对手分析时，应该从以下几个方面入手：

（1）你的竞争对手有哪些？你的主要竞争对手有哪些？你最大的竞争对手是谁？

（2）你的竞争对手的优势在哪里？它有什么新动向？

（3）你具备哪些竞争优势和劣势？优势如何发扬？劣势如何消除？

（4）你能否承受竞争所带来的压力？

（5）你将采取什么策略战胜竞争对手？

拓展阅读

波特五力分析模型

迈克尔·波特于20世纪80年代初提出了波特五力分析模型，用以分析竞争战略和竞争环境。这五力分别是：供应商的讨价还价能力、购买者的讨价还价能力、潜在竞争者进入的能力、替代品的替代能力和行业内竞争者现在的竞争能力。

该模型的理论建立在以下三个假定基础之上：制定战略者可以了解整个行业的信息；同行业之间只有竞争关系，没有合作关系；行业的规模是固定的，因此，只有通过夺取对手的份额来占有更多的资源和市场。实际上，这三个假定是不现实的。因此，该模型在较大意义上是一种理论思考工具，而非可操作的战略工具。

（四）产品或服务介绍

在进行投资项目评估时，投资人最关心的问题之一就是企业的产品或服务能否或可在多大程度上解决现实生活中的问题，或者企业的产品或服务能否帮助顾客节约开支、增加收入。因此，产品或服务介绍是创业计划书中必不可少的一项内容。

产品介绍包括产品的名称、特性、市场竞争力、研发过程、品牌、专利、市场前景等。其中，产品的特性是不同产品之间或同类产品之间相互区别的标志，所以一定要详细且通俗易懂地表述出你所提供的产品或服务与同类产品或服务相比有哪些独特之处。如果产品还在设计之中，最好提供相应的设计方案并证明自己的生产能力；如果产品已经生产出来了，就要附上原型介绍及图片；如果产品是创新型产品，创新就成了该产品的特性。

在产品或服务介绍部分，通常要回答以下问题：

（1）顾客希望从企业的产品或服务中得到什么？

（2）与竞争对手相比，企业提供的产品或服务有哪些优势与劣势？企业采取何种办法取长补短？

（3）企业拥有哪些专利与许可？企业为自己的产品采取了哪些保护措施？

（4）企业对新产品或服务有何规划？

（5）企业的产品或服务定价为何能给企业带来长效利润？

（6）该产品或服务如何拥有稳定的顾客群？顾客群一旦缺失，企业该如何应对？

需要注意的是，任何一个创业者在创业之初都会对自己提供的产品或服务充满信心，因此在创业计划书的写作中难免会有许多赞美之词。但是，企业的种种承诺都是应该兑现的。因此，对产品或服务的介绍一定要实事求是，不能夸夸其谈。

（五）管理人员及组织结构说明

企业管理的好坏直接决定了企业经营风险的大小，而高素质的管理人员和良好的组织结构则是管理好企业的重要保证。因此，风险投资者会特别注重对企业管理人员及组织结构的评估。

1. 主要管理人员介绍

主要管理人员一般是董事会成员及主要营销人员。董事会成员决定企业的发展，营销人员关乎企业的效益。因此，有必要介绍他们的详细经历和背景，以及他们的职责和能力。具体来讲，主要管理人员介绍包括个人基本信息（姓名、年龄、政治面貌等）、工作履历、受教育程度、主要经历、道德素养和综合素质。

在介绍过程中，要重点描述关键管理人员的才能和职责。这些人员如同领头奔跑的骏马，起着带队引领、示范表率的作用。创业管理团队的高效率能激发投资者的信心。因此，一方面，创业者需要建立起一个团结向上、权责明晰的团队；另一方面，在创业计划书的写作中要凸显团队风采。

2. 组织结构介绍

组织结构即企业管理架构。组织结构类型很多，但初创企业组织结构相对比较简单，员工就是股东。组织结构的关键是分工明确，各司其职。此部分内容具体包括：企业的组织结构图；各部门的功能与责任；各部门的负责人及主要成员；企业的报酬体系；企业股东的名单、权利等，包括认股权、比例和特权；企业的董事会成员；各位董事的背景资料等。

（六）市场预测

市场预测就是运用科学的方法，对影响市场供求变化的诸多因素进行调查研究，分析和预见其发展趋势，掌握市场供求变化的规律，为经营决策提供可靠的基础。当企业要开发一种新产品或向新的市场扩展时，首先就要进行市场预测。如果预测的结果并不乐观，或者预测的可信度让人怀疑，那么投资者就要承担更大的风险，这对多数风险投资者来说都是不可接受的。

首先，市场预测要对需求进行预测。例如，市场是否存在对这种产品的需求？需求程度是否可以给企业带来所期望的利益？新的市场规模有多大？需求发展的未来趋向及其状态如何？有哪些因素会影响需求？其次，市场预测还要包括对市场竞争情况——企业所面对的竞争格局进行分析：市场中主要的竞争者有哪些？是否存在有利于本企业产品的市场空当？本企业预计的市场占有率是多少？本企业进入市场会引起竞争者怎样的反应？这些反应对企业会有什么影响？

在创业计划书中，市场预测应包括：市场现状综述、市场需求预测、竞争厂商概况、目标顾客和目标市场、本企业产品的市场地位等。

创业者对市场的预测应建立在严密、科学的市场调查基础上。企业所面对的市场本来就有变幻不定、难以捉摸的特点，因此，创业者应尽量扩大搜集信息的范围，重视对环境的预测并采用科学的预测手段和方法。创业者应牢记的是，市场预测不是凭空想象出来的，对市场错误的认识是企业经营失败的主要原因之一。

（七）营销策略叙述

营销是企业经营中最富挑战性的环节，影响营销策略的主要因素有消费者的特点、产品的特性、企业自身的状况、市场环境方面的因素，而最终影响营销策略的则是营销成本和营销效益。

在创业计划书中，营销策略应包括：市场机构和营销渠道的选择、营销队伍建设和管理、促销计划和广告策略、价格决策等。

创新创业教育基础

对于处于不同发展阶段的企业来说,其营销策略是不同的。对于创业企业来说,由于产品和企业的知名度低,很难进入其他企业已经稳定的销售渠道中去。因此,企业不得不暂时采取高成本、低效益的营销战略,如上门推销、大打商品广告、向批发商和零售商让利,或交给任何愿意经销的企业销售等。而对发展中的企业来说,一方面可以利用原来的销售渠道,另一方面也可以开发新的销售渠道以适应企业的发展。

营销计划的关键问题

第一组问题:

你的产品出厂价格是多少?

你希望最终的销售价格是多少?

你能控制最终价格吗?

定价的依据是什么?

在你的定价中,你的利润是多少?

你的定价是合理的吗?为什么?

你的定价和营销战略是一致的吗?

如何应对市场价格混乱?

第二组问题:

在目标客户中,哪些是最容易入手的?

你有多少条渠道?评价渠道的优劣情况。

在哪里可以买到你的产品?

你会通过哪些分销渠道来分别接近哪些目标客户?

你将如何让你的目标客户注意到你的产品?

你将如何与你的目标客户进行沟通?

你有一个聆听顾客心声的渠道吗?

你将如何争取第一批客户?

如何在竞争对手之前迅速占领市场?

你如何控制渠道?

如何管理一线推销员?

有广告计划吗?

第三组问题:

一线推销员是如何体现企业形象的?

广告和企业理念是一致的吗?

产品设计反映了客户价值吗?

（八）生产计划说明

生产计划作为创业计划书的重要组成部分，其作用在于使投资者了解企业的研究进度和所需资金。在这一部分，创业者应该明确业务流程。在业务流程中，创业者一定要明确其中的关键环节，要写明企业的基本运营周期及间隔时间，更要将季节性生产任务和生产中会遇到的问题及解决方案解释清楚。

具体来说，创业计划书中的生产计划应包括以下内容：厂房基本情况，包括地址、基础设施和基本配置情况，产品制造和技术设备现状，生产流程及关键环节介绍，新产品投产计划，生产经营成本分析，质量控制和改进计划及能力等。

（九）财务规划描述

一份好的财务规划可以帮助企业降低经营风险，增强风险企业的评估价值，提高企业获取资金的可能性。如果说创业计划书是创业者在筹资过程中所做事情的整体概括，那么财务规划就是创业计划书的臂膀，为创业计划书提供有力的支撑。财务规划一般包括以下内容。

1. 历史经营状况数据

这里针对的是既有企业，初创企业不会涉及此类问题。企业在过去几年的经营状况是未来发展的重要参考，投资者会以此作为抉择的重要依据。创业者应提供过去三年的现金流量表、资产负债表和损益表。其中，现金流量表是企业的生命线，企业无论在初创期还是扩张期都要对流动资金有预先的计划并在使用中进行严格控制；资产负债表表现企业在某一时刻的状况，是投资者用来衡量企业的经营状况及投资回报率的依据；损益表是企业盈利状况的写照，反映了企业在运作一段时间后的经营成果。

2. 未来财务整体规划

未来的财务规划是建立在生产计划和营销计划基础之上的。严格来说，创业计划书中的前述内容都可作为企业制定未来财务规划的依据。有理有据，有适当的假设，是做好财务规划的前提。创业者要做的工作是：论述未来3~5年内的生产运营费用和收入状况，将具体财务状况以财务报表的形式展示出来。

要写好财务规划，创业者必须要回答以下问题：

(1) 单件产品的生产成本是多少？利润是多少？

(2) 产品定价是多少？在固定时间段内产品的销售量有多少？

(3) 雇佣哪些人生产、加工、销售产品？工资预算是多少？

> **提示**
>
> 财务规划需要财会方面的专业知识，要做到规划精细、账款明晰，最好由这方面的专业人员来撰写。专业人员能够避免财务报表漏洞百出，也能增强投资者的信任感。因此，创业管理团队中有熟悉财务的成员是非常必要的。

（十）风险分析

没有风险分析的创业计划书是不完整的，因为创业本身就带有一定的冒险性，创业过程中的风险也通常会让人始料不及。风险分析不仅能减少投资者的疑虑，让他们对企业有全方位的了解，更能体现管理团队对市场的洞察力和解决问题的能力。在这一部分，创业者可以从以下几个方面进行阐述。

1. 市场风险

市场风险包括生产中可能遇到的问题、销售中未知的因素、竞争中难以预料的方面、顾客的不同需求与反馈等。

2. 技术风险

技术风险主要是技术研发中的困境，如技术力量不够强大、研发不到位、员工熟练程度不高、经验不足等。

3. 资金风险

创业者需要阐明可能出现的资金周转不畅和资金断流等问题，也要讲明万一企业遭遇清算的后果及遭遇清算后有无偿还资金的能力。

4. 管理风险

创业者要实事求是，不能刻意隐瞒管理方面的缺陷和漏洞，而要如实反映情况，诸如人手不足、经验欠缺、资源匮乏等。

5. 其他风险

企业的其他风险有很多，如政策的不确定性、经营中的突发状况、财务上的不确定因素等，都可以归入此类。

创业者的任务是在对市场、技术、资金、管理等各方面的风险进行分析之后，将这些风险及相应的解决方案用清晰的文字在创业计划书中反映出来。风险并不可怕，可怕的是没有应对风险的能力与对策。主动识别和讨论风险会极大地增加企业的信誉，使投资者更有信心。

拓展阅读

周鸿祎：教您打造十页完美的创业计划书

第一页，用几句话说清楚你发现目前市场中存在一个什么空白点，或者存在一个什么问题，以及这个问题有多严重，几句话就够了。例如，现在网游市场里盗号严重，你有一个产品能解决这个问题，只需要一句话说清楚就可以。

第二页，说明你有什么样的解决方案或者什么样的产品能够解决这个问题，你的方案或者产品是什么，提供了怎样的功能。

第三页，说明你的产品将面对的用户群是哪些，一定要有一个用户群的划分。

第四页，说明你的竞争力。为什么这件事情你能做，而别人不能做？是你有更多的免费带宽，还是存储可以不要钱？这只是个比方。否则如果这件事谁都能干，为什么要投资给你？你有什么特别的核心竞争力？有什么与众不同的地方？所以，关键不在于所干事情的大小，而在于你能比别人干得好，与别人干得不一样。

第五页，再论证一下这个市场有多大，你认为这个市场的未来是什么样的。

第六页，说明你将如何挣钱。如果真的不知道怎么挣钱，你可以不说，可以老老实实地说"我不知道这个怎么挣钱，但是中国一亿用户会用，如果有一亿人用我觉得肯定有它的价值"。想不清楚如何挣钱没有关系，投资人比你有经验，告诉他你的产品多有价值就行。

第七页，用简单的几句话告诉投资人，这个市场里有没有其他人在干，具体情况怎样。不要说"我这个想法'前无古人，后无来者'"这样的话，投资人一听这话就要打个问号。有其他人在做同样的事不可怕，重要的是你能不能对这个产业和行业有基本了解和客观认识。要说实话、干实事，可以进行一些简单的优劣势分析。

第八页，突出自己的亮点，只要有一点比对方亮就行。刚出来的产品肯定有很多问题，说明你的优点在哪里。

第九页，进行财务分析。财务分析可以简单一些，不要预算未来三年挣多少钱，没人会信。说说未来一年或者六个月需要多少钱，用这些钱干什么。

第十页，如果别人还愿意听下去，介绍一下自己的团队、团队成员的优秀之处，以及自己做过什么。

一个包含以上内容的计划书，就是一份非常好的创业计划书了。

资料来源：创业邦

三、创业计划书的检查

由于创业计划书要准确回答投资者的问题，争取投资者对创业企业的信心，因此，在创业计划书编写完成后，可以从以下几个方面对创业计划书进行检查。

（1）检查创业计划书逻辑是否清晰，论据是否充分，表达是否通俗易懂，语法是否正确，用词是否恰当。

（2）是否备有索引和目录，以便投资者较容易地查阅各个章节。

（3）是否编写了摘要并放在了最前面。如果已编写，检查摘要是否写得简明扼要、引人入胜。

（4）是否显示出你具有管理公司的经验。如果你没有管理经验，一定要明确地说明你已经找了一位经营大师来管理你的公司。

（5）是否显示了你有能力偿还借款，从而增强投资者的信心。

（6）是否显示出你已进行过完整的市场分析，要让投资者坚信你在计划书中阐明的产品需求量是真实的。

（7）能否打消投资者对产品或服务的疑虑。如果需要，可以准备一件产品模型。

大学生创业计划书中的常见问题

或许是大学生缺乏实际训练，或许是创业设想还很不成熟，大学生创业计划书中普遍存在一些问题。这里列举一些常见的问题，供准备创业的大学生参考。

（1）主题不够鲜明集中，想法很多，但是不善于收敛，或许是发散性思维使用很顺手，一旦需要按照可行性方向加以评价和收缩时，就有点难以取舍了。

（2）筹资方案不明确，不知道从哪里得到必需的资金，很多情况下就是创业团队自己"凑份子"，这些资金的来源和规模使人缺乏信心，因为大学生自己也没有钱，而为了创业需要家庭赞助，有时也是不现实的。

（3）财务分析能力非常薄弱，在计算成本中考虑得不够全面，有关税费、财务费用及人工、物料等成本要么漏算，要么抠门到不太现实的地步，而在预期收益上却完全不考虑可能的风险，在非常理想的情况下设想收益的丰饶和稳定，结果计算出来的收益率肯定高于市场的实际水平。

（4）生产、销售等环节的程序控制和细节管理等几乎完全没有考虑，以为这些常规性的工作不需要创业者去应对，或者创业者不屑于管这些细枝末节，给人的印象是只要策划做好了，所有的常规运行就可以放心大胆地撒手不管不问。

（5）创业组织的结构、体制构想不明晰，有点像是无限连带责任的合伙制，但是也没有从法律上加以明确说明，多少有点哥们儿义气，在彼此信赖的基础上白手起家，对于长远发展过程中必然遭遇的产权明晰、责任划分等问题不予考虑。

（6）在项目设计上浪漫色彩偏重，一些看似亮丽实质无谓的品牌包装、形象设计不舍得删改，项目名称和标识很难让人联想到所在行业和市场定位，让人感觉晦涩、牵强。

资料来源：瞧这网

第四节　项目路演

一、项目路演的概念

路演是指在公共场所进行演说、演示产品、推介理念，及向他人推广自己的公司、团体、产品、想法的一种方式。企业通过路演，达到招商的目的，快速启动市场；让目标经销商明白市场如何操作，有解决问题的方法。

项目路演就是企业或创业代表在讲台上向投资方讲解项目属性、发展计划和融资计划。项目路演分为线上项目路演和线下项目路演。线上项目路演主要是通过QQ群、微信群,或者在线视频等互联网方式对项目进行讲解;线下项目路演主要通过活动专场对投资人进行面对面的演讲以及交流。

项目路演的内容主要有以下几个方面。

(1) 公司或项目发起目的:为什么要做这件事?进入这个行业是什么原因?做这件事情的可持续发展空间有多大?

(2) 项目在解决的问题:描述用户痛点,以及这样的痛点是否具有普遍存在性。

(3) 提出解决方案:是通过技术改进还是市场的现有模式创新?还是提供更优质的产品、服务、用户体验?最好提供现有的具体例子。

(4) 时机:为什么是现在做这件事情?回顾公司产品/服务应用领域的历史演变。

(5) 市场规模:用不同的方法测算市场规模,如自上而下估算可获取的市场规模,自下而上统计可获取的市场规模,依据市场占有率份额来估计市场规模等。

(6) 竞争格局:列出现有的和潜在的竞争对手,分析各自的竞争优势。

(7) 产品/服务:产品/服务从外形、功能、性能、结构等方面进行描述,以及产品/服务的开发计划。

(8) 项目商业模式:收入模式、定价、销售和渠道以及现有客户和正在开发的客户清单……

(9) 团队描述:创始人和核心管理层的从业经验,以及获得的荣誉。

(10) 财务资料:现金流量表、损益表、资产负债表、股本结构、融资计划、财务预测。

二、路演中常见的问题

(一) 模式陈旧

创业者的错误在于,切入点已经是红海,但整个路演重点却在讲市场多大,有多少比例的人用,自己项目就会有多少收入等,这样的市场跟自己没有任何关系。

比如,创业者说:"按照 100 万用户计算,每个人每周为平台贡献 100 元,那么,我 1 周就是 1 个亿的存量、流量。那么,平台在这 1 个亿里提取 10% 作为基金,我们可支配的基金就有 1000 万元。"

创业者这么分析本身的逻辑是没错的,可是,你能保证每个人每周去为你这个平台贡献 100 元吗?

(二) 不懂调研

有的创业者在做项目之前只调研了几十个人。需求调研不一定需要大量的样本,但如果没有足够的样本,那也得有足够的调研维度。如此少的样本,就拿来做统计和对比分析,得出的结论也会有失偏颇。从定性分析中发现问题和要求证的结论,再用大量的用户去定量认证，否则，这样的调研，将会得出可能影响极大的错误的用户需求。

（三）目标用户定位不清

例如，一个创业者想做一个互联网影像的创业项目，项目的痛点是摄影作品版权。

这样的商业模式如果面向中小企业，希望中小企业购买平台上面的图片，是可以探索的，就像全景网、华盖创意图片库等，你比别人便宜，照片更好，用户体验更佳等，都可能有机会。但是，如果期望未来用户尊重摄影师版权，因此购买上面的图片，这样的模式就是有问题的。

（四）梦想远大，但第一步无法落地

例如，某个DIY（自己动手做）衣服设计项目，模式较旧，做的人很多。创业者说初期切入的产品是内裤，还谈到后续会推出其他各种个性化、定制化服装产品。在谈到竞争优势的时候，把可能的东西都阐述成了一种必然的东西，作为核心优势来讲。举个例子，比如设计师队伍大，有设计能力的都将加入他们的设计师队伍，甚至成为合伙人，这就是他们提到的项目的核心优势，但，这是必然的吗？

（五）关系资源型创业

例如，一个做房地产金融的房产众筹平台，想消灭中间环节，重组优化，做债权和产品的混合众筹，只能从销售和推广进行切入，还提到自己合作的几大知名房地产商作为他们的合作机构。这样的项目只依赖资源和关系，而不是因为自己的模式创新和产品、服务有较多的积累，因而是不成功的，因为关系往往是最靠不住的资源。

（六）不够聚焦，不知所云

这是最常见的问题，也是最严重的问题之一，具体表现就是：在路演的过程中，以自我为中心，演讲已完成，评委还不知道你做的是什么，要干什么事。因此，在路演的时候一定要尽数用3句话表达清楚，使普通人能听懂你干的是什么。

三、项目路演的技巧

（一）项目路演PPT制作技巧

（1）PPT应图表、数据并茂，文字说明应简单精准，辅助配以一些简短的总结性、强调性文字，切忌写着密密麻麻的大段文字，照本宣科。

（2）配色不超过4种，字体不超过3种。

（3）每页用一个疑问句引入下一页。

（4）PPT页数不宜过长，最好控制在20页以内。

（二）项目路演演讲技巧

（1）说出痛点，讲出亮点。讲故事要有亮点，观众才喜欢听。企业可以结合所在行业的特点来突出企业优势，从产品技术、核心团队、市场渠道、商业模式等方面来讲。比如，在高科技行业，你的技术领先，比竞争对手强大，这就是最大的亮点。比如，你是一家互联网企业，你的产品解决了用户的哪些痛点，是如何解决的，演讲人可以尽情展示产品细节和独特价值，这就是你最大的亮点。

（2）语言尽量简洁、精练，保持平稳的语速，少用形容词，少用"被过度使用"的词语，尽可能地展现核心团队成员及他们的优势。

（3）在演讲中要增加互动，刺激投资者的兴奋点，带动投资者的参与积极性，用讲述的方式，而不是念PPT，一定要真诚，用真诚的心去感动别人。

（4）切忌对项目过分乐观，过分乐观自信会令人产生不信任感。

（5）多用有根据且有效的数据说明问题。

（6）尽量选择进入没有充分竞争的细分市场，不可进入一个拥塞的市场并企图后来者居上。

（7）投资人不是科学家，所以不可过分强调技术因素或故意使技术环节复杂化。

（8）关于项目的材料，需转PDF格式，加水印，不必滥发材料。

（三）其他技巧

（1）做好路演前的准备。要事先了解路演的听众，从听众出发，重点围绕听众最想听到的关键内容进行阐述。切不可只有一套讲稿和PPT，按照固有的方式讲解。

（2）带着产品去路演。"为什么3分钟能讲清楚的东西却要用上1小时呢？"许多投资人都会有这种想法。所以，智能硬件类的项目，创始人最好拎着产品进行路演，可以起到事半功倍的效果。一是投资人可快速了解你的产品；二是即便产品只是初样，也能增加投资人对项目的信任和兴趣。

（3）即便是质疑，也要保持尊重。创业者需要谨记，路演时要给予投资人充分的尊重，因为态度决定了成败。路演时常会看到创业者和投资人"掐架"的场景，多半是因为投资人对项目提出了质疑，而创业者自然会表现出一种"保护孩子"的"母性"心理，立即反攻投资人。

其实，投资人对于初创项目的选择上，首先投的是人，其次才是产品本身。因而，态度是投资人初识创业者的首道门槛。所以，聪明的创业者千万别在路演时自掘坟墓。

思考与练习

1. 你目前有写创业计划书的打算吗？为什么？
2. 从网上搜索三份创业计划书，并对其进行分析。
3. 以小组的方式组建创业团队，拟订一个感兴趣的创业项目，并根据本章所学内容为该项目编写创业计划书。
4. 如何解决路演中遇到的不同问题？

第九章

新企业的创办

第一节 新企业组织形式的选择

企业组织形式是指企业财产及其社会化大生产的组织状态,它表明一个企业的财产构成、内部分工协作与外部社会经济联系的方式。一般来说,企业组织形式有个人独资企业、合伙企业和公司制企业三种。每种组织形式均各有其利弊,选择正确,便可趋利避害;选择不恰当,就会为将来的运作带来巨大的隐患。

一、个人独资企业

个人独资企业是指依照《中华人民共和国个人独资企业法》在中国境内设立,由一个自然人投资,财产为投资人个人所有,投资人以其个人财产对企业债务承担无限责任的经营实体。

(一) 个人独资企业的特征

(1) 个人独资企业由一个自然人投资设立。

(2) 个人独资企业是一个企业实体,其设立需要符合法律所规定的场所、资金、人员等方面的条件。

(3) 个人独资企业投资人的个人财产与企业财产不分离,投资人以其个人财产对企业债务承担无限责任。

(4) 个人独资企业是非法人企业。

(5) 个人独资企业的出资人可以自行管理企业事务,也可以委托或聘用其他具有民事行为能力的人负责企业事务的管理。

(6) 个人独资企业一般规模较小,设立条件较宽松,设立程序较简便,进入或者退出市场也较灵活。

个人独资企业与个体工商户的区别

个体工商户是指生产资料归劳动者个人所有，以自己的劳动为基础，劳动成果由劳动者个人占有和支配的市场经营主体。个人独资企业与个体工商户的主要区别如下。

（1）出资人不同。个人独资企业的出资人只能是一个自然人；个体工商户既可以由一个自然人出资设立，也可以由家庭共同出资设立。

（2）雇佣人数不同。个人独资企业没有从业人员限制，个体工商户雇佣人数不得超过8人。

（3）承担责任的财产范围不同。个人独资企业的出资人在一般情况下仅以其个人财产对企业债务承担无限责任，只是在企业设立登记时明确以家庭共有财产作为个人出资的才依法以家庭共有财产对企业债务承担无限责任。而根据《中华人民共和国民法通则》（以下简称"《民法通则》"）第29条的规定，个体工商户的债务如属个人经营的，以个人财产承担；属家庭经营的，则以家庭财产承担。

（4）适用的法律不同。个人独资企业依照《中华人民共和国个人独资企业法》设立，个体工商户依照《民法通则》《城乡个体工商户管理暂行条例》的规定设立。

（5）法律地位不同。个人独资企业是经营实体，是一种企业组织形态；个体工商户则不采用企业形式。区分二者的关键在于是否进行了独资企业登记，并领取了独资企业营业执照。

（二）设立个人独资企业的条件

设立个人独资企业，应当具备下列条件：
（1）投资人为一个自然人；
（2）有合法的企业名称；
（3）有投资人申报的出资；
（4）有固定的生产经营场所和必要的生产经营条件；
（5）有必要的从业人员。

个人独资企业的投资人与事务管理

除法律、行政法规禁止从事营利性活动的人（如国家公务员不得作为投资人申请设立个人独资企业）外，其他人都可以作为个人独资企业的投资人。个人独资企业投资人对本企业的财产依法享有所有权，其有关权利可以依法进行转让或继承。

个人独资企业投资人在申请企业设立登记时，明确以其家庭共有财产作为个人出资的，应当依法以家庭共有财产对企业债务承担无限责任。

个人独资企业投资人可以自行管理企业事务，也可以委托或者聘用其他具有民事行为能力的人负责企业的事务管理。投资人委托或者聘用他人管理个人独资企业事务的,应当与受托人或者被聘用的人签订书面合同,明确委托的具体内容和授予的权力范围。受托人或者被聘用的人应当履行诚信、勤勉义务,按照与投资人签订的合同负责个人独资企业的事务管理。

二、合伙企业

合伙企业是指自然人、法人和其他组织依照《中华人民共和国合伙企业法》(以下简称"《合伙企业法》")在中国境内设立的普通合伙企业和有限合伙企业。普通合伙企业由普通合伙人组成,合伙人对合伙企业债务承担无限连带责任。有限合伙企业由普通合伙人和有限合伙人组成,普通合伙人对合伙企业债务承担无限连带责任,有限合伙人以其认缴的出资额为限对合伙企业债务承担责任。

(一) 合伙企业的特征

(1) 合伙企业的设立主体包括自然人、法人和其他组织。

(2) 合伙人承担连带责任,即所有的合伙人对合伙企业的债务都有责任向债权人偿还,不管自己在合伙企业协议中所承担的比例如何。一个合伙人不能清偿对外债务时,其他合伙人都有清偿的责任,但当某一合伙人偿还合伙企业的债务超过自己所应当承担的数额时,有权向其他合伙人追偿。

(3) 合伙人承担无限责任,即所有的合伙人不以自己投入的合伙企业的资金和合伙企业所有的全部资金为限,而以合伙人自己所有的财产对债权人承担清偿责任。

(4) 合伙企业必须有合伙协议,合伙协议依法由全体合伙人协商一致,以书面形式订立。

(二) 设立合伙企业的条件

设立合伙企业,应当具备下列条件:
(1) 有两个以上合伙人,合伙人为自然人的,应当具有完全民事行为能力;
(2) 有书面合伙协议;
(3) 有合伙人认缴或者实际缴付的出资;
(4) 有合伙企业的名称和生产经营场所;
(5) 法律、行政法规规定的其他条件。

三、公司制企业

公司制企业简称公司。《中华人民共和国公司法》所指的公司是指依照本法在中国境内设立的有限责任公司和股份有限公司。

（一）有限责任公司

有限责任公司是指两个以上股东共同出资，股东以其出资额为限对公司承担责任，公司以其全部资产对公司的债务承担责任的企业法人。这种公司本质上是一种合资公司，但与股份有限公司相比也有人合因素。

1. 有限责任公司的特征

（1）有限责任公司是企业法人，有独立的法人财产，享有法人财产权。

（2）限定的股东人数，有限责任公司的股东人数为50人以下。

（3）有限责任公司以其全部财产对公司债务承担责任。

（4）有限责任公司的股东以其认缴的出资额为限对公司承担责任。

（5）有限责任公司股东共同制定公司章程。

拓展阅读

有限责任公司的优势与劣势

1. 优势

（1）有限责任。由于拥有法人资格，天大的责任由法人承担，股东个人承担的责任仅仅以所出的股本为限，其他个人资产不受牵连，降低了个人投资风险。

（2）运行稳定。注册有限责任公司时，要求拥有完善的管理和财务制度，同时股东入股后不得抽回资金。这就在法律上保证了充裕的资金和健全的运行机制，不会因为个别股东的变故而使企业产生动荡。

2. 劣势

（1）注册手续较复杂、费用高。注册有限责任公司必须经过严格审查，费用比较高，主要是获取相关的注册文件和验资费用。

（2）税收较高。有限责任公司既要缴纳企业所得税，又要缴纳个人所得税。

（3）不能撤回资金，转让困难。股东一旦出资就不能撤回资金，股东只能享受收益，不能随便转让股本。

（4）信贷信誉不高，发展空间有限。

2. 设立有限责任公司的条件

设立有限责任公司，应当具备下列条件：

（1）股东符合法定人数；

（2）有符合公司章程规定的全体股东认缴的出资额；

（3）股东共同制定公司章程；

（4）有公司名称，建立符合有限责任公司要求的组织机构；

（5）有公司住所。

3. 一人有限责任公司

一人有限责任公司是指只有一个自然人股东或者一个法人股东的有限责任公司。其具有以下特征。

（1）一个自然人只能投资设立一个一人有限责任公司，该公司不能投资设立新的一人有限责任公司。

（2）一人有限责任公司应当在公司登记中注明自然人独资或者法人独资，并在公司营业执照中载明。

（3）公司章程由股东制定。

（4）公司不设股东会，股东做出公司的经营方针和投资计划决定时，应当采用书面形式，并由股东签名后置备于公司。

（5）公司应当在每一会计年度终了时编制财务会计报告，并经会计师事务所审计。

（6）公司的股东不能证明公司财产独立于股东自己的财产的，应当对公司债务承担连带责任。

（二）股份有限公司

股份有限公司是指将公司全部资本分为等额股份，股东以其所持股份为限对公司承担责任，公司以其全部资产对公司的债务承担责任的企业法人。

1. 股份有限公司的特征

（1）股份有限公司是企业法人，有独立的法人财产，享有法人财产权。

（2）限定发起人人数，股份有限公司的发起人应当有2人以上、200人以下。

（3）股份有限公司以其全部资产对公司债务承担责任。

（4）股份有限公司的股东以其认购的股份为限对公司承担责任。

（5）股份有限公司股东共同制定公司章程。

（6）股份有限公司的设立可以采取发起设立或者募集设立的方式。

提示

> 发起设立是指由发起人认购公司应发行的全部股份而设立公司。募集设立是指由发起人认购公司应发行股份的一部分，其余股份向社会公开募集或者向特定对象募集而设立公司。

2. 设立股份有限公司的条件

设立股份有限公司，应当具备下列条件：

（1）发起人符合法定人数；

（2）有符合公司章程规定的全体发起人认购的股本总额或者募集的实收股本总额；

（3）股份发行、筹办事项符合法律规定；

（4）发起人制定公司章程，采用募集方式设立的经创立大会通过；

（5）有公司名称，建立符合股份有限公司要求的组织机构；

(6) 有公司住所。

四、各种企业组织形式的比较

各种企业组织形式没有绝对的好与坏之分。对创业者而言，需要考虑的是选择哪种企业组织形式更有利于创业企业的生存与发展。各种企业组织形式的优势与劣势的比较分析如表 9-1 所示，创业者必须选择合适的企业组织形式。

表 9-1 各种企业组织形式的优势与劣势

组织形式	优势	劣势
个人独资企业	① 企业设立、转让和解散等行为手续简便，仅向登记机关登记即可，且费用低 ② 创业者拥有对企业的控制权 ③ 企业经营灵活性强，可迅速对市场变化做出反应 ④ 利润归创业者所有，不需与他人分享 ⑤ 只需缴纳个人所得税，无须双重纳税 ⑥ 在技术和经济方面易于保密	① 创业者承担无限责任 ② 不易从企业外部获得信用资金，筹资困难 ③ 企业寿命有限，易随着创业者的退出而消亡 ④ 企业的成功更多地依赖创业者的能力 ⑤ 创业者投资的流动性低
合伙企业	① 企业设立较简单和容易，费用低 ② 企业经营具有高度的灵活性 ③ 企业资金来源较广，信用度较高 ④ 企业拥有一个整体团队的能力	① 合伙人承担无限连带责任 ② 财产转让困难 ③ 融资能力有限，企业规模受限 ④ 企业往往因关键合伙人的意外或退出而解散 ⑤ 在合伙人对企业经营产生分歧时，决策困难
有限责任公司	① 股东对公司只承担有限责任，风险小 ② 公司具有独立寿命，易于存续 ③ 公司所有权与经营权分离，聘任经理人管理，更能适应市场竞争 ④ 以出资人的出资额为限承担公司的经营风险 ⑤ 促使公司形成有效的治理结构 ⑥ 多元化产权结构有利于科学决策 ⑦ 可吸纳多个投资人，促进资金集中	① 公司设立程序比较复杂，费用较高 ② 税收负担较重，存在双重纳税问题 ③ 不能公开发行股票，筹集资金的规模与渠道受限 ④ 产权不能充分流动，资产运作受限
一人有限责任公司	① 设立比较便捷 ② 运营与管理成本较低	① 公司运营较困难 ② 筹资能力有限 ③ 缺乏信用系统 ④ 财务审计条件较严格

续表

组织形式	优势	劣势
股份有限公司	① 股东只承担有限责任，风险小 ② 公司具有独立寿命，易于存续 ③ 公司产权可以股票形式充分流动 ④ 可聘任职业经理人管理，管理水平较高 ⑤ 筹资能力强	① 公司创立程序复杂，费用高 ② 税收负担较重，存在双重纳税问题 ③ 政府限制较多，法规要求比较严格 ④ 因公司要定期报告其财务状况，使公司的相关事务不能严格保密

企业组织形式的转换

创业者可能希望创业企业的组织形式在经营过程中进行转换。例如，从个人独资企业起步，逐步转换成合伙企业、有限公司，一步一个台阶地发展。企业组织形式转换涉及的事务主要包括以下几个方面。

（1）个人或家庭财产与企业财产的分离。

（2）债权、债务的处理。

（3）清产核资，资产重新评估。

（4）法律主体改变的社会公告。

（5）相关权利证照（如专利权、房产证、特许权、合同）的过户。

（6）增加工商注册费用。

（7）视同销售（增值、贬值）的税务后果。

（8）注意原有的优惠政策是否能够延续到新企业。

第二节　新企业相关文件的编写

新企业工商注册需向所在地工商行政管理部门提交相关材料。创业者需要根据所选择的企业组织形式的具体要求填写各种登记表，编写合伙协议、公司章程、发起人协议等相关文件。

一、合伙协议

合伙协议是指由各合伙人协商一致，明确各合伙人权利和义务的法律文件。合伙协议应当载明下列事项：

（1）合伙企业的名称和主要经营场所的地点；

（2）合伙目的和合伙经营范围；

（3）合伙人的姓名或者名称、住所；

（4）合伙人的出资方式、数额和缴付期限；

（5）利润分配、亏损分担方式；

（6）合伙事务的执行；

（7）入伙与退伙；

（8）争议的解决办法；

（9）合伙企业的解散与清算；

（10）违约责任。

合伙协议经全体合伙人签名、盖章后生效。合伙人按照合伙协议享有权利，履行义务。修改或者补充合伙协议，应当经全体合伙人一致同意。但是，合伙协议另有约定的除外。合伙协议未约定或者约定不明确的事项，由合伙人协商决定；协商不成的，依照《合伙企业法》和其他有关法律、行政法规的规定处理。

 经典实例9-1

合伙协议

合伙人：甲（姓名），男（女），×年×月×日出生

现住址：×市（县）×街道（乡、村）×号

合伙人：乙（姓名），内容同上（列出合伙人的基本情况）

合伙人本着公平、平等、互利的原则订立合伙协议如下：

第一条　甲乙双方自愿合伙经营×××（项目名称），总投资为×万元，甲出资×万元，乙出资×万元，各占投资总额的×%、×%。

第二条　合伙双方依法组成合伙企业，由甲负责办理工商登记。

第三条　本合伙企业经营期限为十年。如果需要延长期限的，在期满前六个月办理有关手续。

第四条　合伙双方共同经营，共同劳动，共担风险，共负盈亏。

企业盈余按照各自的投资比例分配。

企业债务按照各自投资比例负担。任何一方对外偿还债务后，另一方应当按比例在十日内向对方清偿自己负担的部分。

第五条　他人可以入伙，但须经甲乙双方同意，并办理增加出资额的手续和订立补充协议。补充协议与本协议具有同等效力。

第六条　出现下列事项，合伙终止：

（一）合伙期满；

（二）合伙双方协商同意；

（三）合伙经营的事业已经完成或者无法完成；

（四）其他法律规定的情况。

第七条 本协议未尽事宜，双方可以补充规定，补充协议与本协议有同等效力。

第八条 本协议一式×份，合伙人各一份。本协议自合伙人签字（或盖章）之日起生效。

合伙人：×××（签字或盖章）

合伙人：×××（签字或盖章）

×年×月×日

（资料来源：第一范文网）

二、公司章程

公司章程是指公司依法制定的，规定公司名称、住所、经营范围、经营管理制度等重大事项的基本文件。公司章程不仅是公司的自治法规，而且是国家管理公司的重要依据。设立公司必须依法制定公司章程，公司章程对公司、股东、董事、监事、高级管理人员具有约束力。

（一）有限责任公司章程

有限责任公司章程应当载明下列事项：
（1）公司名称和住所；
（2）公司经营范围；
（3）公司注册资本；
（4）股东的姓名或者名称；
（5）股东的出资方式、出资额和出资时间；
（6）公司的机构及其产生办法、职权、议事规则；
（7）公司法定代表人；
（8）股东大会会议认为需要规定的其他事项。
股东应当在公司章程上签名、盖章。

（二）股份有限公司章程

股份有限公司章程应当载明下列事项：
（1）公司名称和住所；
（2）公司经营范围；
（3）公司设立方式；
（4）公司股份总数、每股金额和注册资本；
（5）发起人的姓名或者名称、认购的股份数、出资方式和出资时间；

（6）董事会的组成、职权和议事规则；

（7）公司法定代表人；

（8）监事会的组成、职权和议事规则；

（9）公司利润分配办法；

（10）公司的解散事由与清算办法；

（11）公司的通知和公告办法；

（12）股东大会会议认为需要规定的其他事项。

三、发起人协议

发起人协议是指股份有限公司发起人就拟设立公司的主要事宜达成的协议。股份有限公司发起人应当签订发起人协议，明确各自在公司设立过程中的权利和义务。发起人协议应当载明下列事项：

（1）公司经营项目、宗旨、范围和生产规模；

（2）公司注册资本、各方出资额、出资方式；

（3）公司组织机构和经营管理办法；

（4）公司名称和住所。

 经典实例9-2

发起人协议

依照《中华人民共和国公司法》之规定，为设立公司，明确发起人权利和义务，甲、乙、丙、丁经充分协商，一致达成如下协议：

1. 甲、乙、丙、丁共四人为股份有限公司的发起人，其中一名法人、三名自然人。

2. 一致推举××为发起人代表，负责全部设立事务。其他发起人予以配合，具体分工如下：甲负责事务……

3. 公司的经营范围为：

主营：

兼营：

4. 公司的资本总额为×元，股份总数为×股，每股面值×元，每股发行价×元。

5. 公司采取发起方式设立，由发起人认购全部股份，各发起人认购比例如下：

甲认购×股，占股份总数×%；

乙认购×股，占股份总数×%；

丙认购×股，占股份总数×%；

丁认购×股，占股份总数×%。

6. 公司的设立费用为×元，设立费用由××垫付（由全体发起人平均垫付或由发起人按比例垫付）。公司成立后，计入公司开办费。

7. 同意发起人（甲、乙、丙、丁）以现物出资，出资标的为设备（工业产权、非专利技术、土地使用权等）。同意评估师将标的折价×元，折合股份×股。

8. 全体发起人一致确认下列责任条款：

（1）对届期无人认购之股份负连带认购责任；

（2）对届期未缴纳之股款负连带缴纳责任；

（3）对现物出资估价高于最后审定价额之差价，负连带补缴责任；

（4）公司不成立时，设立费用由××负担（由发起人平均负担或由发起人按比例负担）；

（5）公司不成立时，对认股人负连带退还股款责任；

（6）公司不成立时，对设立债务负连带偿还责任；

（7）由于发起人过失致公司财产受损害时，负连带损害赔偿责任。

9. 发起人负责设立申请事务，发起人负责公司董事、监事选举事务，发起人负责其他设立事务（或发起人负责全部设立事务，其他发起人予以配合）。

10. 本协议未尽事项，由全体发起人协商解决（或由×酌情解决）。

11. 本协议自签字之日起生效。违反本协议的发起人，对其他发起人负损害赔偿责任。

12. 本协议一式×份，发起人各执一份，×份具有同等效力。

发起人签字：
年 月 日

第三节　新企业的注册流程

企业注册是指创业者根据国家法律、法规的相关规定获得合法经营手续的行为。为规范企业行为，保护企业及股东合法权益，维护社会经济秩序，促使社会主义市场经济发展，新企业必须经国家登记机关依法登记，领取营业执照。未经国家登记机关登记的，不得以公司或企业的名义从事经营活动。新企业的注册流程包括以下步骤。

一、新企业名称核准

新企业名称通常是生产某类产品或提供某类服务的企业的专有名称，是用文字形式表示的一个企业区别于其他企业或组织的特定标志。

（一）企业名称的构成

企业名称一般由字号（商号）、所属行业（经营特点）、组织形式三部分组成，前面可以加上所在地区行政区划名称,如"北京××科技发展有限公司""上海××文化发展中心""北京××食品厂""南京××商店""杭州××技术开发中心"等。

1. 字号

企业名称中的字号应当由两个以上汉字组成,行政区域名称不得用作字号,但县级以上行政区域地名具有其他含义的除外。此外,也可以使用自然人投资人的姓名作字号。

字号虽然只是几个汉字的组合,但表现的绝不仅是几个汉字所固有的含义。作为企业标识,它储存着企业资信及产品的市场竞争力等信息,这就使其成为商誉的载体而具有财产价值。例如,家喻户晓的"可口可乐",其商誉已值334亿美元。早在1967年,可口可乐公司就宣称,即使公司一夜之间化为灰烬,照样可以起死回生,因为凭商誉,立即就会有大银行找上门来贷款,这就是著名字号所独有的魅力。

2. 行业

企业名称中的行业表述应当是反映企业经济活动性质所属国民经济行业或者企业经营特点的用语。名称中的行业特点应与主营行业相一致。企业经营活动性质分别属于国民经济行业不同大类的,应当选择主要经济活动性质所属的国民经济行业类别来表述企业名称中的行业。

3. 组织形式

依据《中华人民共和国公司法》《中华人民共和国中外合资经营企业法》《中华人民共和国中外合作经营企业法》《中华人民共和国外资企业法》申请登记的企业名称,其组织形式为有限公司(有限责任公司)或者股份有限公司。依据其他法律、法规申请登记的企业名称(如合伙企业、个人独资企业等),组织形式不得申请为有限公司(有限责任公司)或股份有限公司,非公司制企业可以申请用"厂""店""部"等作为企业名称的组织形式。

拓展阅读

企业起名的注意事项

具有高度概括力和强烈吸引力的企业名称,对大众的视觉刺激和心理等各方面都会产生影响。一个设计独特、易读易记并富有艺术和形象性的企业名称,能迅速抓住大众的视线,诱发其浓厚的兴趣和丰富的想象,给其留下深刻的印象。因此,新企业在设计企业名称时,应该注意以下几个方面。

(1) 名字中尽量避免使用字母和数字。

(2) 字数不应太多,公司名字应易读易写,不要过于专业化,不要使用生僻字,要适合公众的文化程度。

(3) 应避免无特征的企业名称,要凸显名称的"个性",且尽量不要与同类企业名字雷同。

(4) 能反映企业产品的文化底蕴、时代特色、历史传承等。

(5) 注意企业名称与企业商标、品牌的统一性。

(二) 新企业名称核准的流程

设立公司应当申请名称预先核准。申请名称预先核准，应当提交下列文件：有限责任公司的全体股东或者股份有限公司的全体发起人签署的公司名称预先核准申请书，全体股东或者发起人指定代表或者共同委托代理人的证明，国家工商行政管理总局规定要求提交的其他文件。

企业名称核准后，要遵照《企业名称登记管理规定》和《企业名称登记管理实施办法》，到工商行政管理部门申请注册，非经工商行政管理部门核准的企业名称不受法律保护。国家工商行政管理总局和地方各级工商行政管理局是企业名称的登记管理机关。登记主管机关依照《中华人民共和国企业法人登记管理条例》，对企业名称实行分级登记管理。凡使用"中国""中华""国家""全国""国际"，或者不冠以企业所在地行政区划名称的企业名称，须经国家工商行政管理总局核准。外商投资企业的名称由国家工商行政管理总局核定。

> **提示**
>
> 设立有限责任公司，应当由全体股东指定的代表或者共同委托的代理人向公司登记机关申请名称预先核准。设立股份有限公司，应当由全体发起人指定的代表或者共同委托的代理人向公司登记机关申请名称预先核准。

二、工商注册登记

工商注册登记是新企业开办的法定程序。创业者应主动到当地工商行政管理部门向有关人员咨询，了解申请工商注册登记的程序与要求，及时办理新企业的工商注册登记手续，使新企业的经营活动合法化，并受到法律保护。

（一）填写登记申请书并提交有关材料

申请人应当按照国家工商行政管理总局制定的申请书格式文本提交申请，并按照企业登记法律、行政法规和国家工商行政管理总局的规定提交有关材料。涉及法律、行政法规和国务院发布的决定确定的企业登记前置许可项目的，申请人应当提交法定形式的许可证件或者批准文件。

新企业登记需要提交的文件

1. **个人独资企业登记需要提交的文件**

投资人申请设立登记个人独资企业，应当向登记机关提交下列文件：① 投资人签署的个人独资企业设立申请书；② 投资人身份证明；③ 企业住所证明；④ 国家工商行政管理总局规定提交的其他文件。从事法律、行政法规规定须报经有关部门审批的业务的，应当提交有关部门的批准文件。委托代理人申请设立登记的，应当提交投资人的委托书和代理人的身份证明或者资格证明。

2. **合伙企业登记需要提交的文件**

申请设立合伙企业，应当向企业登记机关提交下列文件：① 全体合伙人签署的设立登记申请书；② 全体合伙人的身份证明；③ 全体合伙人指定代表或者共同委托代理人的委托书；④ 合伙协议；⑤ 全体合伙人对各合伙人认缴或者实际缴付出资的确认书；⑥ 主要经营场所证明；⑦ 国务院工商行政管理部门规定提交的其他文件。法律、行政法规或者国务院规定设立合伙企业须经批准的，还应当提交有关批准文件。

3. **有限责任公司登记需要提交的文件（包括一人有限责任公司）**

申请设立有限责任公司，应当向公司登记机关提交下列文件：① 公司法定代表人签署的设立登记申请书；② 全体股东指定代表或者共同委托代理人的证明；③ 公司章程；④ 股东的主体资格证明或者自然人身份证明；⑤ 载明公司董事、监事、经理的姓名、住所的文件及有关委派、选举或者聘用的证明；⑥ 公司法定代表人任职文件和身份证明；⑦ 企业名称预先核准通知书；⑧ 公司住所证明；⑨ 国家工商行政管理总局规定要求提交的其他文件。法律、行政法规或者国务院规定设立有限责任公司必须报经批准的，还应当提交有关批准文件。

4. **股份有限公司登记需要提交的文件**

申请设立股份有限公司，应当向公司登记机关提交下列文件：① 公司法定代表人签署的设立登记申请书；② 董事会指定代表或者共同委托代理人的证明；③ 公司章程；④ 发起人的主体资格证明或者自然人身份证明；⑤ 载明公司董事、监事、经理姓名、住所的文件及有关委派、选举或者聘用的证明；⑥ 公司法定代表人任职文件和身份证明；⑦ 企业名称预先核准通知书；⑧ 公司住所证明；⑨ 国家工商行政管理总局规定要求提交的其他文件。

以募集方式设立股份有限公司的，还应当提交创立大会的会议记录及依法设立的验资机构出具的验资证明；以募集方式设立股份有限公司公开发行股票的，还应当提交国务院证券监督管理机构的核准文件。

（二）缴纳出资

股东可以用货币出资，也可以用实物、知识产权、土地使用权等可以用货币估价并可以依法转让的非货币财产作价出资。但是，法律、行政法规规定不得作为出资的财产除外。对作为出资的非货币财产应当评估作价，核实财产，不得高估或者低估作价。法律、行政法规对评估作价有规定的，从其规定。

申请设立有限责任公司的，股东应当按期足额缴纳公司章程中规定的各自所认缴的出资额。股东以货币出资的，应当将货币出资足额存入有限责任公司在银行开立的账户；以非货币财产出资的，应当依法办理其财产权的转移手续。股东不按照上述规定缴纳出资的，除应当向公司足额缴纳外，还应当向已按期足额缴纳出资的股东承担违约责任。股东认足公司章程规定的出资后，由全体股东指定的代表或者共同委托的代理人向公司登记机关报送公司登记申请书、公司章程等文件，申请设立登记。

以发起设立方式设立股份有限公司的，发起人应当书面认足公司章程规定其认购的股份，并按照公司章程规定缴纳出资。以非货币财产出资的，应当依法办理其财产权的转移手续。发起人不依照上述规定缴纳出资的，应当按照发起人协议承担违约责任。发起人认足公司章程规定的出资后，应当选举董事会和监事会，由董事会向公司登记机关报送公司章程及法律、行政法规规定的其他文件，申请设立登记。

（三）颁发营业执照

营业执照是国家工商行政管理总局，以及省、自治区、直辖市和市、县工商行政管理局核准登记的向工商企业颁发的合法凭证，具有法律效力。依法设立的公司，由公司登记机关发给公司营业执照。公司营业执照签发日期为公司成立日期。公司营业执照应当载明公司的名称、住所、注册资本、经营范围、法定代表人姓名等事项。营业执照分为正本和副本，正本和副本具有同等法律效力，正本应当置于公司住所或者分公司营业场所的醒目位置。公司可以根据业务需要向公司登记机关申请核发营业执照若干副本。

三、刻制印章

新企业领取营业执照后，创业者须到所在地公安局特行科办理新企业印章，并向特行科提供相关文件，包括营业执照、法定代表人身份证明等；公安局审批后到指定的印章刻制单位刻制新企业印章；完成刻制后，还须在公安机关及相应的主管部门进行印鉴备案。需要说明的是，企业的印章、企业牌匾、企业银行账户、企业信笺所使用的名称应与新企业在工商行政管理机关登记注册的名称相一致。

四、代码登记

此处的代码即组织机构代码，是指根据代码编制规则编制，赋予每一个组织机构在全国范围内唯一的、始终不变的识别标识码。我国实行组织机构代码登记制度，根据《全国组织机构代码编制规则》强制性执行国家标准，对境内每一个机关、团体和企事业单位颁发一个唯一的、始终不变的法定代码标识。

申请办理组织机构代码登记，应当填写申请表，并出示或者提交下列材料：机关单位提交批准设立的文件及复印件，企业单位提交企业法人营业执照或者营业执照及复印件，事业单位提交事业单位法人登记证书及复印件，社会团体提交社会团体法人登记证书及复印件，其他组织机构提交相关的批准设立或者核准登记的文件及复印件，法定代表人、负责人身份证件及复印件，经办人身份证件及复印件，组织机构授权经办人办理登记的证明。组织机构的分支机构办理组织机构代码登记，还应当提供隶属组织机构的组织机构代码证书。

五、开立银行账户

开立银行账户是新企业与银行建立往来关系的基础。根据我国相关法律规定，每个独立核算的经济单位都必须在银行开户，各单位之间办理款项结算，除《中华人民共和国现金管理暂行条例》规定外，均须通过银行结算。单位银行结算账户包括基本存款账户、一般存款账户、专用存款账户、临时存款账户，不同存款账户的功能及用途各不相同。

创办新企业需要开立一个临时存款账户，待新企业获得营业执照后，该账户转为基本存款账户，也可以申请注销，另开基本存款账户。新企业申请开立单位银行结算账户，应填写开户申请书，提供基本存款账户的企业同意其附属的非独立核算单位开户的证明等证件，送交盖有企业印章的卡片，经银行审核同意后开立账户。

拓展阅读

单位银行结算账户的基本用途

单位银行结算账户按用途不同，可分为基本存款账户、一般存款账户、专用存款账户和临时存款账户。

（1）基本存款账户是企业办理日常结算和现金收付的账户，企业的工资等现金的支取只能通过基本存款账户办理。基本存款账户只能选择一家银行的一个营业机构开立，不得在多家银行机构开立。

（2）一般存款账户是存款人因借款或其他结算需要，在基本存款账户开户银行以外的银行营业机构开立的银行结算账户。一般存款账户用于办理存款人借款转存、借款归还和其他阶段的资金收付。该账户可以办理现金缴存，但不得办理现金支取。该账户的开立数量没有限制。一般存款账户自正式开户起三个工作日后，方可办理付款业务，但因借款转存开立的一般存款账户除外。

（3）专用存款账户是企业按照法律、行政法规和规章，对其特定用途的资金进行专项管理和使用而开立的银行结算账户。

（4）临时存款账户是企业临时经营活动需要开立的账户，企业可以通过本账户输入或转出资金。

六、办理税务登记

依法纳税是每个创业者必须承担的社会责任。企业、企业在外地设立的分支机构和从事生产、经营的场所，个体工商户和从事生产、经营的事业单位自领取营业执照之日起30日内，持有关证件，向税务机构申报办理税务登记。税务机关应当自收到申报之日起30日内审核并颁发税务登记证件。

申报办理税务登记的一般流程如下：第一，由纳税人主动提出申请登记报告，并提供营业执照，有关合同，章程，协议书，银行账号证明，居民身份证、护照或其他合法证件，以及税务机关要求提供的其他有关证件、资料；第二，如实填写税务登记表；第三，税务机关审核后发给税务登记证件。

七、办理社会保险

根据《中华人民共和国社会保险法》，创业企业注册后还必须办理社会保险。用人单位应当自成立之日起30日内凭营业执照、登记证书或者单位印章，向当地社会保险经办机构申请办理社会保险登记。社会保险经办机构应当自收到申请之日起15日内予以审核，发给社会保险登记证件。用人单位的社会保险登记事项发生变更或者用人单位依法终止的，应当自变更或者终止之日起30日内，到社会保险经办机构办理变更或者注销社会保险登记。

社会保险登记程序如下：单位递交申请，填写社会保险登记表，提供证件、资料；社会保险经办机构审核单位要求报送的资料经社会保险经办机构审核无误后，建立参保单位、人员基础档案，核发社会保险登记证。

办理社会保险时，需要提供的证件、资料（均需原件和复印件）包括：① 工商行政管理机关注册的工商营业执照、批准成立证件或其他核准执业证件；② 国家质量技术监督部门验发的组织机构统一代码证书；③ 企业法定代表人身份证；④ 税务登记证；⑤ 劳动和社会保障部门审批的劳动工资手册；⑥ 职工工资发放表；⑦ 职工与企业签订的劳动合同书。

拓展阅读

注册公司所需要的条件

注册公司的条件有很多，主要涉及公司股东、公司名称、公司经营范围、注册地址、公司章程、董事、监事、财务人员、法定代表人等内容。

（1）公司股东。股东是公司的出资人（投资者），公司注册时，需提交并验证股东的身份证明原件。

（2）公司名称。注册公司时，首先要进行公司名称核准，需提交多个备选公司名称进行查名。一般的规则是,同行业中,公司名称不能同名也不能同音,多个字号的,需拆开来查名。

(3) 公司经营范围。注册公司的经营范围必须要明确,以后的业务不能超出公司经营范围,可以将现在要做和以后可能要做的业务写进经营范围,字数在100个字以内,包括标点符号。

(4) 注册地址。公司注册地址必须是商用的办公地址,需提供租赁协议、房产证复印件。

(5) 公司章程。公司成立时,需向工商管理部门提交公司章程,公司章程里确定了公司的名称,经营范围,股东及出资比例,注册资本,股东、董事、监事的权利与义务等内容。

(6) 董事。公司成立时,可以设董事会(至少要有三名以上董事会成员);若不设董事会,需设一名执行董事。股东可以担任执行董事。董事需出具身份证明原件。

(7) 监事。按公司章程规定,公司成立时,可以设监事会(需多名监事),也可以不设监事会,但需设一名监事。一人有限责任公司,股东不能担任监事;二人及以上的股东,其中一名股东可以担任监事。公司注册时,需提交监事的身份证明原件。

(8) 财务人员。公司进行税务登记时,需提交一名财务人员信息,包括身份证明复印件、会计上岗证复印件与照片。

(9) 公司法人代表。公司需设一名法人代表,法人代表可以是股东之一,也可以聘请。公司法定代表人需提供身份证明原件及照片。

思考与练习

1. 根据创业计划书为新企业选择合适的组织形式,并进行可行性分析。
2. 为你准备创办的企业及其产品或服务起名。
3. 为你准备创办的企业编写相关文件,如合伙协议、公司章程、发起人协议。

第十章

新企业的孵化与商业伦理

第一节 新企业的孵化过程

一、新企业的成长路径

成长和发展是生命的永恒主题,企业从诞生之初就有追求成长和发展的内在冲动。企业生命周期理论构成了经济学和管理学对企业成长问题的最基本假设之一。企业在成长过程中会经历若干发展阶段,每个阶段均有相应的特点和驱动因素,这要求企业在各个方面不断变革,与其发展阶段相适应。

(一) 企业生命周期

生命周期理论是一种非常有用的工具,大多数生命周期理论认为企业一般要经历培育期、成长期、成熟期、衰退期几个阶段。然而,真实的情况要微妙得多,给那些真正理解这一过程的企业提供了更多的机会,企业能够更好地对未来可能发生的危机进行规避。

1. 培育期

初创企业处于培育期。这个阶段企业生存能力弱,抵抗力低,风险性高,很容易受到产业中原有企业的威胁。此时新创企业处于学习阶段,市场份额低,管理水平低,固定成本大,管理费用高,产品方向尚不稳定,企业波动较大,失败率也很高。这是一个产品创意转变为实际的、有效的产品和服务的时期。新创企业具有创新精神,一般情况下产品具有特色和竞争力。初创企业的成功,在很大程度上取决于创建初期的可行性分析,与市场预测和投资决策的关系很大。培育期重点需要解决企业的生存问题。

2. 成长期

在培育期生存下来的企业很快进入成长期,处于这一时期的企业称为成长企业。一般成长期分为两个时期:迅速成长期和稳步成长期。在这一阶段,企业年限和规模都在增长，企业全面成长，经济实力增强，市场份额逐步加大，竞争能力增大，已能在产业中立住脚跟，企业素质得到全面提高，创新能力也很强，企业已经形成了自己的配套产品。此阶段的主要特点在于，该企业在产业中已经成为"骨干企业"，是中型企业的延伸，但尚未发展为大企业。并不是所有中小企业都能进入稳定成长阶段，只有那些由优秀创业者领导、积极承担风险、开展创造性新事业活动的企业才有可能进入成长的快车道。

3. 成熟期

考察企业的演变史，能够发现进入成长期的企业本来为数不多，而能够成长为成熟企业并得以留存的则更是凤毛麟角，许多企业在成长过程中已经被淘汰。这一时期分为两个阶段。第一个阶段称为成熟前期，即骨干企业向大型企业或较大型企业的演变和发展时期，企业内部大多还是单一单位，但已建立起庞大的采购和销售组织，此时的企业前后延伸取得了原料采购和产品销售的控制权，企业经济效益很高，具有较强的生存能力。第二个阶段称为成熟后期或蜕变期，是大企业向现代巨型公司或超大企业演变的重要时期，此时已经走向内部单位的多元化和集团化，能够更有效地进行日常的产品流程的协调和未来资源的分配，从而促进了企业的低速持续成长，并造成了管理工作的职业化。此时企业会出现各种各样的问题，如增长缓慢、效益下降、成本上升、士气受到影响、官僚主义加剧等。

4. 衰退期

成熟期的企业如果未实现后期成熟化或蜕变演变，则进入衰退期。存在两种情况的衰退，一方面是受到产业寿命周期的影响，如果该产业已到了衰退期，自然影响到企业，使企业跟着衰退；另一方面可能是该企业患了衰退症。处于衰退期的企业大多是大企业，很容易患"大企业病"，主要表现在官职增多、官僚主义横行、妨碍联系的本位主义、企业家精神的泯灭、部门之间责任的推诿、士气低落、满足现状、应变能力下降等。

（二）新企业成长驱动因素

企业度过创业期后，随着产品和服务逐步被市场和消费者认可，销售收入不断增加，规模不断扩张，出现了非常强烈的成长冲动。从内部看，一方面是因为企业想追求更多的利润，另一方面是因为创业者渴望权力，这些都促进了企业成长。从外部看，市场对产品产生需求，技术要求扩大规模，或者某项新发明创造出新市场都可能促进企业成长。因此，企业成长的推动力量可概括为企业家、产业与市场以及组织资源三方面。

1. 企业家的成长欲望和能力

企业家具有强烈的成长欲望和对工作充满激情、勇于向环境挑战的能力以及识别和把握机会的能力。正是这些能力使得企业家能够把经济资源从生产率较低、产量较小的领域转到生产率较高、产量更大的领域。这些能力是企业实现快速成长最关键和最基本的因素。

企业家具有很大的成长欲望，所以在产品投入市场赢得了一定的利润后，企业家一般不以达到个人满意的生活水平和享受利润所带来的好处为目标，而是利用利润进行再投资，以期成为所在行业的大企业挑战的高速发展企业。企业通过向主要客户销售大量产品而与顾客一道成长，通过改变顾客和产品进一步扩大销售额，及时地通过建立分支机构实现成长。企业在开拓市场的过程中，需要大量的资金，企业家为了实现快速成长，愿意通过出售股份融资，这为进一步扩张奠定了基础。工作激情使企业家在实现企业目标时更加坚决、乐观和持之以恒，这不仅深深激发了员工的工作热情，而且使其他企业认为不能实现的事情在企业家型中小企业得以实现。

企业家勇于向环境挑战而不是被动地适应环境，他们面对激烈动荡的环境，更加关注的是机遇而不是威胁。企业家有做事情的责任和主动权，有责任感，不是让情况决定他们的行动，而是更多地为改变他们的情况而行动。企业家擅长识别和追求机会的能力使企业具有创新优势，创新使企业能够赢得快速成长的机会。企业家能非常快地将识别到的机会付诸实践，对其将要进入的领域非常了解，能够找到发展的模式，也有信心找到实现模式所缺的资源。从观察来看，创新的成功与资源的投入规模没有关系。通常，企业家利用最低或最有限的资源追求机会。斯蒂文森认为企业家所追求到的机会超过他们所控制的有限资源的这种能力是企业家能力之一。

2. 产业与市场因素

进入威胁、替代威胁、买方竞价力、供方竞价力和行业内企业间的竞争这五种作用力共同决定产业竞争的强度以及产业利润率。企业在快速成长的最初阶段，其产品往往处于产品生命周期的导入期和成长期，进入威胁和替代威胁较小。行业中的其他小企业由于缺乏创新精神、一味地被动适应环境，信息相对闭塞，资源相对匮乏，往往对新的业务视而不见。此时，行业内部的大企业总是因为市场"太小"而拒绝开发新涌现业务的产品和服务，所以，新的企业可赢得稳固的市场地位。当然，这也是中小企业之所以存在的基础之一。无疑，竞争对手较少，良好的市场情况为企业实现销售额快速增加创造了机会。新产品具有良好的吸引顾客的潜力，虽然最初顾客对新产品不了解，但企业对于区域市场比较熟悉，往往易于打开局面。在巨大的市场需求的牵引下，企业的主要任务是进行批量生产，不必投入过多的市场开发费用，产品的价格相对较高，能够获取高利润，企业自身的规模相对较小，易于实现超速成长。

3. 组织资源

在一定程度上，成长欲望的实现取决于企业所控制和能够利用的资源。在这里，组织资源被广义定义为员工、财务资源、厂房设备、技术能力、组织结构。组织资源决定支持组织成长的能力，如果组织不拥有支持成长战略所需的资源，即使企业家的成长欲望很高，实现的销售额也可能很低。员工、集权的组织结构、财务资源和技术资源对企业的快速成长起着积极的促进作用。例如，在财务资源方面，企业产品的销售价格相对较高，利润较高，在一定程度上能够满足成长的资金需求。此外，银行看好企业的发展前景，愿意提供贷款，且企业家愿意通过出售股份融资，赢得更多的资金，适应企业的扩张。这些资金来源能够支持企业成长所需的资金高投入。

二、企业与孵化载体的关系

（一）孵化载体

创新、创业、创意即"三创"，"三创"孵化载体是指聚集科技创新、创业、创意企业、研发机构、商务服务机构，集成技术、人才、资金等要素，联合官、产、学、研、介，开展技术研发、成果转化、企业（项目）孵化的聚集体，集专家公寓，休闲、商业中心、中介，体育、文化、教育设施以及绿化等配套设施于一地，成为科技创新、创业、创意人才开展研发、试验、中试及生活的聚集地。创新载体主要是指聚集为科技创新提供服务的公共服务平台、各类专业技术服务平台和科研机构、企业研发中心、工程技术中心等研发机构的载体；创业载体（孵化器）主要是指聚集科技型创业企业以及促进成果转化、孵化的载体；创意载体是指聚集以创意产业为支柱的现代科技服务业的载体。

随着国家"大众创业、万众创新"战略的深入实施，各级各类创新、创业、创意孵化载体如雨后春笋般蓬勃发展。例如，科技部门建设有科技企业孵化器、国家大学科技园、众创空间、专业化众创空间等，教育部门建设有大学生创业示范基地、高校实践育人创新创业基地、大学生创新创业实践示范基地等，发展和改革部门建设有"大众创业、万众创新"示范基地，人力资源和社会保障部门建设有创业孵化示范基地，商务部门建设有电子商务创业孵化基地，工业和信息化部门建设有小型微型企业创业创新示范基地，各级团委建设有青年创业示范基地，等等。这里重点介绍一下与高校和在校大学生创新、创业、创意结合较为紧密的众创空间。

（二）众创空间

技术的进步、社会的发展，推动了科技创新模式的嬗变。传统的以技术发展为导向、科研人员为主体、实验室为载体的科技创新活动正转向以用户为中心、以社会实践为舞台、以共同创新和开放创新为特点的用户参与的创新2.0模式。为了应对信息、通信技术发展以及知识社会来临的机遇与挑战，不少国家和地区都在对以用户参与为中心的创新2.0模式进行探索。2015年1月4日，因为国务院总理李克强的关注，"创客"进入大众视野，并被赋予了代表创新前沿的标签。在视察深圳的过程中，李克强特意强调"大众创业、万众创新"，建议科研机构不要闭门造车，要学习民间创新，聆听市场需求。2015年1月28日，国务院总理李克强主持召开国务院常务会议，部署加快铁路、核电、建材生产线等中国装备"走出去"，推进国际产能合作，提升合作层次；确定支持发展众创空间的政策措施，为创业创新搭建新平台。简单来说，众创空间＝创客空间＋创业孵化器，帮助有好项目的创客走向创业！

众创空间是顺应创新2.0时代用户创新、大众创新，开放创新趋势，把握互联网环境下创新创业特点和需求，通过市场化机制、专业化服务和资本化途径构建的低成本、便利化、全要素、开放式的新型创业服务平台的统称。发展众创空间要充分发挥社会力量作用，有效利用国家自主创新示范区、国家高新区、科技企业孵化器、高校和科研院所的有利条件，着力发挥政策集成效应，实现创新与创业相结合、线上与线下相结合、孵化与投资相结合，为创业者提供良好的工作空间、网络空间、社交空间和资源共享空间。

众创空间与传统企业孵化器相比有以下不同。传统企业孵化器一般应具备四个基本特征：一是有孵化场地，二是有公共设施，三是能提供孵化服务，四是面向特定的服务对象——新创办的科技型中小企业；众创空间等创新型企业孵化器形成了平台型企业孵化器、创业咖啡、创业媒体、创业社区等孵化形态，共同构成市场化、专业化、集成化、网络化的众创空间。

纵观国内市场上形态各异的创新型孵化器，北京清科研究中心大致将其归为以下六种模式。

模式一：企业平台型。

企业平台型孵化器是指基于企业现有先进技术资源，通过技术扶持，衬以企业庞大的产业资源，为创业者提供高效便捷的创新创业服务。该类孵化器的主导者通常为大型科技企业，它们拥有雄厚的资金实力，前期不追求初创企业为孵化器营利，而着眼于鼓励创业者在其现有先进技术平台上实现突破，实现创新，目标是未来能为孵化器主导者带来新模式，为上游企业带来新技术。而主导企业在孵化器中亦可寻觅有助于打造未来新型业务模式的潜力股，优先获得创新资源，为主导企业实现突破。现阶段，如中国移动、中国电信、中国联通、百度、腾讯、京东等科技型企业都已着手建立旗下孵化器，吸引了大批创业者加入。

模式二："天使+孵化"型。

"天使+孵化"型孵化器主要效仿美国等发达国家孵化器的成功模式。该类孵化器通常由民间资本或教育类机构，如各大创投机构或高校主导，为创业者引进成功创业者。大型企业高管或创业投资人等具有丰富行业或创业经验的人士作为导师，传授创业者运营管理、产品设计、发展策略等经验，意在预估创业障碍，降低创业风险，提升投资成功率，为创业者和投资人实现双赢。该类孵化器对项目的筛选倾向于具有创新科技或创新服务模式的企业，入孵后对看好的企业会进行天使投资，并在毕业后的后续融资中退出，实现股权溢价。该模式下较典型的孵化器包括创新工场、启迪之星、洪泰创新空间、联想之星等。

模式三：开放空间型。

开放空间型孵化器的孵化模式在孵化器1.0的基础上进行了全面的包装和完善，更注重服务质量和品牌效应，致力于打造创业生态圈。该类孵化器为创业者提供基础的办公空间，并以工位计算收取低廉的租金，同时提供共享办公设备及空间。孵化器会定期邀请创业导师来举办沙龙或讲座为创业者答疑解惑，指点迷津。在资金支持方面，该类孵化器虽不提供创业投资基金，但与各个创投机构保持着非常密切的联系，有的甚至邀请创投机构长期驻场，以便节省创业者的时间，提高融资效率。当下为了打造独具特色的孵化器品牌，该类孵化器正积极营造创业生态圈，为创业者提供一个积极交流的氛围。例如，在某一创业项目落地时，共同办公的创业者们互相成了第一批用户，给予帮助和意见，实现快速试错。为了避免同行恶性竞争，该类孵化器也会有意避免将类似的创业项目安排在同一办公空间下。当前如车库咖啡、3WCoffee、科技寺等都已成功孵化了大批的创业项目。

模式四：媒体依托型。

媒体依托型孵化器是指依托自身庞大的媒介平台，以为创业者提供多维度宣传为亮点，同时凭借对创业环境以及科技型企业的长期跟踪报道而积累的经验对创业者提供扶持帮助的孵化器。现阶段较成功的包括创业邦旗下孵化器 BangCamp 和 36 氪旗下孵化器氪空间等。他们通过成熟的媒体平台为创业项目在极短的时间内造势，吸引眼球，扩大用户群，同时对接各路投资人，形成线上至线下的一种约谈及投资模式。

模式五：新型地产型。

新型地产型孵化器诞生的时间不长，模式较单一，靠出租办公位，并且提供共享办公设备、网络以及出租办公空间为盈利模式。这类孵化器的主导机构一般都为大型地产商。然而在创业产业链条当中，房产服务处于最底层、最基础的位置。从地产商的角度出发，当下产业地产过剩严重已然是业内人士的一大压力，另外有数据统计显示北京全市商业地产整体空置率快速上升，2014 年同比增加 10.6%，与 2013 年同比增加 3.1%，形成明显对比。因此房地产开发企业被地产严重供过于求而拖累，不得不转型探索新模式，而在国家大力鼓励创新创业的政策下，地产商背景孵化器的专业性仍处于摸索阶段。

模式六：垂直产业型。

垂直产业型孵化器指针对某一产业进行定向孵化，提供现有先进产业技术，同时提供孵化基金帮助特定领域创业者将技术落地，实现产业化发展。该类孵化器一般由政府或产业协会主导，招揽特定行业创业者，同样依托庞大的人脉以及行业资源提供除资金和技术以外的增值服务。这类孵化器能够扎实地把具有地方特色或带有政府倾向性的产业扎实地发展起来，营造出品牌性的产业氛围。加之政府做引导与专业股权投资基金合作，从而使政府实现资金回报，产业实现实质性飞跃，真正实现政府的战略引导、专业公司的运营、龙头公司的带动、公共平台的支撑，聚集产业链各个环节的核心企业，健全产业创新生态系统，完成新标准创制、新业态孵化、新领军企业培育的功能要求。现在我国正大力发展产业基金＋专业技术平台型孵化器，如北京中关村和亦庄、重庆市江津区双福新区、上海市市北高新技术服务业园区等的多个云计算产业孵化器和专注网页游戏的石谷轻文化产业孵育基地等。

（三）孵化载体的作用

2017 年 5 月，科技部火炬中心发布了全国创新创业孵化载体地图。从 1987 年第一家科技企业孵化器在中国诞生起，中国孵化器从无到有、从小到大，建立了中国特色的科技创业孵化体系，目前数量和规模均跃居世界首位。

1987 年全国只有 2 家科技企业孵化器，到 2016 年年底达到了 3255 家，呈高速增长态势。第一个十年里,全国总共建成孵化器不足百家;到了第二个十年,全国孵化器总数超过 500 家;而到第三个十年,受国家经济发展及双创战略的推动,全国孵化器总数达到了 3255 家,尤其是近 3 年间全国新建成孵化器 1787 家,超过 30 年建成的孵化器总量的一半。其中,国家级创业孵化器数量从 2000 年的 48 家到 2016 年的 863 家,总体呈现快速上升的发展态势。

在数量上有所突破的同时,双创载体的服务能力也随之提升。截至 2016 年年底,全国纳入火炬计划的众创空间有 4298 家,科技企业孵化器有 3255 家,企业加速器有 400 余家,三者共同形成有序的创业服务生态。从众创空间所提供的主要服务种类数据看,超过 90% 的众创空间在提供办公场地的同时,还为入驻的新创企业提供创业教育培训、创业导师服务、创业投融资服务、技术创新服务、政策落实、创新创业活动等创业能力提升服务,近半的众创空间还为企业提供国际合作机会,全方位促进入驻创业企业健康发展,增加创业成功概率。

孵化器和众创空间在全国范围内的高速发展,带动了各地双创氛围和相关产业的快速发展,成为吸纳和培养人才、创造社会就业的载体。据统计,纳入火炬计划的众创空间内有 48% 的创业企业是大学生创业团队,位居首位,其次是科技人员创业、连续创业和大企业高管离职创业,分别占 22%、16% 和 8% 的比例,另外还吸引了超过 5000 个留学归国创业项目和海外入驻项目,共占总体的 12%。

截至 2016 年年底,纳入火炬计划的孵化器和众创空间共服务科技型创业团队和初创企业近 40 万家,带动就业超过 200 万人,拥有各类有效知识产权 22.3 万项,累计培育上市、挂牌企业 1800 余家,实现了创新、创业、就业的有机结合与良性循环。

拓展阅读

2016 年度河南省众创空间备案名单

河南省科技厅公布省级众创空间大名单,融易众创空间等 60 家众创空间入围(见表 1),并被纳入省级科技孵化器服务和管理体系。2016 年 12 月 26 日,河南省科技网上发布通知,为贯彻落实国家和省委、省政府关于推进"大众创业、万众创新"的精神,按照《河南省发展众创空间工作指引》和《关于开展 2016 年度河南省众创空间备案工作的通知》有关要求,经主管单位推荐、专家评审、现场考察、网上公示等程序,经研究,同意融易众创空间等 60 家单位备案为河南省众创空间,同时纳入省级科技企业孵化器服务和管理体系。

60 家单位备案为河南省众创空间,将会进一步提升众创空间发展水平和服务能力,激发创新创业活力,为打造经济发展新引擎提供创新原动力。

据悉,融易众创空间在河南省郑州市高新区创业中心成立以来,迅速成为河南省创业者的聚集地,包括创业咖啡、创业大讲堂、创客教育、创业基金。融易众创空间相关负责人表示,这标志着融易众创空间等 60 家单位进入创新创业服务的高速发展通道。

创新创业教育基础

表1 2016年度河南省众创空间备案名单

序号	空间名称	法人单位名称	主管单位
1	第四象界众创空间	河南省第四象界企业孵化器有限公司	郑州市科技局
2	U创空间	河南省留学创业投资有限公司	郑州市科技局
3	河南优创实验室	郑州分享信息技术有限责任公司	郑州市科技局
4	yes！众创空间	郑州采知企业孵化器有限公司	郑州市科技局
5	河南省电子商务创业孵化基地众创空间	郑州师范学院（河南）资产经营有限公司	郑州市科技局
6	中以科技城众创空间	河南中以科技城有限公司	郑州市科技局
7	聚方众创空间	河南聚方创业孵化器有限公司	郑州市科技局
8	中原智谷	荥阳市中原智谷科技园发展有限公司	郑州市科技局
9	凯立达元通众创空间	郑州凯立达众创科技有限公司	郑州市科技局
10	MicroWork微创客	河南橙石网络科技有限公司	郑州市科技局
11	联合办公	河南联合办公服务有限公司	郑州市科技局
12	郑州启迪众创空间	郑州启迪科技园发展有限公司	郑州市科技局
13	融易众创空间	河南高新众创空间有限公司	郑州市高新区
14	云投小镇众创空间	河南云投小镇创业孵化器有限公司	郑州市高新区
15	郑州北软TITA众创空间	郑州北软科技服务有限公司	郑州市高新区
16	星火众创空间	郑州星火众创网络信息有限公司	郑州市高新区
17	科斗创客空间	郑州科斗创客科技有限公司	郑州市高新区
18	郑州爱创客众创空间	河南中航联创科技有限公司	郑州市高新区
19	台科创酷众创空间	郑州台科创业孵化器有限公司	郑州市航空港区
20	万宝众创空间	河南众创科技有限公司	开封市科技局
21	开封花石智慧万创园众创空间	开封市花石万创园科技有限公司	开封市科技局
22	博艺文化众创空间	博艺（洛阳）文化众创空间有限公司	洛阳市科技局
23	ITC众创空间	洛阳菁客网络科技有限公司	洛阳市科技局
24	L+创客空间	洛阳联加创客空间创业服务有限公司	洛阳市高新区
25	洛阳北航科技园TITA众创空间	洛阳京航星空科技服务有限公司	洛阳市高新区
26	平顶山高新区众创空间	河南省平顶山高新技术创业服务中心	平顶山市高新区
27	安阳高新区众创空间	安阳高新技术创业服务中心	安阳市高新区

续表

序号	空间名称	法人单位名称	主管单位
28	星源众创空间	河南世纪网络科技有限公司	安阳市高新区
29	鬼谷子创客空间	鹤壁高新区高新技术企业培育服务中心	鹤壁市科技局
30	新乡电子商务园众创空间	新乡高新电子商务产业园发展有限公司	新乡市高新区
31	焦作总部新城创客空间	焦作众创空间科技孵化有限公司	焦作市科技局
32	河南云台山创新创业众创空间	修武县创新谷科技孵化园有限公司	焦作市科技局
33	河南濮阳电子商务产业园众创空间	河南濮阳电子商务产业园管理有限公司	濮阳市科技局
34	3D众创空间	许昌三迪创客商务服务有限公司	许昌市科技局
35	顶尚众创空间	许昌市芙蓉湖商务发展有限公司	许昌市科技局
36	漯河客汇众创空间	漯河客汇众创空间管理有限公司	漯河市科技局
37	Yes！众创空间	漯河采知企业孵化器有限公司	漯河市科技局
38	南阳众创空间	河南楚汉科技孵化器服务有限公司	南阳市科技局
39	桐柏今达众创空间	桐柏今达科技孵化园有限公司	南阳市科技局
40	内乡县众创空间	南阳寅兴电子商务科技有限公司	南阳市科技局
41	U+众创空间	商丘友家众创空间有限公司	商丘市科技局
42	三元远红外环保科技众创空间	河南三元光电科技有限公司	信阳市科技局
43	正念众创空间	周口正念创业孵化器有限公司	周口市科技局
44	万洋众创空间	河南丹成科技有限公司	周口市科技局
45	西平县众阳众创空间	西平县众阳众创空间有限公司	驻马店市科技局
46	卧龙众创空间	南阳师院劳动服务公司	河南省教育厅
47	许昌学院颍川众创空间	许昌学院创新创业发展有限责任公司	河南省教育厅
48	河南工大众创空间	河南工业大学大学科技园公司	河南省教育厅
49	郑州财经学院众创空间	郑州经贸职业学院（郑州）科技园有限公司	河南省教育厅
50	洛阳师范学院启梦众创空间	洛阳兴梦科技有限公司	河南省教育厅
51	开封大学众创空间	开封开达商业经营管理有限公司	河南省教育厅

续表

序号	空间名称	法人单位名称	主管单位
52	菜鸟创客众创空间	河南城建学院菜鸟创客众创空间有限公司	河南省教育厅
53	黄河之星众创空间	开封市黄河之星创业孵化器有限公司	河南省教育厅
54	YOUNG 创谷众创空间	商丘师范学院资产经营管理有限公司	河南省教育厅
55	安师众创空间	河南易鼎企业管理咨询有限公司	河南省教育厅
56	河南中医药大学众创空间	河南河中健康管理有限公司	河南省教育厅
57	星空众创空间	郑州轻院资产管理有限公司	河南省教育厅
58	华水众创空间	河南华水众创空间有限公司	河南省教育厅
59	郑州大学大学科技园众创空间	郑州大学科技园有限公司	河南省教育厅
60	百年汇众创空间	河南百年汇企业孵化器有限公司	河南省教育厅

资料来源：映象网

第二节 创业的基本模式

每个创业活动本身都是一个机会、资源、团队的独特创新整合的过程。但是，俗话说，"他山之石，可以攻玉"，了解常见的创业模式，对大学生创业者获取创业机会和整合创业资源都是非常有意义的。创业的基本模式主要有创办新企业、收购现有企业、依附创业、SOHO（家庭、小型）创业、兼职创业等。

一、创办新企业

创办新企业是创业的典型模式，即将创意发展为高成长性企业。与其他创业模式相比，创办新企业所面临的工作要更多一些。例如，创办新企业要经过工商注册登记，为企业选择合适的形式（个人独资、合伙等）、地址，组建管理团队，办理税务登记等。但同时，拥有自己企业的成就感是其他创业模式所无法比拟的。另外，创办新企业没有人员、债务的包袱，创业者可以轻装上阵。

二、收购现有企业

收购现有企业是目前常见的创业模式之一，但不是普通大学生可以选择的创业模式。收购创业包括两种方式：一是接手别人的企业（或生意），二是收购企业后对其进行重组、转卖。收购现有企业之前，当然要对收购企业进行全面评估，彻底了解收购带来的负面影响，如资产负债高、资金缺乏、商誉不佳、产品利润率低等不利因素。如果你有办法控制或降低这些风险和扭转其经营局面，有把握改善收购企业的经营局面或通过业务转型实现超常的发展，或者发现了其资产的价值空间，就可以进行收购。

三、依附创业

依附创业包括特许经营、代理经销等，是创业模式中内容最丰富的一种。这种创业模式不需要创业者去开发创意和产品，创业者需要关注的是市场营销问题。

（一）特许经营

特许经营是指特许人将自己所拥有的商标（包括服务商标）、商号、产品、专利（专有）和专有技术、经营模式等以合同的形式授予被特许人使用，被特许人按合同规定，在特许人统一的业务模式下从事经营活动，并向特许人支付相应的费用。

1. 特许经营的类型

特许经营主要有以下三种类型。

一是生产特许。该类加盟商要自己投资建厂，使用盟主的专利、技术、设计标准等加工或制造取得特许权的产品，然后向批发商或零售商出售，加盟商不与最终用户（消费者）直接联系，如可口可乐的灌装厂、百事流行鞋等。

二是产品和品牌特许。在该类特许经营中，加盟商要使用盟主的品牌和有效的销售方法来批发、销售盟主的产品，加盟商仍保持其原有企业的商号，单一地或在销售其他商品的同时销售盟主生产并取得商标所有权的产品。此类型中的被特许人通常属于零售商一级，主要流行于汽车销售、汽车加油站、自行车、电器产品、化妆品及珠宝首饰等行业。

三是经营模式特许。该类特许经营的主要特征是：加盟商有权使用盟主的商标、商号名称、企业标识及广告宣传，完全按照盟主的模式来经营；加盟商在公众中完全以盟主企业的形象出现，盟主对加盟商的内部管理、市场营销等方面具有很强的控制力。该类特许经营逐渐成为当今主导的模式，它集中体现了特许经营的优势，目前在很多行业迅速推广，如快餐食品（如麦当劳、肯德基、马兰拉面、好利来等）、旅店、汽车租赁等服务性行业。

以上三种特许经营类型的比较如表 10-1 所示。

表 10-1　三种特许经营类型的比较

特许内容	生产特许	产品和品牌特许	经营模式特许
授权主要内容	商标/标志、专利、生产技术、产品生产权、产品分销权	商标/标志、产品分销权	经营模式、单店VIS（视觉识别系统）、单店运营管理系统、产品分销权
特许人特征	强势品牌、专利和专有技术特有者	品牌制造商	拥有全面自主知识产权的企业
特许人战略控制	专利、专有技术、原材料等	货源、价格	全面统一管理：品牌、经营计划、选址、VIS、配送、促销、价格、管理制度、培训等
加盟商获利来源	生产利润、分销利润	分销或零售领域	服务利润、零售利润和财务利润
主要应用领域	生产制造	商品流通	服务领域、商品流通领域

2. 特许经营成功的关键

特许经营成功的关键，即标准化（Standardization）、专业化（Specialization）和简单化（Simplification），可简称为3S原则。3S原则是特许经营的基本原则，因为特许经营的本质是工业产权或知识产权的转让，而3S原则的执行正是由于这种转让使双方都能获取最大效用。

标准化：是为了利于特许经营模式的复制，利于经营体系的关联和控制或保持整个体系的一致性，这是特许经营的优势和竞争力之一。其意思就是指特许人对其业务运作的各个方面，包括流程、步骤、外在形象等方面，经过长期摸索或谨慎设计之后提炼出的，并能够随着特许经营网络的铺展而适应各个地区加盟店的一套全体系一致的模式。

专业化：是指特许经营体系各个基本组成部分的总体分工专业。特许经营网络为了保障这个可能很庞大的体系的良性运转，必须把不同的职能交给不同的部分来完成，然后各个部分有机协调、合作，这样才能使特许经营体系成为一个具有自我发展和良好的适应外部环境的能力的有机整体。

简单化：是指作业流程简单化、作业岗位活动简单化，由此可以使员工节省精力，提高工作效率，以最少的时间和体力支出获得最大的效益。在管理实践中，特许人一般都会对作业流程和岗位工作中的每一个细节进行深入研究，并通过手册归纳出来。例如，麦当劳手册中甚至详细规定了奶昔员应当怎样拿杯子、开机、灌装奶昔直到售出的所有程序，使其所有员工都能依照手册的规定去操作，即使新手也可以依照最有章法的工作程序迅速解决操作问题。

3. 特许经营的步骤

特许经营创业的成功与特许经营企业（盟主）的品牌和支持密切相关，加盟商可以通过以下三个步骤来进行特许经营模式的创业。

（1）选择行业。

加盟商加盟时要选择自己熟悉的领域，或者至少是自己感兴趣的领域。加盟商多是中小投资者，本身有一定的资金压力，要根据自己期望的资金回报率来选择行业。不同行业都有自身的特点。例如，餐饮业的毛利高、分类较细，其中火锅、快餐相对容易复制，中西式正餐较复杂，也多以直营为主；教育类服务的口碑、所在店址的辐射区域都会决定经营状况，以服务为主导，对教师的要求很高；美体健身业的装修、器械成本高，多采取预收款办卡制，资金回笼问题不大，但不同商家的服务同质性较强。

（2）选择盟主。

加盟商可以从以下几个方面对盟主进行考察：看直营店，特许经营意味着盟主和加盟商有一起把店开好的能力，好的品牌一定是直营先做强再做大；看店的统一性，如视觉识别系统、陈列、面积、服务态度等；看二次加盟商的数量和比例，这些人之所以开第二家、第三家店，是因为第一家店能够赢利，所以重复加盟体现了可复制性；看同店增长率，是否推出新产品，具有让老店继续赢利的能力；看特许经营合同，合同越厚越好，越薄越麻烦；看对方有几个品牌，最好选择单一品牌专注经营的，多品牌经营很难做大，有些骗子就是用多品牌运作的。

（3）维护好双方关系。

加盟意味着双方要维持长久的关系，要有协议对经营的各方面进行详尽约定，协议越完整越好，因为可以对各种情况加以明确，避免日后可能产生的纠纷。加盟商要使用盟主的特许经营资源、商标、形象，要有维护品牌的意识，要认同总部的经营理念，遵循总部的规章，但也可以有所创新，经过总部同意，可以根据当地的情况做一些有特色的服务或宣传。

7-11 便利店

7-11 便利店是世界上最大的便利店特许经营组织。在深圳，该公司自 1992 年起，就开始以自营的方式开展业务，并以出售区域特许权的方式在中国开展特许业务。

1. 为分店着想的特许制度

7-11 便利店的店铺营业面积按总部统一规定，基本上为 100 平方米。商店的商品构成为：食品 75 占%，杂志、日用品占 25%。商店的商圈为 300 米，经营品种达 300 种，商品都是比较畅销的商品。另外，总部每月要向分店推荐 80 个新品种，使经营的品种经常更换，能给顾客以新鲜感。商店内部的陈列布局由总部统一规定、设计。

7-11 便利店成功的特许制度包括以下内容。

（1）培训受许人及其员工。7-11 公司为了使受许人适应最初的经营，消除他们的不安和疑虑，在新的特许分店开业之前，对受许人进行课堂训练和商店训练，使其掌握 POS（销售终端）系统的使用方法、接待顾客的技巧、商店的经营技术等。另外，总部还应分店店主的要求，为提高员工、临时工的业务经营能力，围绕商店营运和商品管理、接待顾客等内容，集中进行短期的基础培训。

（2）合理进行利润分配。毛利分配的原则是：总部将毛利额的57%分给24小时营业分店（16小时营业的为35%），其余为总部所得。商店开业5年后，根据经营的实际情况，还可以按成绩增加1%～3%，对分店实行奖励。如果毛利率达不到预定计划，分店可以得到一个最低限度的毛利额，保证其收入。

（3）给予多项指导。总部对分店进行开业前的市场调查工作，并从经营技巧培训、人才的招募与选拔、设备采购、配货等方面对分店给予支持。总部还指导分店的日常经营、财会事务等工作。总部还负责向分店提供各种现代化的信息设备及材料。

2. 加入7-11体系的程序

（1）公司接待潜在受许人。负责接待的总部人员为了能使来访者成为受许人，向他们仔细介绍公司特许权的情况，并与之认真协商。

（2）介绍7-11便利店的详细情况。具体情况包括：调查店址，为确定能否作为分店经营场所，总部要进行商圈、市场等方面的详尽调查，并将搜集的数据认真加以分析、研究；说明特许合同的内容，就特许权的各项内容和规定逐条解释说明；签订特许合同，在申请人充分研究了业务内容和合同内容并决定加入后，正式签订合同。

（3）商圈的设计与装修。设计部门在详细研究了经营对策后，设计商店装修方案。

（4）签订建筑承包合同。商店设计完成后，总部负责介绍建筑施工公司，并负责签订建筑承包合同，同时协助进行融资。

（5）准备开业。在施工的同时，订购各种设备和柜台，并进行店内布局设计和促销准备工作。

（6）店主培训。就开业所必需的准备事项、计算机系统的操作管理、商店运营技巧等，对店主进行培训指导，使其真正掌握。

（7）开业前的商品进货及陈列。此时，总部有关人员亲临商店，选择供应商，提供进货信息，传授陈列技巧。

（8）交钥匙。在开业前一天，将分店的钥匙与竣工证书一同交给店主。

（9）开业。将开业的广告宣传品通过各种途径发放。

（10）开启信息系统。连通分店的计算机终端与总部的主机，指导和支持分店的运营。

（11）现场支持人员对各分店进行巡回指导，及时对巡回过程中发现的分店经营中可能出现的问题进行协助解决。

（二）代理经销

代理经销是常见的一种创业模式，创业者首先要理解代理商、经销商与分销商的基本概念。

代理商是代理厂家打理生意，由厂家授权在某地区经销某种产品的商户，但不需要买断厂家的产品。其对产品的销售价格无自主权，受厂家的约束较多，成为代理商的条件也比较苛刻（主要是要考虑代理商在当地的市场网络基础、经验与信誉等），但代理商并不承担产品无法售出的风险，甚至不需要很大的资金投入，所代理产品的所有权属于厂家。

经销商是经营某种产品的商户。其一般与厂家签订销售合同，预付一定的保证金（或货款的一部分甚至全部，具体可以谈判，进货价一般随着批量的增加而有所优惠），销售价格一般由经销商自己决定，厂家不直接干预价格的确定，也不对产品销售情况的好坏承担责任，不退货，最多只对质量有问题的产品予以退换，其余问题一概由经销商负责。经销商的利润来源于进销差价，风险较大，但利润空间也较大。

分销商是从代理商处分销产品的商户。其价格通常受经销商控制，不与厂家发生关系，所需的资金较少，风险相应小一些，但利润空间也较小。

代理商和经销商的区别主要在于是否从厂家购买产品，取得产品所有权。代理商是代理厂家进行销售，本身并不购买厂家的产品，也不享有该产品的所有权，其关系是厂家—代理商—消费者；而经销商从厂家购买产品，取得产品所有权，然后销售，其关系是厂家—经销商—消费者。随着市场经济的发展，现在市场上所称的代理商更多具备的是经销商的性质，还有一些属于二者的混合体，即有一定代理权的经销商。国外企业进入中国，往往会通过代理商来帮助其开发市场，而国内企业则多青睐于经销商。

拓展阅读

大学生创业者选择代理或经销产品应注意的问题

大学生创业者进行代理或经销创业的第一步在于选择有发展前景的产品，在选择产品时应注意以下问题。

（1）选择的厂家要有较强的研发能力和资源优势。这些背景有助于创业者深入了解该产品的技术含量及相应的宣传策略，也是赢得市场的根本保障，能够给创业者和消费者增加信心。

（2）产品最好是上市不久，属于起步阶段。因为这类产品新近推出，品牌知名度尚未打开，竞争对手还无暇顾及或未引起足够的重视，厂家对代理商的选择要求也不会很高，创业者运作的空间较大；而且作为一个上市新品，在市场推广的具体操作中也容易赢得厂家的关照和支持。

（3）卖点突出，差异化明显。在当前众多的同质化产品中，经销商所选择的产品要尽可能凸显个性，不要仅为了贪图抵扣率、大差价而迷失方向。很多行业的竞争都很激烈，如果选择的产品没什么特色，今后的市场运作将很困难。

（4）价位基本上在目标消费者能够接受的范围内。价位偏高，虽说经销商的利润空间增大，但市场推广慢，吸引不了更多的购买群体；相反，价格偏低，经销商自身面临的产品推广、终端运作、配送服务上的成本太高就会冲淡利润，因此合适的价位也是要考虑的重要因素。

（5）谨慎选择冷僻产品。如果选择跟风产品，前期可以规避一些市场风险，但获利空间随着竞争的日趋激烈将不断缩小，也难以产生品牌效应，产品运作的生命周期短。如果选择过于超前的高科技产品，虽然蕴含着巨大的产业前景，利润空间高，但相应推广的要求也高，市场培育期长，不太适宜于资源有限的创业型经销商或代理商。

四、SOHO 创业

SOHO 是 Small Office 和 Home Office 的缩写，就是"家居办公"的意思，特指那些在家办公的自由职业者，包括撰稿人、自由音乐人、画家、美编、职业玩家、网站设计人员、网络主持等。形象地说，SOHO 算是"个体户"在互联网时代的"升级版"。从事这一行业的人大多是 20~30 岁的年轻人，能熟练操作电脑，是当今时代的"新新人类"。对于大学生这个群体，我们强调的 SOHO 族是指基于互联网、按照自己的兴趣和爱好自由选择工作、不受时间和地点限制、不受发展空间限制的自由职业者。

SOHO 族分个人和团体两种。在新生代的 SOHO 族中，有的基于当事人个人独立接活并独立完成相关任务。这类 SOHO 族主要适合于那种比较注重独创性的业务和追求创意性和风格的独特个性。如自由撰稿人、音乐人、画家、平面设计师、自由摄影师等，可以认为是 Home Office 的代表。稍微高级一点的就是以所谓"工作室"的形式开展业务，几个志同道合的朋友相互合作，以便完成更复杂、要求更高一些的工作，如从事动画制作、简单的游戏制作、礼品配送、理财与投资顾问、幼儿教育、家政、商务代理、广告与音乐制作等业务，以及婚礼、联谊会、发布会、驴友俱乐部等的活动策划和项目策划，这些可以认为是 Small Office 的代表。二者在工作和生活方式上的差别并不十分严格，不同的人可以根据个人的特点、性格及能力，选择更适合自己的 SOHO 创业方式。

鉴于 SOHO 族的经济收入和社会地位，很多人把他们称为自由白领。他们同时也要面对和承受一些因此而产生的烦恼。在家工作，个人容易产生惰性，工作效率不高，并且少了同事间的情感互动、互相启发，个人的创造力也会大打折扣。没有公司与团队做后盾的 SOHO 人士注定要面对更多的压力，甚至可能出现"SOHO 综合征"，如头痛、头昏、失眠、工作效率下降、注意力不集中、记忆力减退、不愿与人交往等。因此，只有那些具有很强的自律性和毅力，并且身心健康的人才适合 SOHO 创业。

五、兼职创业

大学生兼职创业是指大学生不放弃或中断自己的大学学习，在课余时间从事创业活动的创业模式。这种模式要求大学生在不影响大学课程学习的同时进行创业，因此选取此种模式的创业者在创业活动中所涉及的行业,通常都是对创业者时间投入要求较灵活的行业。而创业者本人对于学习和创业的时间、精力安排必须合理,否则可能造成两头皆失的糟糕结果。

从大学生创业者的角度来看,选择此种模式主要有以下几个原因。

(1) 为大学学习服务,为了更好地完成大学的学习而开展创业活动。这通常可以归为两类:一是为了筹集学费而创业,二是为了锻炼自己的实践能力而创业。

(2) 降低创业的风险,即大学生创业者认为直接全时间创业的风险太高,保守起见,选择了兼职创业。

(3) 由于我国的大学生对于家庭存在很大的依赖,所以大学生在选择创业模式时,往往需要获得家庭的认可。

第三节 创办企业的法律与伦理问题

一、创办企业的法律问题

新企业创建时,创业者必须熟悉和掌握与新企业相关的法律知识,如《中华人民共和国知识产权法》《中华人民共和国劳动法》《中华人民共和国合同法》《中华人民共和国反不正当竞争法》《中华人民共和国产品质量法》等。法律、法规不仅对新企业具有约束作用,而且会给新企业的运营与发展以法律保护。遵纪守法的企业将赢得消费者的信任、供应商的合作、员工的信赖和政府的支持,甚至赢得竞争对手的尊重,也将为企业营造一个良好的生存发展空间。

(一)《中华人民共和国知识产权法》

知识产权是指人们对自己创造性的智力劳动成果所享有的民事权利,如著作权、专利权、商标专用权等。《中华人民共和国知识产权法》是调整知识产权的获取、利用和保护所涉及的社会关系的法律规范的总称。

1. 著作权与《中华人民共和国著作权法》

著作权也称版权,是指作者对其创作的文学、艺术和科学作品依法享有的权利。著作权包括发表权、署名权、修改权、保护作品完整权、复制权、发行权、出租权、展览权、表演权、放映权、广播权、信息网络传播权、摄制权、改编权、翻译权、汇编权及应当由著作权人享有的其他权利等。对著作权的保护是对作者原始工作的保护。

《中华人民共和国著作权法》是指国家制定或认可的,调整由文学、艺术和科学作品产生的社会关系的法律规范的总和。国务院著作权行政管理部门主管全国的著作权管理工作,各省、自治区、直辖市人民政府的著作权行政管理部门主管本行政区域的著作权管理工作。著作权人行使著作权，不得违反《中华人民共和国宪法》和法律，不得损害公共利益。国家对作品的出版、传播依法进行监督管理。

2. 专利权与《中华人民共和国专利法》

专利权是权利人对其获得专利的发明创造（发明、实用新型或外观设计），在法定期限内所享有的独占权或专有权。

《中华人民共和国专利法》是调整因发明创造的产生而引起的发明人与使用发明的人之间、发明人与其所属单位之间、发明人与发明人之间，在支配和使用该发明创造的问题上所产生的各种社会关系的行为规范，其实质是依照法律确认和保护发明创造的产权。

我国专利的类型有发明专利、实用新型专利和外观设计专利。申请发明或者实用新型专利的，应当提交请求书、说明书及其摘要和权利要求书等文件；申请外观设计专利的，应当提交请求书、该外观设计的图片或者照片及对该外观设计的简要说明等文件。发明专利权的期限为20年，实用新型专利权和外观设计专利权的期限为10年，均自申请日起计算。

3. 商标专用权与《中华人民共和国商标法》

商标是用以区别商品和服务不同来源的商业性标志，由文字、图形、字母、数字、三维标志、颜色组合、声音或者上述要素的组合构成。商标专用权是指商标主管机关依法授予商标所有人对其注册商标受国家法律保护的专有权。商标注册人拥有依法支配其注册商标并禁止他人侵害的权利，包括商标注册人对其注册商标的排他使用权、收益权、处分权、续展权和禁止他人侵害的权利。

《中华人民共和国商标法》是调整企业在商标注册与使用中出现各种问题的行为规范，规定了自然人、法人或者其他组织在生产经营活动中，对其商品或者服务需要取得商标专用权的，应当向商标局申请商标注册。法律、行政法规规定必须使用注册商标的商品，必须申请商标注册，未经核准注册的，不得在市场销售。注册商标的有效期为10年，自核准注册之日起计算。注册商标有效期满，需要继续使用的，商标注册人应当在期满前12个月内按照规定办理续展手续；在此期间未能办理的，可以给予6个月的宽展期。每次续展注册的有效期为10年，自该商标上一届有效期满次日起计算。期满未办理续展手续的，注销其注册商标。

不得作为商标使用与注册的标志

下列标志不得作为商标使用：

（1）同中华人民共和国的国家名称、国旗、国徽、国歌、军旗、军徽、军歌、勋章等相同或者近似的，以及同中央国家机关的名称、标志、所在地特定地点的名称或者标志性建筑物的名称、图形相同的；

（2）同外国的国家名称、国旗、国徽、军旗等相同或者近似的，但经该国政府同意的除外；

（3）同政府间国际组织的名称、旗帜、徽记等相同或者近似的，但经该组织同意或者不易误导公众的除外；

（4）与表明实施控制、予以保证的官方标志、检验印记相同或者近似的，但经授权的除外；

（5）同"红十字""红新月"的名称、标志相同或者近似的；

（6）带有民族歧视性的；

（7）带有欺骗性，容易使公众对商品的质量等特点或者产地产生误认的；

（8）有害于社会主义道德风尚或者有其他不良影响的。

县级以上行政区划的地名或者公众知晓的外国地名，不得作为商标。但是，地名具有其他含义或者作为集体商标、证明商标组成部分的除外；已经注册的使用地名的商标继续有效。

下列标志不得作为商标注册：

（1）仅有本商品的通用名称、图形、型号的；

（2）仅直接表示商品的质量、主要原料、功能、用途、重量、数量及其他特点的；

（3）其他缺乏显著特征的。

以三维标志申请注册商标的，仅由商品自身的性质产生的形状、为获得技术效果而需有的商品形状或者使商品具有实质性价值的形状，不得注册。

（二）《中华人民共和国劳动法》

《中华人民共和国劳动法》是为了完善劳动合同制度，明确劳动合同双方当事人的权利和义务，保护劳动者的合法权益，构建和发展和谐稳定的劳动关系而制定的法律。依法规范新企业与员工之间的劳动关系，对调动员工积极性、确保新企业创业成功具有重要意义。

2013年7月1日起施行的《中华人民共和国劳动法》对劳动合同的订立、劳动合同的履行和变更、劳动合同的解除和终止等内容做了规定。用人单位招用劳动者时，应当如实告知劳动者工作内容、工作条件、工作地点、职业危害、安全生产状况、劳动报酬，以及劳动者要求了解的其他情况；用人单位有权了解劳动者与劳动合同直接相关的基本情况，劳动者应当如实说明。建立劳动关系，应当订立书面劳动合同。劳动合同文本由用人单位和劳动者各执一份。

劳动合同应当具备以下条款：

（1）用人单位的名称、住所和法定代表人或者主要负责人；

（2）劳动者的姓名、住址和居民身份证或者其他有效身份证件号码；

（3）劳动合同期限；

（4）工作内容和工作地点；

（5）工作时间和休息休假；

（6）劳动报酬；

（7）社会保险；

（8）劳动保护、劳动条件和职业危害防护；

（9）法律法规规定应当纳入劳动合同的其他事项。

劳动合同除以上必备条款外，用人单位与劳动者可以约定试用期、培训、保守秘密、补充保险和福利待遇等其他事项。

劳动合同的解除

1. 劳动者可以解除劳动合同的情形

用人单位有下列情形之一的，劳动者可以解除劳动合同：

（1）未按照劳动合同约定提供劳动保护或者劳动条件的；

（2）未及时足额支付劳动报酬的；

（3）未依法为劳动者缴纳社会保险费的；

（4）用人单位的规章制度违反法律、法规的规定，损害劳动者权益的；

（5）以欺诈、胁迫的手段或者乘人之危，使劳动者在违背真实意思的情况下订立或者变更劳动合同而致使劳动合同无效的；

（6）法律、行政法规规定劳动者可以解除劳动合同的其他情形。

用人单位以暴力、威胁或者非法限制人身自由的手段强迫劳动者劳动的，或者用人单位违章指挥、强令劳动者冒险作业危及劳动者人身安全的，劳动者可以立即解除劳动合同，不需事先告知用人单位。

2. 用人单位可以解除劳动合同的情形

劳动者有下列情形之一的，用人单位可以解除劳动合同：

（1）在试用期间被证明不符合录用条件的；

（2）严重违反用人单位的规章制度的；

（3）严重失职，营私舞弊，给用人单位造成重大损害的；

（4）劳动者同时与其他用人单位建立劳动关系，对完成本单位的工作任务造成严重影响，或者经用人单位提出，拒不改正的；

（5）被依法追究刑事责任的。

（三）《中华人民共和国合同法》

《中华人民共和国合同法》是国家制定的调整平等主体之间合同关系的法律规范的总和，其立法目的是保护合同当事人的合法权益。创业者学习本法，有利于防止新企业盲目签约，防止与无签约资格、无履约能力或不讲信用的当事人签约；有利于确保合同内容的合法性与条款的完整性；有利于新企业获得合同纠纷的主动权。

《中华人民共和国合同法》对合同订立的主体资格与程序，合同效力的确认，合同履行规则与保全措施，合同的变更、转让与终止，合同违约责任与缔约过错责任，合同争议解决的途径等做了规定。新企业应建立与完善合同管理机构与制度。创业者应组织管理人员认真学习，对企业合同进行登记和归档，对合同的签订与履约进行监督与检查。

（四）《中华人民共和国反不正当竞争法》

不正当竞争是指经营者违反《中华人民共和国反不正当竞争法》规定，损害其他经营者的合法权益，扰乱社会经济秩序的行为。《中华人民共和国反不正当竞争法》是禁止以违反诚实信用原则或其他公认的商业道德的手段从事市场竞争行为而维护公平竞争秩序的一类法律规范的总称。

《中华人民共和国反不正当竞争法》规定了以下11种不正当竞争行为的具体表现形式。

（1）假冒他人的注册商标：擅自使用知名商品特有的名称、包装、装潢，或者使用与知名商品近似的名称、包装、装潢，造成和他人的知名商品相混淆，使购买者误认为是该知名商品；擅自使用他人的企业名称或者姓名，使人误认为是他人的商品；在商品上伪造或者冒用认证标志、名优标志等质量标志，伪造产地，对商品质量做引人误解的虚假表示。

（2）公用企业或者其他依法具有独占地位的经营者限定他人购买其指定的经营者的商品，以排挤其他经营者的公平竞争。

（3）政府及其所属部门滥用行政权力，限定他人购买其指定的经营者的商品，限制其他经营者正当的经营活动。

（4）经营者采用财物或者其他手段进行贿赂以销售或者购买商品。

（5）经营者利用广告或者其他方法，对商品的质量、制作成分、性能、用途、生产者、有效期限、产地等做引人误解的虚假宣传。

（6）通过不正当手段，违法获取、披露、使用或者允许他人使用其所掌握的商业秘密。

（7）以排挤竞争对手为目的，以低于成本的价格销售商品。

（8）销售商品时违背购买者的意愿搭售商品或者附加其他不合理的条件。

（9）采用谎称有奖或者故意让内定人员中奖的欺骗方式进行有奖销售；利用有奖销售的手段推销质次价高的商品；抽奖式的有奖销售，最高奖的金额超过5000元。

（10）捏造、散布虚伪事实，损害竞争对手的商业信誉、商品声誉。

（11）投标者串通投标，抬高标价或者压低标价。投标者和招标者相互勾结，以排挤竞争对手的公平竞争。

（五）《中华人民共和国产品质量法》

《中华人民共和国产品质量法》是调整在生产、流通及监督管理过程中，因产品质量而发生的各种经济关系的法律规范的总称。其立法目的是加强对产品质量的监督管理，提高产品质量水平，明确产品质量责任，保护消费者的合法权益，维护社会经济秩序。

根据《中华人民共和国产品质量法》的规定，生产者应当承担以下责任和义务：① 应当对其生产的产品质量负责；② 产品或者其包装上的标识必须真实，裸装的食品和其他根据产品的特点难以附加标识的裸装产品，可以不附加产品标识；③ 易碎、易燃、易爆、有毒、有腐蚀性、有放射性等的危险物品，以及储运中不能倒置和其他有特殊要求的产品，其包装质量必须符合相应要求，依照国家有关规定做出警示标志或者中文警示说明，标明储运注意事项；④ 不得生产国家明令淘汰的产品；⑤ 不得伪造产地，不得伪造或者冒用他人的厂名、厂址；⑥ 不得伪造或者冒用认证标志、名优标志等质量标志；⑦ 生产产品时不得掺杂、掺假，不得以假充真、以次充好，不得以不合格产品冒充合格产品。

销售者应当承担以下责任和义务：① 执行进货检查验收制度，验明产品合格证明和其他标识；② 采取措施，保证销售产品的质量；③ 不得销售国家明令淘汰并停止销售的产品和失效、变质的产品；④ 不得伪造产地，不得伪造或者冒用他人的厂名、厂址；⑤ 不得伪造或者冒用认证标志、名优标志等质量标志；⑥ 销售产品时不得掺杂、掺假，不得以假充真、以次充好，不得以不合格产品冒充合格产品。

因产品存在缺陷造成人身、缺陷产品以外的其他财产损害的，生产者应当承担赔偿责任。由于销售者的过错使产品存在缺陷，造成人身、他人财产损害的，销售者应当承担赔偿责任。销售者不能指明缺陷产品的生产者也不能指明缺陷产品的供货者的，销售者应当承担赔偿责任。

二、创办企业的伦理问题

管理学意义上的伦理一般也称为商业伦理，是指组织处理与外界关系、处理组织内部成员之间权利和义务的规则，以及在决策过程中所体现的人与人之间的关系和所应用的价值观念。新企业在遵守国家法律法规的同时，必须考虑商业伦理问题。

（一）企业伦理的作用

新企业用企业伦理规范企业内部员工之间、企业与社会之间、企业与环境之间的关系，将企业定位在追求经济效益和推动社会进步与和谐发展上，只有自觉维护广大消费者的权益，赢得社会公众对企业的信任，企业才能谋求自身的长远发展。

相反，新企业违反国家法律法规，无视企业伦理准则，不兼顾企业伦理与企业生存，不仅会给消费者和社会带来巨大危害，影响社会伦理风气，而且会极大地影响企业的声誉，甚至使企业陷入严重的危机之中。

（二）创建与经营新企业应注意的伦理问题

新企业应注意的伦理问题包括创业者与原雇主之间、创业者与创业团队之间、创业者与其他利益相关者之间的伦理问题。

1. 创业者与原雇主之间的伦理问题

创业者在创建新企业之前，在原雇主的企业当雇员，是原雇主企业经营管理团队中的一名成员。随着作为雇员身份的创业者创办企业愿望的驱动，以及自身素质与能力的不断提升，加之在日常企业经营中，创业者对原雇主企业所在行业产业特点的了解和掌握，产品营销、经营人脉等各种资源的不断积累，出于某种动机，创业者开始创办新企业。

此时，创业者由原来与雇主是利益共同体的关系转变成为竞争对手的关系，常会出现新企业创业者在未经原雇主允许的情况下，擅自使用原雇主的资源来弥补自己新企业资源不足的情形，如抢夺原雇主的供应商、带走原雇主团队成员、占用原雇主的营销渠道、借用原雇主企业的名义进行各种宣传等。这些行为都是不道德的，而且有悖商业伦理，情节严重的，创业者会因其行为违反相关法律法规和市场经济规则而受到惩罚。

2. 创业者与创业团队之间的伦理问题

新企业创业团队建设的目的在于成功地创办新企业，团队成员由为了共同目的、共享创业受益和共担创业风险的一群人组成，团队成员在团队成立初期往往处在新企业高层管理的位置上，会对企业重大问题决策产生影响，甚至会关系到企业的生存。

此时，创业者与团队成员之间常会出现的伦理问题有创业者不尊重创业团队成员的合法劳动，延迟发放或克扣团队成员的工资，随意延长团队成员工作时间且无报酬，不主动为团队成员办理社会保险等。以上问题的出现，有新企业因某种原因陷入困境的可能，更可能由创业者为片面追求企业的商业利益而牺牲道德价值观所致。

3. 创业者与其他利益相关者之间的伦理问题

其他利益相关者是指与新企业经营管理有直接或间接利益关系的组织或个体，如银行、供应商、投资商、企业员工、消费者、社区和政府等。新企业在创建过程中与各种利益相关者形成相互连带关系，常出现的伦理问题有不按时偿付供应商或其他债权人的账款、不能维护员工合法权益、内部交易、有意识传播企业虚假信息、偷税漏税、串通竞标、破坏社区生态环境等。以上问题不仅损害他人利益，而且也违背企业竞争的公平原则。

思考与练习

1. 根据你自身的情况选择适合自己的创业模式，并进行可行性分析。
2. 搜集三份与创办企业法律问题相关的案例，并从中分析创业者如何利用法律武器维护自己的权益。

附录　大学生创业实践案例

本部分，我们向大家介绍一些大学生创业案例，这其中既有成功的经验，也有挫折和教训。同学们创业千万不要盲目追随，一定要充分发挥自己的才智，打破传统，才有更多的机会。

一、扬州大学毕业生放弃高薪回乡创业　五百强白领当农场主

扬州大学 2012 届毕业生焦阳阳（见图 1）频繁到扬州大学机械学院，向导师询问各种农业机械方面的技术知识。这让不少老师感到奇怪，因为毕业后，焦阳阳就被一家世界五百强企业录取，并在两年后，顺利晋升为中层领导干部，他现在怎么开始关心农业知识了？

原来，焦阳阳已放弃了公司的高薪职位，辞职回到农村创业。如今的他通过网上销售大米，年利润达 30 万元，吸纳当地 40 人就业，被家乡海安县评为"最敢创业新青年"。

图 1　扬州大学毕业生焦阳阳

放弃高薪职位　世界五百强白领回农村创业

2012 年，焦阳阳从扬州大学毕业，通过层层筛选，顺利进入一家世界五百强企业工作。工作努力的他，在两年时间内就晋升为公司中层领导干部，工作环境不错，待遇也非常优厚。但每天朝九晚五与平淡无奇的日子让焦阳阳渐渐感到迷惘。

"那时候的感觉，就像是按轨道行驶的火车，永远知道在哪上站、下站，缺乏年轻人应该有的激情，对未来的生活，也渐渐失去了热情。"这个时候，焦阳阳想到了回家乡农村创业。

"我的父母都是农民,他们那辈人种田大部分都是人力劳作和靠天吃饭。记得上大学前,每年盛夏,我随妈妈背着几十斤重的药水桶在齐人高的庄稼地里治虫,由于天气炎热,常常是出去一次,回来时身上的衣服都湿透了。我在比利时出差时,看到那里有很多的家庭农场,它们都用自动化程度很高的机械设备运作。农场主依靠技术过得轻松又快乐。"焦阳阳说,他的梦想就是开办一家这样的农场。

然而,这个决定一开始就受到了母亲的阻挠。"妈妈听到我的决定后,很是恼火。在她的观念里,种田辛苦,付出多、收入少,她还请来我的姨兄做工作,劝我还是去大都市工作,旱涝保收。"

焦阳阳开始不断劝说母亲,并给母亲发了大量图片和视频,里面的耕种方式与传统不同,主要靠大规模种植、机械化操作、视频监控管理,人工操作的部分已经很少了。看到这些,母亲才点头答应。

组建种植专业合作社
自己改造机器,解决治虫难题

焦阳阳回家创业得到了所在乡镇的大力支持。经过做工作,他从3个村民小组农民手里流转到30多万平方米的耕地,托管农民责任田。

他和大学一位学农的同学共同参股,一起谋划生产,投入资金30多万元,添置机械设备,组建了种植专业合作社,还聘用当地20多个农民前来打工。

创业之路从来不是一帆风顺的。第一道难题是农田病虫害的防治。沿用传统的治虫方法,根本来不及治,且人工喷药不安全。

通过上网查询资料,焦阳阳得知广州、河南等地有智能无人机喷药防病治虫的技术。他赶紧采购相关机器回来试用,却发现这些机器并不实用,有的地方重复喷药,有的地方却喷不到。

"当时也是急得焦头烂额,毕竟机器花费了大量的资金,却根本解决不了问题。"好在焦阳阳大学时学的是机械设计专业,他运用自己学的专业知识对控制系统进行升级改造,优化农药喷洒系统,解决了难题,喷药时间大大缩短,喷药用工由原来的60个减少到3个,3人合作只需要一天半时间就能喷完。不仅如此,与人工在田间来回走动喷药防治的方式相比,这种方式还不会伤害庄稼。

探索"互联网+农业"
网上卖大米,年利润达30万元

母校扬州大学的农学专业很强,焦阳阳就常回扬州大学,详细咨询相关领域的教授关于农业种植和农业机械方面的技术知识。

2016年,焦阳阳与广州一家科技有限公司深度合作,通过代理的形式对外销售、租赁植保无人机,同时提供飞防植保服务和培训服务,让更多的农户享受到全自主飞行的智能植保无人机精准喷洒和高效作业带来的实惠。与此同时,焦阳阳在当地县农村工作委员会支持下,拓展"互联网+农业"的创新发展模式,投入30万元注册成立了一家电子商务有限公司,在网上销售大米,全年销售粮食收入130万元,年利润达30万元,并吸纳当地 40 人就业。

如今,焦阳阳的创业已经走上正轨。在提高农作物产量的同时,他正在谋划提高粮食质量,种植黑色大米、优质香米,从事粮食加工,由过去卖稻谷变成卖优质生态米。焦阳阳还申请注册了农业植保专业合作社,利用无人智能飞机为全国各地农民种田提供防病治虫服务,将更多的种田人从繁重的劳作中解放出来。

"我们这代人,对土地欠缺了一份归属感,因为没有躬亲耕耘,不了解我们对土地的依赖,但只有扎根土地,才能更好地汲取营养,奔向美好的未来。"焦阳阳说道。

二、在校大学生创业开水吧 年赚 300 万元

张建贵,西南大学大四在读,一个贵州山坳坳走出来的大学生。凭着闯劲,他从一无所有,到现在拥有水吧、快餐超市、培训学校,年入 300 万元,并被共青团重庆市委员会评为"创业先锋"。我们来看看张建贵的创业故事,他的创业故事或许会对应届大学毕业生有所帮助。

帮人带孩子换来副近视眼镜

在西南大学见到张建贵,24 岁的他就读于该校经济管理学院工商管理专业,大四,戴着一副深黑色的框架眼镜,骑着一辆电动助力车。

眼镜玻璃有点厚,900 度。说起这副眼镜,张建贵眼中闪过一丝泪花。张建贵的家在贵州遵义团溪镇一座深山里,他上面还有两个哥哥。小学时,每天他要跟二哥往返 6 个小时去上学。

小学二年级时,张建贵突然开始近视,想配眼镜,但家里穷得连饭都吃不起,自己还因交不起学费多次被赶出教室,就这样,因看不到黑板上的字,成绩开始下滑。初二前的暑假,张建贵帮舅舅带了一个星期的表妹。结束时,舅舅问他希望得到一份什么样的礼物,"眼镜",他几乎脱口而出,没有丝毫犹豫。舅舅答应了他,张建贵兴奋得几个晚上都没睡着。

刚入大学卖棉被赚 1270 元

从这时起,张建贵立志要走出大山,他将所有的希望都寄托在学习上。有了眼镜,加上努力,他的成绩直线上升,每学期学费都是老师帮忙垫付的。4 年前,他以优异成绩考上了大学。

2009 年 8 月底,带着暑假在老家遵义培训学校兼职赚的 4000 元学费,张建贵提前几天只身来到重庆。繁华的都市,让一个土生土长的山里娃感到无比新鲜和好奇。从进入西南大学的第一天开始,张建贵便暗暗发誓要在这里留下来。

但对一个连生活费都没有的穷小子来说,这谈何容易。谈及自己的创业,他说,二哥张贵发当时建议他卖点生活用品赚钱。就在来重庆的第 3 天,张建贵去了北碚城区批发市场,拿出大半学费买了 15 套棉被,随后把纸裁成名片大小,写上电话和销售产品。正式开学了,学生陆续报到,只要是新生,张建贵就将自己制作的"名片"送上。3 天时间,

棉被就只剩下2套。除了1套自用外，剩下的1套他给批发商退了回去，就这样赚了1270元，生活费有着落了。

加入创业协会崭露头角

大学生活有很多时间可供自己支配，张建贵选择加入学校创业协会锻炼自己。继而，他又联络在西南大学就读的遵义老乡成立老乡会，并被推举为老乡会会长。

在创业协会，钱一宸是他的好友，两人都是穷苦家庭出身。因在老乡会中建立的自信，张建贵不再缩手缩脚。他邀请钱一宸联手送外卖，月底两人盘账，竟赚了3000多元，后来他们又发展为6人团队。

在大一结束时，创业协会换届，张建贵成功竞聘为实践部部长。在新学期部长规划中，实践部想为协会做第一本新生手册，可这需要一大笔钱，协会没钱，唯一的办法就是外出拉赞助。前4天一无所获，还招来不少冷眼。就在第5天下午，天空下着小雨，他们这次的目标是家眼镜店，搭档们陆续离去，但张建贵觉得还有希望。终于，一个下午的室外等待，全身湿透，为他换来了2500元的赞助。在当实践部部长的那一年里，张建贵共为创业协会拉了2万元赞助费。后来，他又成功当选为西南大学第9届创业协会会长。

办水吧、快餐超市年入300万元

大二时，张建贵萌发了做实体店的想法。他和同学邹阳商议并找到了一个创业项目——在学校南园美食城开一家广告工作室，各出一半资金。当时，他找同学东拼西凑借来6000元，"创艺广告"开门营业了，不过没赚到钱。第一次实体创业尽管失败，但他终究踏出了第一步。

因曾有过在培训学校兼职的经历，大二下学期，张建贵找到创业协会同学李明慧，共同创办了培训学校，并组建了80余人的师资团队。很快，张建贵分得了7万元回报。

利用这笔本钱，张建贵不断地拓宽领域。现在，不仅西南大学南园美食城有1个水吧，杏园美食街有1个快餐超市，他还在四川资阳投资了一个培训学校，累计投入已超百万元。昨天，张建贵的水吧和快餐超市的财务会计告诉记者，他们的月平均进账分别为10万元和15万元，年收入超过300万元。在员工们的眼中，张建贵没有架子，买菜、送饭、清洁打扫，几乎所有的事情都亲力亲为。

事业成功的同时，各项荣誉也纷至沓来。大三时，张建贵担任了该校大学生创业联盟主席；大四时，被评为共青团重庆市委员会"创业先锋"。自己走过的每一步，张建贵都会写进回忆录。现在，回忆录已有4万余字，他取名为《山里娃的创业故事》。

爱心：为贫困山区学生募善款

谈及儿子，张建贵的父母有说不出的自豪。母亲杨定先说，是儿子带她第一次走出山坳坳，还赶了火车，坐了飞机。

采访中，记者注意到，张建贵穿着朴实，用的手机还是直板老式手机，那是他大一时候买的。在他看来，买一套稍好点的衣服或手机，还不如将这钱拿来资助贫困山区学生有意义。

张建贵的初中和高中分别在贵州遵义铁厂镇中学和团溪中学就读。记者从这两所中学获悉，只要有空，张建贵就会回母校支教；要是遇到条件艰苦的学弟、学妹，他会伸出援手，现在接受过他资助的学生已不下 20 个。

2011 年，一次偶然的机会，张建贵到了贵州安顺紫云县宗地乡，那里的学生学习条件艰苦，他一直铭记在心。回来后，张建贵组织发起的西南大学首届贵州老乡联谊会一次性便为这所学校筹得近 5 万元善款，他自己捐了 1500 元。

拓展：创业前提是不影响学业

西南大学党委宣传部新闻中心伍老师表示，作为大学生，利用课余时间自主创业，不仅可以减轻家人负担，同时还能和更多的人接触，营销策划等个人能力也能得到好的锻炼。学校涌现出来的这方面人才不少。伍老师说，那些正在创业的同学，业务开展应在不影响学习的前提下进行，张建贵的成功便建立在他脚踏实地的基础上。

张建贵生意经

1. 良好的心态最重要。
2. 梦想需要很强的执行力。
3. 不为放弃找理由和借口。
4. 时刻对顾客保持微笑。
5. 虚心请教，学会取长补短。
6. 有良好的社会人际关系网。
7. 有能力又志同道合的朋友圈。

三、高考状元珠海种地 7 年记 创业经营大农场

跳下皮卡车，皮肤黝黑、胡子拉碴的邹子龙，俨然一个地道的农民：肥硕的牛仔裤挽着裤脚，破旧的运动鞋布满了泥土。邹子龙扯了扯裤腿说："这身着装方便随时下田干活。"

这位中国人民大学的硕士，北京大学和中国人民大学的双学士，7 年前放弃了原本可以留在大城市的工作机会，一头扎进了珠海偏僻的乡村创业，开荒种菜，创办有机农业园，如今是 20 万平方米耕地的农场主，常年为上千个家庭餐桌提供有机菜。

开荒种菜收获了爱情

从珠海市区驱车到高栏港平沙镇绿手指有机农业园，要 1 个多小时，这是邹子龙在珠海开辟的第 3 处有机农场。2010 年，获得中国人民大学和北京大学双学位的邹子龙，还没毕业就游说了两个大学同学作为合伙人来到珠海开荒种地。其中一位叫陈羿好，这位重庆姑娘在中国人民大学是学艺术的，读书时是出了名的登山运动员，在一次登山过程中与邹子龙相识并成为好友。

2007 年，邹子龙以韶关高考状元的身份进入中国人民大学，他的高考志愿上仅填报了农业经济管理专业。虽然在校期间获得了北京大学经济学的第二学位，但毕业时除了农业，别的工作他都未曾认真考虑过。

离毕业还有几个月，邹子龙班上的同学大多选择到金融单位上班，而已经被保送读研的邹子龙念念不忘的还是他的现代农业梦。

陈羿好毕业前原本被一家电视台录用，同样出于对大自然的向往，在邹子龙的游说下，不顾家人的反对和邹子龙一道离开北京来到珠海。另一个被邹子龙游说来的是大学的好兄弟冯永久。他们三人在珠海三灶承包了一个山头开荒种地，用从家中借来的积蓄，创办有机农业园。

虽然邹子龙是学农业经济管理的，但毕竟没有种植经验，"种植标准由我制定，但有些实际生产我也需要向当地老农请教"。刚到珠海，没有现成的农耕地供他们租种，租种的山头不仅仅要开荒，而且不通水，灌溉成了问题。但这并没难倒他们，他通过大量实验，最终从很远的地方把山泉水接过来，通过重力加压引到山上实现了自流灌溉。没有电，他用6个车载电瓶串联起来解决生活和生产用电，用完了再拉到村里面去充电。开荒的日子，他每天差不多花10个小时泡在田间地头。

在长期共同劳动中，他的执着、勤劳征服了这片荒地，同时也征服了陈羿好，两个年轻人擦出了爱的火花。其间，冯永久选择离开，投奔了珠海一家地产公司。此后，邹子龙负责农业园的管理并带员工生产，陈羿好每天开着一辆破面包车满珠海跑，负责送菜。

2011年9月，邹子龙重返中国人民大学读研。这段时间，陈羿好挑起了农场的全部重担。在北京读研时，一是心疼陈羿好太累，二是心系农场，邹子龙说自己做梦都在想农场，有三天以上的长假，他连夜都要飞回珠海。

一到田里精神就来了

今年29岁的邹子龙目前的身份是珠海绿手指有机农业园的董事长。由于多年的体力劳动，日晒露宿，风吹雨打，邹子龙没有大学时代的斯文，体形非常健美，皮肤黝黑得像古天乐，一身很土的着装，与记者交谈时有些腼腆，时不时摸下鼻子，憨厚的样子更像农民小伙，丝毫没有董事长的架子。邹子龙的父亲说，邹家世代务农，好不容易在儿子这一代跳出农门，结果儿子虽读了名校，却又回来当了农民。谈起儿子返乡务农，邹妈妈直摇头："上了那么好的大学，还读了研，也没找个体面工作。"虽然有抱怨，但当儿子农场有困难时，老两口还是拿出全部的积蓄支持儿子创业。

邹子龙的办公室是建在农场田间的一间简易板房，推开办公室门，除了堆放些农具和健身器材，在他办公室里没有老板桌椅，没有电脑。邹子龙说，自己除了偶尔进办公室放下工具外，其他时间都在田间地头，几乎不坐办公室，以至于办公室里有老鼠出没。

邹子龙说，他喜欢跟果蔬打交道，而不擅长跟人打交道。随着公司发展，他专门请了职业经理人负责管理公司，自己则负责园区设计和生产标准制定，并每天带领员工在田间作业。"我坐在电脑前就头痛，读书时我的电脑也长久不开机，都发霉了，一到田里精神就来了。"

如今，邹子龙每天会带领队员们在田间从早到晚忙个不停。有时早上8点不到，他们要先到猪圈打扫，然后来到田里种菜、摘菜。白天，他随时会出现在田间，指导从当地雇请的农民按着他制定的标准作业。在他眼里，有机农作物种植要杜绝一切农药、化肥、激素，而这在被雇的农民看来完全是"死脑筋"。邹子龙说："他们比较习惯用农药、化肥，跟他们说不能用，他们觉得我们又没种过地，不愿意听我们的，最后换了几拨人。"

搞有机农业，先要有养殖。除了养鸡、鸭、猪、鱼，他们还养了几十头牛。邹子龙说，养牛的主要目的是收集粪便，白天一群牛被员工赶到湖边草地上放养，一只只白鹭和其他水鸟飞来，时不时地立在牛背上，就像一幅美丽的画卷。放牛的工作对于热爱大自然的人来说，无疑是一种享受。

最困难时整个农场就剩下他一人

"理想很丰满，现实很骨感。"邹子龙说，从2010年在珠海扎根做第一个有机农场，直到去年才实现收支平衡，这还不包括6年多累计的基础建设耗资1000多万元。

做农业很难赚钱，做有机农业更难，一场自然灾害就会让田地颗粒无收。2012年，超强台风"韦森特"袭击珠海，绿手指农业园的蔬菜被席卷一空，养殖棚吹垮了，鸡、鸭、牛、羊死亡殆尽，因为发不出工资，农场的员工全走光了。当时妻子陈羿好刚生完孩子，整个农场只剩下邹子龙一个人在打理。邹子龙说，那一阵他焦虑得整晚睡不着觉。为帮助他重建农业园，在最危难的时候，中国人民大学的师妹钟倩琳带着10万元资金入股，共青团珠海市委员会也向农场提供了2万元的创业资金，并组织了一批大学生志愿者参与了农场道路的修整工作。此后，他又通过消费者融资筹到数十万元，终于使农业园逐步渡过难关，走上正轨。

邹子龙引入"社区支持农业"（CSA）的模式，即搭建消费者和生产者（农民）之间直接联系的纽带。

如今，通过这一模式，绿手指有了500多个家庭长期订单，另外还有近1000个间断性的订单。在某种程度上说，他们既是绿手指的客户，也是绿手指的合作伙伴。

希望儿子长大再当农民不要被当成"稀奇"

陈羿好生子后，为避免家族企业的嫌疑，邹子龙不再让妻子参与农场的事，专心在家带孩子。送菜的工作就全落在钟倩琳身上。"那时候可惨了，刚学会开车，边拿地图，边开车，还要边接客户电话，其实挺危险的！"钟倩琳说。

有一天晚上11时多，钟倩琳送完菜回去。因为下雨，山路较滑，一不小心皮卡车就从山上冲下去了，一头撞到一块大石头上，车整个翻了过来，车尾卡在石头间，中间有个池塘，被悬在水面上。"我也跟着翻了一圈，好不容易把车门踢开了，爬到那个石头上，当时就委屈地哭起来，然后才想到求救。"钟倩琳说，"接到求救电话，邹子龙爬了半个小时的山路，好不容易找到我。"

向往这种山野生活的人多，真正能坚持下来的少。中国人民大学学子邹子龙包山种菜的事传开后，一开始很多青年涌上这个"山头"。2012年一年来来去去累计就有两百来人，但最终只有很少一部分人留下来，成为今天的中坚力量。

除请的一些当地老农参与种植外，目前农业园有正式员工30多名，绝大多数都是大学以上学历。农业园总经理原是一家外资公司的总经理，因为对有机食品的热衷投奔了他们；佛山姑娘黄嫦仙会计专业毕业后已进入广州一家企业试用，看到农场的招募启事之后辞去工作加入了农场;山西阳泉学市场营销的小伙赵贺辉,也被CSA模式深深吸引而来到农场。

邹子龙说,自己最大的心愿就是希望越来越多有学识的青年投身于现代农业,让更多的家庭吃上放心菜。

"待儿子长大了,即使他有很好的学历,如果再回乡当农民,希望那时不再像我这样受关注。"

四、武汉大学生千元起家创业 如今公司年盈利150万元

靠着1000元生活费起家,创业两年半,去年一年公司盈利就达到150万元。在武汉工商学院,广告专业大三学生陈实(见图2),现在成了校园里的"风云人物"。他的成功秘诀是什么?又有哪些创业经验可以给大家分享呢?

图2 武汉工商学院陈实

图2正在接受采访的小伙子名叫陈实,武汉工商学院广告学专业大三学生。上课专心听讲的他,一放学,就赶紧来到自己的公司,布置接下来的业务安排。他刚刚从广东一家人力资源公司谈回50万元的活动策划案。

陈实是内蒙古人,高中时就一心想在大学时期创业。2013年9月,他被武汉工商学院少数民族预科班录取,成了一名预科生。进入大学后,他广交有创业意向的朋友,交流创业的项目和想法。预科快要结束时,出于对广告专业的兴趣,他选择了广告作为自己大学的专业。

2014年9月，陈实打算先创办一个工作室。考虑到自己的专业和创业成本，他选择了投入和风险都相对较低的传媒行业。于是，10月份，他与学校3个志同道合的朋友成立了星灿文化创意工作室——学校的老师帮他们找了一间实验室作为办公室。由于大家都没什么钱，只能从各自生活费中省出一点儿作为创业资金，每个人大概出了一千块钱。

由于没有经验，陈实和伙伴们遇到了不少困难。比如搭建舞台时，他们不知道该找谁，只有临时在网上找，然后去现场看，对比很多家终于找到了一家收费低又合适的公司，愿意和他们合作。"那段时间真是跑断腿了，什么事都得亲力亲为，还很害怕出错，好在后来都做成了。"陈实回忆道。

有了第一次的经验后，为了寻找更多项目，陈实利用QQ、微博、微信等社交软件，查找有关校园活动的群，加入了很多类似的群。通过这些群，陈实结识了不少合作对象。有了客源，生意也慢慢有了，他也逐渐地从执行者变成了策划者。

每一个到手的项目，对陈实来说都是不易的。约谈客户，签订合同，制订策划案，购买活动用品，联系学校、社团负责人，布置场地，统筹人员，搭建舞台等大小事情，陈实都要自己做。

随着一个个项目的完成，陈实也为自己积累了不少人脉。从2015年6月开始，他将业务逐渐拓展到了省外，经常前往北京、上海、广州、深圳、长沙等地洽谈业务，并在当地寻找一些分包的公司，如会展公司、经纪公司等，开展合作。

如今，通过他和他的团队的努力，公司实现了年收入150万元。说起对大学生创业的建议，他说，首先是选择好项目，确定好以后一定要坚持；当你快坚持不下去的时候，那既是最困难的时候，又是离成功很近的时候。

五、在校大学生热衷创业 琴岛学院获43.3万元扶持基金

从10个人的小团队发展成为一家中等规模的建筑公司，毕业于青岛理工大学琴岛学院的刘福用5年时间，实现了许多同龄人连想都不敢想的梦想。在琴岛学院，像刘福这样从大学开始创业并小有成绩的年轻创业者还有很多。琴岛学院大学生创业孵化基地免费为在校创业的大学生提供办公场地，解决他们在创业初期的资金难题。本学年，琴岛学院获得省、市、区三级政府创业扶持资金43.3万元，专门用来扶持在校创业的大学生。

创业5年小有成绩

"我从大一下学期就开始琢磨创业。"刘福说。刘福是青岛理工大学琴岛学院2011级土木工程专业的毕业生。刚上大学那会儿，刘福成天泡在图书馆里，阅读经济和管理方面的书籍。那时候，他经常骑着一辆自行车到处跑。经过一年时间的考察，刘福发现当时惜福镇周边正在进行旧村改造。为了把专业和市场结合起来，刘福将目光投向了家装市场。2012年，刘福跟两个同学一拍即合，创办了一家装修公司。

"当时我们团队里差不多有10个人，都是我们学校艺术、环艺设计、会计和计算机等专业的同学。"刘福说，对刚刚开始创业的小团队来说，最缺的就是钱，最大的一项支出

是办公场地的租赁费。为了省钱,平时团队办公、开会只能在教室里"打游击",这种情况持续到2012年8月份,随着刘福向学校申请入驻学院的大学生创业孵化基地后才得到改善。琴岛学院大学生创业孵化基地免费为入驻创业的大学生提供办公场地和水电、网络,这一下解决了在校大学生创业者没有办公地点的难题。

"刚开始的前两个月,我们一个单都没接到。"刘福回忆说,自己的创业之路也并非一帆风顺,他们接到的第一个活儿是给客户改水电。凭着高标准、严要求和过硬的技术,刘福和团队成员慢慢打开了市场,赢得了客户的信任,业务越做越大。2013年12月,刚刚创业一年的刘福,从应聘者转型成为招聘者,通过学校组织的校园招聘会,将自己的创业团队扩大到30多人。经过几年发展,刘福的公司从家装行业向建筑工程转型,目前已经发展成为一家中等规模的建筑公司。

培育企业50余家

2013年从青岛理工大学琴岛学院毕业的乔亨军也是琴岛学院大学生孵化基地创建以来的首批受益者。"除了第一年的学费,大学阶段我就没再向家里要过一分钱。"乔亨军原本是琴岛学院市场营销专业的一名普通学生。乔亨军说自己从高中阶段就开始摸索起创业之路,在商场卖过空调,在校园倒腾过手机卡,开过手机店,干过卖手机、维修手机的营生,还一度成为通信公司在校园里的代理商……

2012年,乔亨军和刘福一起成为第一批入驻琴岛学院大学生创业孵化基地的创业者,并且夺得了青岛市首届大学生创业大赛团体和个人的一等奖。经过几年发展,原先小小的手机店现在已经发展成为惜福镇周边最大的手机卖场。现在,乔亨军的企业已经开始向通信工程行业转型。

"我们的孵化基地自建立以来,已培育企业50余家,目前在孵企业20家。"琴岛学院大学生孵化基地专职指导老师纪玉兵告诉记者,青岛理工大学琴岛学院大学生创业孵化基地成立于2011年5月,2014年更名为青岛琴院创业孵化园。孵化园总面积4000平方米,其中在孵企业使用面积2800平方米,公共服务面积1200平方米,能同时容纳60个创业团队。

VR(虚拟现实)科普系统、大学生约拍平台、互联网产品推广平台……在琴岛学院动漫大厦,记者看到许多在孵的企业正聚集在此处办公,许多怀揣梦想的大学生扎根于此开启了自己的创业之路。"几乎每隔一两天我就能收到学生们递交上来的创业项目计划书。"纪玉兵拿着厚厚一摞创业项目计划书告诉记者。

获43.3万元扶持基金

青岛理工大学琴岛学院招生就业处的赵老师透露,为了帮助在校创业的大学生,琴岛学院成立了专门的就业创业教研室,配备3名专职老师,并选聘校内十几名各系各部门的兼职老师及校外具有"实战"经验的企业家、创业成功人士担任创业指导老师,负责全院大学生创新创业教育各项活动的组织和开展。

为了指导在校大学生创业,学院改革传统的纯理论教育教学授课模式,在原有的1个学分创业理论指导必修课的基础上,引进"大学生创业四级课程培训体系"模拟创业教学

| 创新创业教育基础

软件,将复杂、枯燥的传统理论教学转化为通俗精练的实用性教学,并作为公共选修课列入教学计划。(见图3)截至目前,琴岛学院大学生创业四级培训已培训学员1500余人。同时,琴岛学院积极鼓励指导学生参加国家级大学生创新创业训练项目,并对项目的选拔、申报和验收不断进行规范和完善,共有26个项目获得国家级大学生创新创业训练项目立项。

图3 琴岛学院大学生创业四级课程培训上课

此外,琴岛学院在原有的大学生创业孵化基地基础上,又在国交一楼和机电系建立了"琴梦创客空间",引进了"3D打印设备",并在机电系和计算机系成立了"3D打印兴趣小组",为有创新创业梦想的学生提供了额外的实践平台。2016年9月,"琴梦创客空间"通过了国家级众创空间备案,成为青岛市第三批通过国家备案的创客空间之一。

赵老师介绍,学院创新创业工作得到了地方政府和上级主管部门的认可,被山东省教育厅评为"大学生创业示范院校",被青岛市认定为"青岛市市级创业孵化基地"、YBC(中国青年创业国际计划)"创业服务站""青岛市大学生创业四级课程培训基地""城阳区创业大学",本学年获得省、市、区三级政府创业扶持资金43.3万元。

六、"90后"大学生创业办VR公司 还未毕业身家已千万元

当许多应届毕业生还在愁找什么工作的时候,成都4名"90后"在校大学生一手创办的公司却迎来了团队的新一轮生长期。去年,冯杨的公司被四川某企业以500万元买走51%的股权。这也意味着,1994年出生的冯杨,在还没走出大学校门前,已经拥有千万元身家。

图 4　冯杨团队

从"New New Man"成员到公司主创

1994 年出生的冯杨是成都理工大学大四的学生，今年 7 月份才毕业。不过，当许多大学生抱着一摞简历四处找工作的时候，戴着大框眼镜，喜欢穿着白衬衣和牛仔裤的他已经频频出现在各种工作场合。

冯杨在接受采访时表示，创业灵感源自一场新媒体创新大赛。

2015 年 10 月，四川省大学生新媒体创新大赛举行。时任校宣传部新媒体工作室理事长的冯杨与两名队友，组建"New New Man"团队参与了此次大赛。

比赛中，冯杨团队创造性地使用无人机拍摄，并将全景技术与超链接、视频、图文和互动等多种新媒体方式相融合，将会场"进口展"搬至云端，并拔得头筹。比赛后，"无人机""VR 全景"等关键词一直浮现在冯杨脑海里，期待 3 年的创业梦终于迎来了理想照进现实的时刻。当时，常见的 VR 技术多用于游戏和视频领域，其他领域的应用尚不多见，以 VR 全景作为创业点成了冯杨的不二选择。

2016 年 1 月，冯杨正式创办公司。公司主创为 4 名拥有相同爱好的"90 后"在校大学生，1994 年出生的冯杨则是创始人兼 CEO（首席执行官）。虽然起步很早，但是在如今这个人人必谈 VR 的时代，这支年轻的创业队伍在初出茅庐之时就注定要与市场化专业的 VR 公司同台竞争。对此，冯杨的回应云淡风轻："我们是（做）VR 内容创新。可以说，现在市面上很多 VR 内容公司，业务主要是（由）我们在做。"

公司成立一年多以来，冯杨的团队（见图 4）已经为知名地产商、旅游地产商甚至政府部门制作了不少作品。冯杨说："这一年多来，很苦，但是很值得，也很感恩国家创新创业相关政策，无论是学校，还是政府，都给了我们免费办公用地、税收优惠等方面的支持。"

第一个产品：上线 3 天突破 100 万次点击

冯杨的公司成立之后，成员逐步由原来的 4 人变成了 13 人，全部为成都理工大学在校大学生。难以想象的是，冯杨团队的第一个"爆款"产品，并没有其他推广手段，而是通过朋友圈。

2016年4月，冯杨迎来了自己的成名之战。

经过一个月的策划和拍摄，冯杨团队制作的《成都最炫VR全景，别再说你没有来过成都！》强势出炉，网络观看量3天突破了100万。在这项作品之中，冯杨在每个图标上都注明了公司名称与联系方式，作品发布的第二天，他们便接到了80余个商谈合作的电话。

此后，冯杨的团队逐渐踏上正轨。在接下来的时间中，他们在北京、杭州、郑州、成都举行了十余场路演。向他们发出风投橄榄枝的企业不在少数，但冯杨表示，比起当下注入的资金流，他们更看重的是对公司模式、企业走向的自主权。在大量跟风及行业模仿下，冯杨开始着手开创新的艺术VR以及VR在高等教育、地质勘探等领域的运用。

七、大学创业何不从"互联网+校园"开始

清华大学自主招生考题"是休学创业还是毕业后创业"再一次将大学生创业这个热点话题推向了高潮。至于大学生休学创业这个事情，能一棍子打死，其中确实不乏少数优秀者休学创业获得了一定的成就。但是对于大多数学生来说，休学创业确实不是一个明智的选择，那么既不休学又同时创业有没有可能呢？大学生创业选择"互联网+校园"就是一个很好的方向与开始。

眼下，"互联网+"不仅仅在社会中流行，同样也如春风般吹拂着每一个大学校园，各种校园O2O（线上线下电子商务）也如雨后春笋般拔地而起。目前，针对校园O2O，有的选择从物流切入，有的选择从零售切入，还有的选择从社交切入，每一个不同的切入方式都诞生了一些不错的平台，它们共同撑起了校园O2O这片天空，这些不同的模式也能给大学生创业一些很好的指导与借鉴。

从便利店切入

如今的校园大学生以"90后"为主，这部分学生有个非常明显的特点，就是"宅"，而且是相当"宅"。正是这个"宅"催生了校园懒人经济的火爆，以59store、宅米、8天在线、俺来也等为代表的自营便利店校园O2O平台纷纷崛起，那么这类平台有哪些成功经验值得大学生们借鉴呢？

其一，59store、宅米、8天在线、俺来也这四个都采用了自营便利店的模式。这样有几个好处：一方面，每个大学附近的商品便利店出售的商品重合度较高，而自营的话就只需要经营一些学生购买频次较高的商品就能轻松满足学生们的需求；另一方面，采用自营，就能直接从厂家那里采购商品，提升营利能力和对商品的把控能力。

其二，学生居住比较集中，这对于零售配送来说，就可以同时配送更多订单，节约了配送成本。59store和宅米采用自建配送+楼长代理人的方式，而8天在线、俺来也则完全采用兼职学生配送的方式。8天在线会根据特定的排班系统进行配送，俺来也则借用了让

学生抢单配送的方式。学生抢单配送的方式充分利用了学生兼职这个廉价的劳动力，大大节约了配送成本，同时也解决了有些大学宿舍零距离到达的限制。

其三，地面推广是O2O产品抵达消费者的重要通道。如果这条通道转化率极低，那么之前所有的工作将无法落地。借用学生配送的方式在某种程度上很好地解决了O2O线上线下结合的问题和宣传问题。

其四，这类便利店尤其抓住了学生们晚上庞大的零食需求。比如，59store就砍掉了日用品，专注做晚间零食业务，推出"夜猫店"品牌；而宅米则规定楼长每天保证营业5小时，其中晚上9点到11点半的时间是硬性规定。

那么，大学生如果选择从便利店切入校园O2O的话，需要注意哪些问题呢？

1. 如果采用自营便利店的方式的话，成本将会非常高，这对于很多在创业前期没有太多资金的学生们来说无疑是难上加难。当然如果前期有一定条件或者拿到融资的创业团队倒不用过多在意这些。

2. 便利店的商品毛利低，必须要建立在量大的情况下才有可能实现赢利。本来送货上门就增加了额外的人力成本，如果不能在规模上获胜的话，赢利将会十分困难。

3. 这种模式对于每一栋楼的楼长依赖性非常强，学生兼职的流动性往往都非常大，一旦该楼长出现合作突然终止的情况下，平台就必须要在短时间内寻找新的楼长。管理庞大的校园卖家团队，还将会面临服务质量无法充分保障的问题。

从物流切入

与便利店经营非常类似的平台，还有以小麦公社、快快鱼等为代表的校园物流跑腿平台。它们与便利店平台不同的是没有自营的超市，只做商家的配送体系。

第一，这种物流配送的方式相比自营门店来说，节约了成本，从模式上来说是一种更轻的模式，尤其是适合大学生们零成本创业，毕竟大多数大学生在创业初期都缺乏最基本的启动资金。当然这种物流模式的利润率相对来说也大大降低了，主要靠向商家收取一定的跑腿费，想往这方面创业的同学们必须要做好吃苦的心理准备。

第二，从招人的角度来对比的话，便利店校园O2O所招聘的楼长代理开超市的模式，需要让楼长们囤货，这就需要楼长支付一定的囤货金。而物流校园O2O所招聘的学生跑腿人员则完全不需要学生支付任何费用，更容易被学生们所接受。在创业起步期，学生团队只需要依靠自己的几个合伙人就能满足校园需求。获得一定的发展之后，团队就可以按照滴滴快车的抢单方式发动校园人人快递模式，招聘一些有意长期做兼职快递的同学。

第三，不管是今天的京东商城，还是顺丰优选，其实都是建立在自身强大的物流团队基础之上。这种校园物流的最终目的并不只是局限在物流配送上，而是试图借助物流作为突破口，打开未来进军校园电商这个市场更大的垂直领域。大学生虽然每个月的花销并不是很多，但是却有相当一部分学生都把花销花在了网购上，抓住了这个市场需求，未来市场充满希望。

从水果切入

从大学便利店O2O转型成高校水果O2O平台的奇怪果园，也拿到了千万级的A轮融资。从百货便利店转型后，奇怪果园专注到了更垂直的领域。对于奇怪果园的这种转型，有几大优点值得借鉴。

1. 零售针对的主要对象为宅男，而水果的消费主力军则是来自高校的萌妹子们，且水果的利润空间相对来说要比零售食品更大一些，这对奇怪果园在前期实现赢利至关重要。对于大学生创业来说，创业初期赢利对于团队长远的发展具有非凡的意义。

2. 奇怪果园的水果不是到水果市场进行采购，而是直接通过与果园原产地合作。这样既保证了水果的新鲜，同时也确保了水果的价格相对便宜，得到了众多萌妹子们的认可。其实目前在国内做社区生鲜配送的平台非常之多，很多平台之所以会失败主要就是败在了生鲜的供应源上，既不能保证水果、蔬菜的新鲜，又不能保证质量可靠。

3. 在创意营销上面，奇怪果园策划了呆萌的奇怪吉祥物小喵及特殊活动策划。奇怪喵的微信表情、手机壁纸等得到学校里学生的自主传播，尤其受到了众多萌妹子的喜爱。奇怪果园牢牢地抓住了这一特定人群的需求。

但是，大学生创业做水果配送也需要承担一定的风险。

风险一：水果不同于普通的零食产品，是一种快消食品，如果不能在短时间内销售出去，损耗将十分大。这既要求大学生们在水果冷藏上下一定的功夫——这无形之中增大了成本，同时也要保证水果能够快速卖出，增加了销售压力。

风险二：水果的这种特殊性，也就决定了创业初期的学生每次水果采购量不能太大，直接向水果原产地采购的话人家不一定愿意合作，但是如果去水果市场采购，价格成本也就会随之上升，水果的新鲜度也无法保证，这样也会影响水果销量。

从金融切入

目前，从分期付款切入到校园O2O的平台同样非常之多，且有相当一部分平台拿到了融资并获取了良好的发展，诸如分期乐、趣分期、优分期、分期宝等。目前做得最大的当属趣分期。

首先，大学生是一个庞大的消费群体，尽管从收入上来说他们的资金实力比较弱小，但是这并不代表着他们的消费能力就不行。而校园分期消费则恰巧满足了大部分大学生想要购买却暂时因为资金不足而无法购买商品的需求。也正是因为这个庞大的需求催生了分期消费在大学校园里如火如荼地开展起来。

其次，趣分期这种大型的校园分期购物平台，还支持学生在趣分期开店，售卖零食、百货等各类日常消费品。把学生拉到自己的平台上来，这样，趣分期在营销推广上会节省一笔巨大的开支，同时也能达到更好的宣传效果，毕竟借用学生的力量宣传比自己直接去宣传要容易被学生们接受。

最后，从商品配送上来说，通过利用趣店的这种模式，学生根据需求能找到自己想要的各种商品，如洗发水、方便面等，几分钟后就会有人送货上门，而送货的人员正是开趣店的该校大学生。从物流的角度上来对比，这种趣店模式相比其他电商平台的优势也十分明显。

当然，这种分期消费的校园电商平台其实还是有相当大的风险，对于创业的大学生们

1. 学生们都是没有收入来源的消费群体，他们每个月基本上只有父母所给的生活费。一旦大学生在某平台上所购买的商品远远超出了自己的负担能力，平台就需要承担一定的资金风险。

2. 从竞争的角度来说，目前京东推出了白条，支付宝也推出了花呗等先消费后还款的金融产品，巨头的介入对于校园分期消费平台也会产生一定的冲击。

从社交切入

说到校园社交，目前可能很多人都比较熟悉超级课程表、课程格子等基于课程类的社交平台，但是它们的最终目标却远远不止于社交，而是要基于这个社交做校园的58到家，如各类校园代理跑腿、零食送货上门等。那么校园社交平台切入到校园O2O优势何在呢？

优势一：通过社交作为切入口，能够让平台积聚大量的用户。有了这个用户作为基础，平台就很容易打进校园O2O市场。如果是自营门店，只要商品供货没有问题，就不怕没有人购买；如果是开放平台，与校园周边商家合作，相信庞大的学生用户基础能够很轻松地吸引这些商家加入到平台当中来。

优势二：从社交的O2O角度来说，原本线上的社交如今却可以通过周边的餐饮、电影院等到店消费打通平台的社交线上线下结合，与周边生活服务的结合也在一定程度上促进了平台的社交发展。

但是一个校园社交平台要完成到校园O2O的成功转型并没有那么容易。

一方面，社交平台的核心毕竟还是在社交方面，基因的因素导致很多人选择这个平台并不是为了消费，而是与人交流，用户在社交平台上的消费习惯需要一段时间的培养。

另一方面，校园社交转型做校园O2O同样也需要面临微信、陌陌等社交巨头的竞争。超级课程表、课程格子之所以能够在社交上赢取一部分用户的认可，是因为它们抓住了大学课程兴趣社交这个细分的垂直市场。但是O2O却不一样，微信、陌陌所推出的O2O同样也能覆盖到所有大学校园。

此外，还有此前通过会员卡切入校园O2O的校联购等，不过它们现在已经转型成了一个大学校园兼职平台。在校园O2O领域运作得最为成功的当属外卖O2O平台。不过这个领域已经成了巨头们厮杀的战场，大学生们此时进入已经没有什么机会了。

总体看来，整个校园O2O市场尽管存在一定的挑战，但还是具有非常大的机会，更何况哪一种创业不需要面临挑战呢？大学生们没有必要中途休学出去创业，完全可以利用自己在学校的优势和资源来进行与校园O2O领域相关的创业。

八、大学生创业玩"互联网+体育"一个半月收入上万元

结合自动投币系统的棒球打击装置入驻商业综合体仅一个半月，就为团队带来13 000元的收益。在体育产业创新之路上尝到甜头的上官一鸣，对未来充满信心。

上官一鸣是浙江旅游职业技术学院的学生。在"体彩杯"首届浙江省大学生体育产业

| 创新创业教育基础

创新创业大赛总决赛上，上官一鸣的"棒球 Plus"和来自浙江大学的"跃动客"两个项目，在16个入围决赛项目中脱颖而出，获得了本次大赛的金奖。

"一方面，我们通过大学生创业大赛，为体育产业注入新鲜血液，带来创新思维。同时，我们将体育产业中的众多创业机会带给更多创业者，营造了体育创业的氛围。浙江拥有丰富的休闲旅游资源，我认为，运动休闲产业将迎来巨大发展机会。"浙江省体育局体育经济处副处长王振璋表示。

大学生进军体育界创业 互联网思维闪亮产业创新

谈起创业初衷，上官一鸣说："我在上海接触到了棒球运动。回杭州后，却发现棒球运动在杭州好像'热度'并不高。我认为，只有真正打过棒球的人才知道这其中蕴含了多大的乐趣，我想让更多人都参与到这项快乐的运动中来。"

在创业前期，上官一鸣做过很多努力，如市场调研、商业模式探索等。"为了找到适合自己发展的商业模式，我曾对上海很多家棒球俱乐部做了调研。"她说。

此后，上官一鸣在杭城成立了自己的小企业，并入驻城西银泰，在商业综合体中安置棒球打击装置与自动投币系统让顾客"消费娱乐"。

另一个金奖项目的获得项目——"跃动客"的创始人则是一位来自浙江大学的体育特招生。

"我从五年级开始就一直接受体育训练。在这十多年的体育生涯中，我结识了很多体育专业的小伙伴。我想把这些资源好好利用，将我的专业与事业结合起来。"说起创业，"跃动客"创始人陈文慧想要将专业人士引入自己的团队，将青少年运动健康服务做得更好。

陈文慧表示，平台以"体育+互联网"为主导，采用B2C（商家对顾客）模式，通过线下商场集合店和场馆租赁将体育培训做得更好。"这款软件主要应用于内部管理，可实现跨区域管理发展，打破培训缺少品牌化的局面，实现可复制模式。"陈文慧说。

体育产业蕴藏巨大潜力

据了解，本次大赛由浙江省体育局、共青团浙江省委联合主办，大赛自正式启动以来，吸引了一大批大学生投入体育产业创新创业的事业中来。来自浙江大学、浙江师范大学、浙江工业大学、杭州师范大学、宁波大学、温州大学等全省20个高校报名参赛。各高校团委及体育院系进行了深入广泛的动员组织，经过校内初评，共有近百个项目入选大赛。通过浙北、浙东、浙中和浙南四大赛区的复赛，共有16个项目入围决赛。

在省体育局体育经济处副处长王振璋看来，运动休闲业和体育装备制造业发展空间巨大。

面对众多的大学生创新创业项目不断涌现，作为投资人，浙江黄龙体育投资有限公司总经理徐超认为，大学生创业项目的提升空间很大。"大学生对于市场需求还可继续深入挖掘；如何把项目落地，要经过详细的市场分析；对于市场问题的解决方案应多元立体等。"徐超说。

徐超认为，一个项目具有了好的创业想法和经营模式就已经在市场中抢占了先机。

"好的想法如何落地？首先，创业者应该亲自去体验，找到项目吸引人的关键点；其次，还需要对不同人群进行多方面的市场调研；此外，项目是否可行还需要行业专家及时进行'诊断'。"

九、大学生润色留学文书 3 年入账超 150 万元

最近南京有个南京大学版的"中国合伙人"。牵头人是南京大学中美中心的 2014 届硕士毕业生黄宇人（见图 5）。创业 3 年来，他带领的团队为 1500 多名申请出国留学的学生修改、润色留学文书，营业额已超过 150 万元。

被出国中介坑过激发创业灵感

3 年前，当黄宇人还是南京大学商学院大四学生的时候，曾申请出国留学，但当时他找的一家中介公司把期望值降得很低。他当时觉得与其出国上一个非主流的学校，还不如被保送到南京大学中美中心读研。"那时候身边有不少同学和我抱怨，找中介修改、润色留学文书的费用太贵，还不如自己写的。"我当时想可以找外国的朋友来帮中国学生修改留学文书，毕竟他们对自己国家的文化更加熟悉。

黄宇人说，正是因为自己被出国中介坑过，才激发他的创业灵感，走上了创业之路。

图 5　黄宇人（左一）与合伙人

靠人格魅力感召合伙人

2011年，黄宇人还在到处贴小广告，他联系到的第一个合伙人是毕业于牛津大学的Andy。"他是我外籍朋友圈里面最棒的，我跟他说了我的想法，他立马同意了。"2011年10月，黄宇人通过微博、微信发送消息，并接到了第一笔订单。"Andy修改的结果非常好。"当年他们陆续又接到了51笔订单，营业额有8万元。

"那时还主要通过客户把需要修改、润色的文书发到我邮箱，我再发给Andy，等他改好后发我，我再发给客户。"2012年，黄宇人和同伴投资5万元请了一家公司帮忙设计网站。网站上线后，订单就飞跃式地增长到500多笔。

当年5月，黄宇人得知南京市大学生创业示范园开园，他的创业项目获得二等奖，还免费获得示范园办公室的3年使用权。2012年7月26日，他们正式注册成立了公司。10月，同学徐新加入团队。徐新说："当时正是很多同学找工作的时候，很多人起薪就过万，但我选择和黄宇人一起合伙创业，是看中他为人靠谱，做事坚持，也受到他人格魅力的感召。"

做事业，不断扩大再生产

"我们的大多数客户是申请出国读研的本科生，也有一些申请出国读大学的高中生。"徐新说，"他们申请的有哈佛大学、斯坦福大学、牛津大学等国外很好的学校。"

3年中，黄宇人的公司平均每个客户收费为1300元，比市价要低很多，而营业额突破150万元。相比之下，合伙人每人每年却只拿5万元薪水，确保公司现金流，挣了钱就投进去，他们想做事业。

在校创业期间，他们也曾度过一段艰难的日子。徐新说："研二下学期最紧张，一方面公司开拓市场，要到北京大学、清华大学、中国人民大学、复旦大学、上海交通大学、南京大学巡回演讲；另一方面还要完成全英文的毕业论文。当时压力很大，黄宇人每天熬到夜里两三点才睡觉。"

自我定位"国际合伙人"

对于未来，黄宇人说，他希望"通过互联网思维，从文书入手，逐渐开发一个自助式的留学平台"。他说，留学从开始申请到通过，到后面的学习、职业规划、就业，是一整套过程。"初次申请留学者不知道怎么获得留学信息，不知道哪些学校和专业好、怎么申请、走哪些流程、时间该怎么安排，未来通过我们平台就能获取各种精准的信息。"

至于合伙人关系，黄宇人说，"国际合伙人"可能更加贴切。"我们有国内的也有国外的。"至于未来当事业成功后，合伙人会不会各奔东西？他表示，大家现在一心只想把事业做好。"如果有一天，我们中的某个合伙人想要另外一种生活，选择离开团队也没关系。事业会继续，友谊也会继续。"

分享创业成功的秘诀

谈到创业成功的秘诀，黄宇人颇有感悟。首先，创业要从关注身边的需求做起。"学生创业难在人脉和资金，却对学生群体的需求最深有体会，同时也要多关注学校和社会对大学生创业的支持。"

其次，他认为创业者要学会和人打交道，试着调整心态，以服务者的姿态和人相处。当然，团队意识必不可少。"我们控制团队的人数，保证团队精英化，追求效率最大化，严格做好每一件事情。"

一路走来，黄宇人渐渐褪去书生的青涩，言语间流露着睿智与精干。创业之路虽然辛苦，但披荆斩棘之后，苦尽甘来，黄宇人显得很自信，对公司未来充满希望和信心。

十、高校在校生休学创业销售额超过600万元

高校在校生休学创业，25岁的大学生杨成兴已经提前迈出了这一步。如今，他既是一名重庆电子工程职业学院的在读大学生，也是重庆兴狼科技有限公司的老板。

在校大学生休学创业

2011年9月，从小爱好发明创造的杨成兴进入重庆电子工程职业学院机电专业学习。没过几个月，小杨厌倦了整天坐在教室里听老师上课讲知识，也没了学习心思。

杨成兴说："比起单纯的知识来，我更想了解实际用途，这不是我想要的知识。"一年后，他决定休学，把更多的精力投入到实际的发明当中，并把发明变成产品来赚钱。2012年6月，在学校创业园里，杨成兴申请贷款注册成立了重庆兴狼科技有限公司，主要经营盆栽有土栽培。公司里的员工和同事大多数也是志同道合的创业大学生。

如今管理着3家子公司

"他的经商意识很强，考虑到他确实在创业上有着自己的特长，浪费了可惜，我们就同意了他的休学申请。"该校招生就业处处长唐艳辉说。杨成兴最初申请休学创业时，学校也曾有所顾虑，由于杨成兴有发明创造的特长，所以当他休学从事发明创业时，学校在机器、设备、场地上都给予了支持。

小杨说，通过打拼，他结识了某知名企业负责人，对方也姓杨，和自己也有类似的休学创业经历，两人很投缘，相约整合发展。如今，新公司已经实现盈利，预计明年的销售额超过600万元。

"他们有渠道，我们有人才、资源。"杨成兴说。如今，25岁的他和一群企业家抱团成立了一家集团公司，自己负责管理其中的3家子公司，长期在全国各地谈业务。杨成兴目前正在负责成都子公司的科研工作。

不担心是否能够顺利毕业

"我不需要找工作，所以也就没那么多的顾虑。"说到自己休学创业，杨成兴坦言，创业是自己兴趣所在，平时的主要精力都花在了创业上，不担心自己是否能够毕业。

对于允许高校在校生休学创业，作为过来人，杨成兴还给出了自己的建议：学校一定要在学生创业质量及辅导上把好关，做好前期、中期的引导工作，不能盲目地允许在校生休学创业。

你会选择休学创业吗？玩不起

教育部去年下发通知，要求高校要建立弹性学制，允许高校在校生休学创业。在一项

有5000余名大学生参与的"你会选择休学创业吗"调查中，42.8%选择"会"，40.8%选择"不会"，16.4%的同学表示"没想好"。

对于"你会不会选择休学创业"，北京某大学的大三学生小明表示不会休学创业。在大二暑假的时候，她小试牛刀和同学一起尝试开过一家影视传媒公司，"自以为办公司很简单，但在办营业执照时才发现特别麻烦，花销也特别大，报税要请专业会计又是不少花费。"小明的这次创业因为经费不足而失败了，现在小明只想把精力放到学业上。

四川一名网友认为：知识都没有学到就创业，读大学干吗，大学没有课程吗？

网友"lzw人在旅途"也不支持休学，他认为大学有大学要做的事情，"大学不是自由市场，做学问就要耐得住寂寞和清贫，都去创业不现实"。

网友"质本土豆泥"认为："休学创业可以试行，但大学生创业成功的概率非常低，只能当成锻炼。学生回归校园后，才会更加明确学习方向和动力！"

网友"嘿嘿小姐向前走"还是一名高校在校生，她也表示："支持创业，但不支持休学，因为爸爸妈妈年纪都不小了，家里条件也不是特别好，等不及我休学去'修炼'，成败与否，我玩不起。"

重庆工商大学大二女生小胡则表示，新政策给了大学生更多选择，但自己不会选择休学去创业。因为她担心，如果创业不成功，反而错过了最好的学习时机。

提供创业机会还要提供纠错机会

陕西网友"生活忙碌时间快"表示："作为高校教师，我很支持高校在校生休学创业。有些年轻人缺乏创造力，缺乏开拓进取的精神，长此以往，我们的国家就没了希望，鼓励大学生创业是一剂良药。在鼓励的同时，国家也应放开高校教师管理，允许教师作为企业指导责任人帮助学生实现创业梦想。"

网友"北京flory"也有共鸣，政府不但要给这些学生机会，更要教会他们躲避陷阱，提供法律援助，最好再给他们一些纠正错误的机会。对此，教育部的通知也要求，高校要聘请企业家、投资人、专家学者等担任兼职导师，对创新创业学生进行一对一指导。

不是所有的学生都适合"休学创业"

网友"峻岭成峰88"认为应该更新教育的定位，提高中国教育的创新力。"学校应该分类培养不同目标的人才，科研型与操作型人才并举，然后再考虑哪些人适合创业，哪些人适合钻研专业技术。现在千所大学一个样，没有定位好，少数科研实力强的大学应定位成培养研究型人才，大多数大学培养操作技能型人才，才能适应社会的需要、国家发展创新的需要。"

十一、雷厚义：悟空单车倒闭，告诉小公司不要追风口

群雄逐鹿的共享单车市场，飘来一朵乌云。重庆一家名为"悟空单车"的共享单车公司宣布停止运营，这让它成为该行业首家彻底退出的企业。

图6 雷厚义

为了这个风口，悟空单车创始人雷厚义（见图6）搭进去300多万元，一千多辆单车也不见踪影。雷厚义是怎么被卷入这个风口的？有哪些心路历程？又有哪些血淋淋的教训？

北大保安试水共享单车

和当下共享单车巨头之一ofo的创始人戴威一样，雷厚义也是"90后"，生于1991年。但相较于年龄，他的经历可谓十分丰富。

2011年，雷厚义考上大连大学机械设计专业，但只念了一年就退学了，"对专业不感兴趣，想转专业又不被批准，再加上自己想成就一番事业，就退学了"。此后，他来到北京大学，白天旁听，晚上做保安。"听了很多课，心理学、文学、物理都听。虽然不是很专，但对我的思维方式、心态格局改变很大。"

接下来的时间里，雷厚义辗转深圳、北京、四川，卖过房，卖过电脑，还在亲戚的工厂帮过忙。2014年年初，他开始琢磨创业，最初想涉足社区O2O，但没有成功，此后他开始学习iOS（移动操作系统）开发。"我是属于没有天赋的，每天去得最早，走得最晚，凌晨3点还在肯德基学代码。"此后，雷厚义先后在P2P（网络借贷）平台、二手物品交易网站工作。

2015年他回到重庆，在互联网金融领域创业。前期进展并不顺利，直到2016年他们转型互联网流量分发，生意才逐渐有了起色。但流量分发也存在问题，拿不到用户数据，无黏性，基本盘不稳定，顶多做一两年时间。2016年，雷厚义在网上看到ofo的报道，觉得这是刚需，正好解决了三千米内出行的需求。此前，他曾因项目资金链断裂没钱打车，经常步行跑业务，饱受效率低下、浪费时间之苦。

于是，他也启动了自己的共享单车项目。雷厚义回忆："启动前，有人劝我说，摩拜和ofo的风头正劲，你做成的概率很小。还有人建议我做垂直领域，比如山地自行车或者景区单车。但我喜欢赌，而且只赌大的。我自认为，既然能让一个公司起死回生，就有能力做好共享单车。"

"不走寻常路"布局山城

公开资料显示,悟空单车属于重庆战国科技有限公司旗下品牌,这是一家专注于自行车方向的互联网公司,成立于2016年9月,注册资本10万元人民币。

彼时,共享单车行业的融资极为疯狂,摩拜和ofo斗得难分难解。而在"战场上"的雷厚义"没时间去考虑这些,能想到的就是尽快投放,拿到一张'门票'"。

2016年12月9日,他们开始做App,只用20天就完成了开发。2017年1月5日,首批两百辆悟空单车试水投放重庆街头,每辆车加运费大约250元,总花费5万元左右。

为何选择重庆?雷厚义坦言:"一来重庆是山城,大家认为不适合做共享单车。如果我们做的话,就很具传播点。二是重庆是我们的大本营,战略意义大于实际意义,总不至于连大本营都不投放车辆。"

第一批单车运行之初,雷厚义曾对媒体表达豪迈决心:悟空单车投入市场后,将以每天500辆的速度在几天内完成布局,并逐步扩大覆盖范围,最终预计拥有10万辆悟空小红车,全面覆盖重庆城区。除了深耕重庆及周边区县,悟空单车还将进入全国各大城市,在全国334座城市设立超过10 000个共享单车站点。同时,悟空单车寻找城市合伙人投资单车,享有车辆利润分红,计划投放超过100万辆单车。

当时,悟空单车主要投放在大学城和白领聚集的写字楼,但不是封闭环境,投放不久就分散了。加上悟空单车用的是机械锁,到后来车干脆不见踪影。雷厚义说:"我们也开车去找,把车调配到人流量大的地方,但没用,第二天又散开了。这样反复几次,人工搬运维持了两周时间,发现效率太低,干脆放弃,打算下一批单车全部换上智能锁。"

2月底,他们向天津一家厂家下了一万辆单车的订单,交了30%的定金。这批车成本高出许多,每辆约750元,再加上锁和物流成本,总计800万元左右。

黯然退市"只当做公益"

然而,计划赶不上变化。

悟空单车投放不久,ofo小黄车就宣布投放重庆大学城。雷厚义开始直面共享单车市场最强大的对手之一。

更多打击接踵而来。

一是合伙人模式失败。一直以来,悟空单车提出"合伙人模式"来赢利,但合作人不仅少,而且基本都是小公司和小商家,真正投进来的资金不到60万元。

二是融资难问题。雷厚义说,对"悟空"而言,没有得到融资就意味着没钱大规模购买单车,公司2月底的万辆订单,实际上只拿到1000辆单车,定金也打了水漂。加上共享单车竞争激烈,"悟空"后期的用户减少,从而退押金的用户也多,根本运转不下来。

三是供应链和人才问题。雷厚义坦言,悟空单车的企业供应链没有形成体系,而且无论从管理还是人才方面,都无法与全国性的共享单车品牌相提并论。

为了能保持公司运转,雷厚义把自己创业积累的几百万元资金全部投了上去。直到4月中旬,他判断这件事情做不成,担心引起动荡,悟空单车仍然一直运营,直到6月把合伙人的钱还完后,才在13日发布停止运营的通告。

雷厚义说："悟空单车前后运营的四个月里，累积一万多用户，最高的时候，每天活跃用户达两三千。起初用户也付费，收了四五万元，后来就免费骑了。截至项目关闭，我们总计亏损300万元左右。我们投放了一千多辆，最后只找回几十辆车。我们也没有再去找，项目都停了，找回来干吗，就当做公益了。"

失败感悟

小公司不要追风口。

雷厚义说，这次创业经历给了自己几个血淋淋的教训。

第一，不要去追风口，追了也没用，小公司追不到。风口是等出来的。

第二，项目一定要能赢利。共享单车短时间内一定亏损，但你做一个项目，无论是拿投资，还是自己出钱，从模型上一定要跑得通，这很重要。

第三，你要有相应资源。比如，做共享单车，你要有供应链的人加入，否则自己去搞，问题非常大。

第四，小公司还是适合小切口，形成独特价值。就像他们做共享单车，搞到最后连被收购的价值都没有。他们也去找过ofo，希望被并购，但ofo没意向。你建了个碉堡，人家打不下来，才可能花钱并购你。人家如果打得下来，还并购你干吗？或者，这个行业发展迅速，老大、老二势均力敌，你的选择成了决定性力量，这才有被收购的价值。但现在看来，两者都不沾。

愿赌服输，人要向前看。

十二、刘真海：股权分配失误 年入500万元公司转手让人

"假如再给我一次机会，我绝不会选择创业。"从初次与同学创办软件公司，到与老乡进军汽修服务平台，经历两次失败后，27岁的刘真海（见图7）对创业可谓爱恨交加，仿佛昨天的辛酸苦累还历历在目。

难倒刘真海的"股权分配"以及"传统行业与互联网结合"问题，也是创客们在初次创业时容易遇到的问题。如何破？专家有话说。

首次创业

软件公司带动60人就业 股权分配失误致公司陷入危机

2012年，刘真海大学毕业。同年10月份，他联合自己的同班同学创办了重庆软晨科技有限公司，起初多是做一些网站建设、系统开发。微信渐渐流行后，他们瞄准风口，开始专业为企业、政府部门做微信公众号开发。

刘真海说，软晨公司是重庆最早做微信开发的公司之一，由于当时市场需求非常大，公司接到的订单像流水一样喷涌过来，年营业额很快增长到500万元。

后来，公司从小龙坎一个负一层的地下室搬到了解放碑国贸大厦，面积从几平方米增加到100多平方米，公司人员扩张到60多人。

图7 刘真海

这时,公司引进了一位姓黄的人才。"黄某的理论水平很强,当时感觉比我自己实力强多了。"为了留住人才,刘真海把一部分股权让给了黄某,借此表示诚意。谁知"一失足成千古恨",黄某在公司的权力越来越大,刘真海感觉自己渐渐把控不住了。

后来,公司发展方向发生了逆转,在与客户洽谈几次业务失败后,刘真海陷入了危机。

"那段时间非常痛苦,就像把自己小心翼翼培养长大的孩子拱手送人了。"谈及首次创业失败的经历,刘真海总结说,最大的教训就是没有从公司战略层面考虑,只是想到引进一个人可以为公司赚多少钱。公司分配股权一定不要只顾眼前利益,入股容易退股难,创业一定要选择价值观一致的伙伴,打造一个优秀的团队才是最重要的。

专家把脉

股份权、收益权分离可降低公司风险

重庆大学创业导师王麒凯博士认为,股权分配问题很多创业企业都会出现,之前万科与宝能之争、雷士照明的股权纠纷都是典型案例,创业者可以研究借鉴。他告诫年轻创业者,企业需要融资时,一定要重视股权分配,可以将股份权、收益权分离,这样风险会小一点。此外,公司创始人肯定要做大股东,核心团队股份应该不低于51%,这样对公司才会有控制权。

十三、轻信让休学创业大学生田丽欣负债百万元

田丽欣原来是准备实现梦想的创业者,如今竟然负债百万元,还上了征信系统的"黑名单",不得不转变创业方向。

遇上能解决问题的"老大哥"

从小,田丽欣就是爱车的孩子。2010年,他成为山东一所高校汽车工程学院的一名专科生。上学3年间,他做出了20项与车相关的发明,还获得过"挑战杯"山东省特等奖和一等奖,在国家级"挑战杯"大赛上也曾斩获奖项。

2013年,田丽欣专科毕业之前,已经签约中通客车技术中心,但是他发现,"想要把自己的发明变成现实,就只能自己创业"。于是,他辞去工作,休学创业。2013年7月,田丽欣注册了济南帝伯机械科技有限公司,成了董事长,年仅23岁。

那时,田丽欣研究的是发动机排量连续可变技术。据介绍,使用这项技术后,汽车可以根据动力需求调节排量,比如高速行驶可增加排量,反之降低排量,通过排量调节来达到节能目的。通过在学校实验室里的实验,这项技术可以节能减排13%左右,进一步研究可以达到20%。

要把这项技术推向市场,启动资金少说也要几百万元。当时田丽欣手里的资金总共也就几十万元,远远不够。"为了包装公司形象,也为了方便",田丽欣贷款购买了一辆别克君越。每个月要还6000元的贷款,这让田丽欣有些力不从心。于是,他把车放到网上租赁。

2014年2月,已复学专升本的田丽欣遇到租车者段浩明。田丽欣对他没有任何戒心,租车过程中还让段浩明到自己的办公室考察过一番。段浩明对田丽欣的项目表现出了很大的兴趣,他介绍自己之前在外地包工程,有些积蓄,想找些生意干。他称可以帮助田丽欣运行公司,还可以到北京找科研资金。

一开始田丽欣有些将信将疑,没想到段浩明一下就花了万把块钱,帮田丽欣买了办公家具,安装了空调。"什么都还没谈呢,就先投资了一万元,应该是真心想要投资。"田丽欣当时这样想。2014年3月,段浩明又带着田丽欣到北京见专家洽谈科研资金。这样一来,田丽欣完全打消顾虑,以一纸文件任命段浩明为公司总经理。

此时,段浩明俨然成了田丽欣心中的"老大哥"。他告诉田丽欣,北京的专家组要来考察,甚至清清楚楚地列出了专家组的名单。但他同时提到,现在公司只有一些科研成果,连个样机和厂房都没有,专家考察很可能不能通过,他建议田丽欣先建个简易的厂房,建厂房和样机的费用都不用田丽欣管。

"反正也不用我自己花钱,并且建厂房也是迟早的事情。"出于这样的心态,田丽欣同意了段浩明的建议。

为了建厂房,2014年3月,段浩明以公司的名义与济南槐荫鲁港建筑设备租赁站(以下简称"鲁港")签订了脚手架租赁合同,事后还让田丽欣补办了一份由他本人签字盖章的租赁合同,写着租赁费3.5万元,合同价为25万元。

脚手架是一批一批送到的。第一车脚手架到货的时候,田丽欣还和段浩明一起卸了货。接下来的工作,田丽欣再也没有插手过,他不知道的是,脚手架到货的当天,段浩明就把这些脚手架倒卖了。

在接下来的4月份，段浩明又偷偷使用公章，与济南瑞鲁经贸有限公司（以下简称"瑞鲁"）签订了脚手架租赁合同，合同价89.7万元，租金3.5万元。5月，段浩明又与金宝租赁站签订了一份价值100万元的租赁合同。这些租赁来的脚手架也都被段浩明卖掉了。

2014年8月初，金宝租赁站到田丽欣大学附近的工地上查看，并没有找到自家公司的脚手架，立即询问田丽欣。这时田丽欣才发现自己"对脚手架去向一无所知"。随后的一段时间里，他大部分的时间都联系不到段浩明。

诈骗犯落网 创业者却背上百万债务

当年8月底，鲁港的人找到段浩明和田丽欣，要求二人签订共同承担债务的协议。协议上说，之前欠三家公司的200多万元，由段浩明、田丽欣和济南帝伯机械科技有限公司共同承担。

因为租赁公司威胁会找其父母（父亲刚患病）要债，田丽欣签署了协议，他称"纯粹是被迫签的，但我没有录音很难证明自己是被迫的"。事后田丽欣立刻报警，段浩明被警方控制。鲁港的人把田丽欣的车开走抵账，虽然因有贷款不能过户，但车一直未归还给田丽欣。

警方告诉田丽欣：他们受理了段浩明的诈骗案，但车和债务协议与此案无关，刑事案件和民事案件不能同时受理。田丽欣曾通过拨打政府热线12345反映此事，后收到了应诉通知书，车已经被法院保全。

经法院判决，段浩明因合同诈骗罪被判13年半有期徒刑。

另一方面，鲁港和瑞鲁两家租赁公司同时提起民事诉讼，状告段浩明、田丽欣以及济南帝伯机械科技有限公司。因为之前签署的那份共同承担债务的协议书，2015年8月，济南市槐荫区人民法院下判决书，认为田丽欣签订的这份共同还款协议并没有违反法律规定，并且对拖欠租金以及不能返还租赁物进行了确认，判定田丽欣有偿还责任，总额达97万元。倒卖脚手架的钱已被段浩明挥霍得只剩下几十万元，加上还要赔偿金宝租赁站的损失，田丽欣的总负债额超过百万元。

记者拨打租赁站相关负责人杨军的电话，但一直无人接听。

再诉难 自己着实长记性了

由于对判决书中关于脚手架的价值判断有异议，田丽欣及其公司向山东省济南市中级人民法院（以下简称"中院"）提出上诉。没想到，上诉和费用都成了难题。中院要求交纳上诉案件受理费三四万元，田丽欣实在没有钱，请求法律援助和费用减免。就在田丽欣按照要求准备材料而槐荫区人民法院收到费用减免缓的证明材料尚未转给中院的两天后，中院下达因未交纳受理费而撤回上诉的裁定书。

裁定书下发后，田丽欣曾想去山东省人民检察院抗诉，因不符合程序失败。

如今，这场官司带给田丽欣的不仅是高达百万元的债务，还让他登上了全国征信系统的"黑名单"，这将成为他以后注册公司甚至购买火车票的障碍。

因为债务，田丽欣不得不放弃研发经费巨大的汽车创业项目，转做创业教育。曾经有投资人看好田丽欣的技术准备投资，但前提条件是要求他"先把自己的官司处理好"，最终只能作罢。

"创业就是这样，谁也帮不了自己，这次着实是长记性了。"田丽欣再次为自己轻信别人而后悔。但他表示自己不会被此事击倒，不会放弃创业。

十四、我的二手车网上交易生意是如何创业失败的

2007年大学毕业后，李建刚开始进行智能手机的地图研发。2011年，移动互联网爆发创业潮，李建刚开发了"路况电台"和"最新全国电子狗"两个行车使用App，收获了2000万用户，后者曾在2012年年底登上苹果商店免费总榜榜首。

不过，那时的李建刚只是埋头做产品，没有想更多商业化的事情。他没有去融资，在后期融资环境变差、市场空间缩小的情况下，公司只得被收购。

2015年，李建刚扎进二手车领域创立"淘车岛"。按照他的打算，是用真实的购车案例文章吸引流量，并为其粉丝提供二手车帮买服务。虽然线上引流状况不错，但他没想到，二手车交易链条极长，缺乏线下运营经验的团队难以在交易转化、物流、价格等多个环节对流程进行把控。因此，在交易的转化率、成交订单数等数字上，"淘车岛"一直难见起色。

现在，李建刚决定停止"淘车岛"的业务发展，寻找新的创业方向。下面是他的自述。

产品曾高居苹果商店免费总榜榜首

2007年我大学毕业，之后做了一段时间的地图研发工作。2011年，3G（第3代移动通信系统）牌照在国内发放，移动互联网的创业潮开始降临，加上智能手机的兴起，以及新车销售量的大幅上涨，车主对汽车导航的要求已不再是A点到B点这么简单，他们更希望了解路况拥堵以及电子狗的位置。加上之前我在导航和地图产品研发上有经验，所以我决定在这个领域里寻找创业方向。

我们先做了一款名叫"路况电台"的App，它能实时播报路况信息（类似交通广播）。产品刚上线时增长还不错，也在2012年年中获得了创新工场数百万元的投资。

但之后我们犯了一个错误。我们花了3个多月的时间围绕语音、路况精准度更新了很多版本，但产品数据没太大提升。后来才意识到，语音播报路况并不是强需求，信息的精准度提升也没法让用户快速感知到。于是我们调整了方向，在产品首页放了一个实时路况示意图，此后App流量噌噌地往上涨。

之后我还做了一个播报前方电子狗的App叫"最新全国电子狗"，到2012年12月，电子狗这个产品冲到了苹果商店免费总榜的榜首，占据榜首持续一周的时间。

但这两个产品的发展前景不大。核心原因是这两个产品本身属于功能性产品，功能单一，需要依附在地图导航、音乐电台等高频度入口上。百度、高德就曾在2012年年中把

这些功能复制过去，放在其地图产品里。为了避开竞争，我们只能重新注册一个新品牌叫"苏豆"并重新推广。但更换品牌后，产品的增长率就大不如前了。

教训：融资、变现要趁早

2012年我们冲上苹果商店总榜首时，许多人想投资我们，我们因为不缺钱所以拒绝了。等到2013年年中我们资金储备不够的时候，整个融资环境也变差了。

为了增加资金储备，我们开始尝试流量变现，主要是做品牌广告、给其他App导流量，但后面发现这样做回款周期很长，我们公司能否活到收款的那一天都是问题。再加上这两个App的用户点击次数不高，团队也不擅长商业化，所以在尝试了几次之后，团队士气也低落了，陷入了变现瓶颈。

看到前景渺茫，我们就在2014年年初以几百万元的价格，把公司出售给了一家媒体公司。收购价格虽然不高，但能退还创新工场的资金，并且挣到一部分钱，给团队兑现公司期权，算是一个比较好的结果。

从线上到线下做二手车帮买生意

项目被收购后，我们的团队并入了新公司，帮助做业务整合，但进展得并不顺利。再加上我急切地想找回创业的感觉，因此准备再次创业。

这次我创业的切入点是在二手车领域。新车销量增速放缓，汽车市场开始向存量市场转变，而二手车交易中买家弱势，市场信任度低，所以我觉得二手车领域应该有机会。

调研3个月后，我们在2015年6月开始运营"淘车岛"公众号，采用的模式是用淘车日记（用户淘车案例）吸引用户，获取客源和消费者的信任，之后再帮助这些消费者购买二手车。从中，我们抽取3%的佣金。

线上吸引流量本来就是我们擅长的，所以做得很顺手。6个月时间里我们积累了3万余微信粉丝，平均每天收到的购车意向或购车线索有30~50个，在今日头条上淘车日记平均阅读量也超过10万。十几人的团队，在第1个月撮合了12笔交易。

但这对粉丝的沉淀不太好，所以我们会将粉丝引导到微信公众号上。另外，我们希望把线下的操作进一步透明化，所以每个线下的交易环节我们都会通过微信（偶尔用电话）实时地告知用户（过程包括咨询、明确需求、找车、议价订车、底盘检测、整备和维修以及过户、物流）。

一般二手车从购买到过户最快也要1~2周的时间，但很多粉丝没有现场看车就提前把几十万元的车款全部打给我们，这着实让我们感到意外。

但我们的成交量并没有因此上涨。即使到后期每天有数十个在淘订单，但每月最终成交的订单不过20余单，转化率极低。同时，高昂的交易成本，让我们只能勉强保持盈亏平衡，难以盈利（一辆车收取3%的交易佣金，交易一辆车最多只能抽取3000~4000元的佣金）。

这时我才真正认识到，这次创业我没有做好充足的准备，二手车线下运营的难度远超我的预期。

教训：异地委托交易，交易成本过高

我们获客主要通过线上渠道，意向买家所处地域分散，其中异地交易占了我们淘车订单的 40% 左右。但二手车有限迁政策，对车辆的流通与销售限制很大。例如，在北京周边，只能对排量达到"国五标准"的汽车进行交易，因此我们只得将北京地区的车辆向其他限迁标准低的城市销售，但距离越大，信任成本和物流成本越高。

异地交易会涉及物流，物流环节也很难把控。一般的汽车承运商为了降低成本，都会等货物拼满才会开始运输，这样明显拉长了交车时间。

那时为了降低淘车成本，我们和一些车商建立了车源对接平台，一旦有新客户的淘车需求就会发给这些车商，由他们来"抢单"。但因为是异地交易，客户的决策时间很长，车源很容易被其他人抢先买去。久而久之，车商们看不到交易量，也会对你失去兴趣。

十五、17 岁 CEO 王凯歆：神话破灭　从身价过亿到人去楼空　"95 后"霸道女总裁只用了半年

17 岁少女总裁王凯歆（见图 8）最近的日子不好过。

这个故事的主人公是王凯歆，1998 年生的妹子。就像乔布斯、比尔·盖茨、扎克伯格一样，这位今年才刚刚成年的创业者，也早早地辍学了。最初她做的是微商，通过"QQ 空间"售卖一些"95 后"主题的个性衣饰货品，据称最好的时候月销售额达到 50 万元，每月赚好几万元。

于是，她从中嗅到了商机，并在去年成立了深圳大爆炸科技有限公司，推出了一个专注于青少年细分领域的电商平台——神奇百货，售卖的都是一些"二次元""萌萌动漫风"等"95 后""00 后"感兴趣的物品。

相关数据显示，神奇百货在推出 6 个月后，便获得了五六十万的用户，日下单量超过 1000 单，营业额超过 1000 万元。

图 8　王凯歆

创新创业教育基础

2015年1月，王凯歆还带着神奇百货参加了北京卫视的创业真人秀《我是独角兽》，以一句"让你们赚够'95后'的钱"，引得现场五个资本大佬争抢。一个月后，这家成立不到一年的公司便获得了来自经纬中国领投、真格基金、创新谷跟投的2000万元A轮投资。

拿到投资后的王凯歆身家估值上亿，成了"95后"创业者中的一颗闪亮新星。当时，她也对员工说过这样的话："明年我们要站在纳斯达克交易所敲钟！"

说到这里，你会觉得这是一个非常完美的故事。

然而，质疑往往也会跟着赞誉一并袭来。GQ中国的一篇头条文章《17岁CEO王凯歆：风口少女的神通与孤独》，将这位年轻的霸道女总裁推向了风口浪尖。

这篇文章所描写的王凯歆霸道，甚至有些人格缺陷和心智不健全，如公司运营数据造假；招人全看面相，长得丑的、矮的、黑的、有痘痘的、年纪大的都不要；各种奇葩理由开除员工，不给员工工资，不给离职补偿，甚至包括言而无信、挥霍无度、没有家教、缺乏基本常识，等等。

铺天盖地的谩骂和嘲讽将这位年轻的创业者置入了舆论的深渊。

然而这还不是最坏的消息。

前几天，一个神奇百货的前员工在知乎上爆料神奇百货创始人王凯歆是不是又出事了，说她原本是高高兴兴地去上班，却发现公司不见了，整个办公室在一夜之间变成了空房。而当她点开公司微信群，希望问个明白时，却发现自己已经被踢出去了。不仅员工工资尚未结算，甚至连保洁阿姨的工资也没结算。因此，有网友吐槽道，这就是传说中的"公司搬家却没有通知我"。

随后，一大波诸如"'95后'创业者跑路""'95后'创业者跌下神坛""连保洁工资都黑"的报道相继而来。

而一直没有露面的王凯歆也在最近做出了回应：神奇百货只是搬家，并声称公司搬到了高大上的办公楼，知乎上的帖子是前公关总监张嫣带头发起的对公司的诽谤和攻击。

但不管是跑路还是搬家，神奇百货无疑已经遭遇到前所未有的困境。据爆料信息称，此次公司在没有通知的情况下无故辞退11人，裁员幅度达50%，而剩下的这十来人都是刚刚入职不到一个月的新员工。更夸张的是，被裁掉的这11个人是两个部门的所有员工，其中一个部门是供应链，一家电商公司把供应链部门给裁了，这不是相当于自宫行为吗？

而这次搬家看上去也并不是所谓的为了营造更好的创业环境，只不过是给剩下的10来个新人找一个更便宜的地方，节省开支。

我们都爱看励志的故事，尤其是少年英雄的故事，但往往这样的故事也容易幻灭，只留下无尽的唏嘘。在全民创业的大浪潮下，似乎人人都可以拥有一个英雄梦，但这也是最容易破碎的梦。

事件的真相仍待检验，无法回避的问题倒是已横亘在疾驰的造富列车前：浮夸的表演就能再造自我？虚拟个平台真能定义未来？当漫天"快钱"的狂欢过去，"双创"需要真正持久的动力去推动的时候，越来越多的人明白，"概念"已不再吃香，扎实的研发和切实的创新,才是竞争力。

对"逆袭"的渴望是人之常情,可社会也维持着它相对的公平。任何弄潮儿都要经受来自大众的考验,其中的滥竽充数者,早晚会被巨浪击倒。

这么看来,关于王凯歆的报道更像是一个沉重的提醒,告诫着每一个追梦的青年去付出配得上自己豪言的努力。

十六、开密室逃脱店怎么样? 3 名大学生投资 20 万元开店一天只收入了 60 元

上午第一二节没课,早上 8 点半,当室友还在睡懒觉时,重庆城市管理职业学校大二学生洪紫瀚已等候在了学校大门旁的公交站台边,啃着油条,刷 2 元钱的公交卡,坐上了驶往大学城熙街的 273 路公交车。

"除了上课,大学里有大把大把的空闲时间,男生无非是上网、唱歌、打球。"洪紫瀚说,经过 3 个月的筹备,自己与科技学院的任超、重庆师范大学的张秀渝合开的 BOX 真人密室俱乐部在大学城熙街开张营业。

图 9 任超(左一)、洪紫瀚(右一)、张秀渝(中间)

9 点抵达密室逃脱店后,洪紫瀚第一件事就是打开电脑、点开微博私信。和前几天一样,并无顾客预约密室游戏。洪紫瀚说,虽然俱乐部开业不足 10 天,但 3 个合伙人(见图 9)已经深切体会到,创业不简单。

生意不景气,一天只收入了 60 元

整理密室道具,打扫清洁,忙碌一个小时后,洪紫瀚又回到了吧台上的电脑前,刷微博、看新闻,有点无聊。不久,任超、张秀渝赶到。

"今天有订单吗?"刚走进店内,任超就迫不及待地问。见洪紫瀚摇了摇头,任超把头

一埋，拿出手机，窝在了沙发上。见状，张秀渝也拿出 iPad mini，随意翻阅着网页。

"你们这里的密室逃脱有哪些主题可以耍哟？"上午11点，3名学生出现在了俱乐部门前。见有顾客询问，洪紫瀚、张秀渝顿时从座位上弹了起来。任超则表现得较为稳重，他一边往大门走，一边介绍："我们这里可以耍越狱、盗墓主题，上午是优惠价，每人只需20元，共1个小时。"

顾客来了，俱乐部内瞬间有了生气。"我们是路过这里时恰巧看到的，价格相对便宜，但密室内的障碍线索太多，有点难过关。"1小时后，其中一名玩家、重庆大学的周剑锋说。对于玩家的建议，洪紫瀚挨个进行了详细记录。

中午12点10分，张秀渝打开放在电脑桌面上的账本，记录到：上午11点至12点，3个人，单价20元，合计60元。这60元，也是当天的唯一一笔收入。

说服家长投资，带妈妈到俱乐部考察

今年以来，真人密室逃脱游戏在重庆大热。洪紫瀚、任超和张秀渝三人都是密室逃脱的忠实粉丝，决定合伙创业时，三人一致选定密室逃脱。

选地、租房、装修……事事都离不开钱，融资是三人首先需要解决的问题。"我们都是在校大学生，平时也没存款，所以想来想去，也只能向父母伸手。"任超今年上大四，23岁，是三人中年龄最大的。今年7月，当他将自己的想法告知父母时，父母并不理解，"他们说我就快毕业了，当务之急是物色一份好工作，而不是创业"。相对任超，其他两人的父母则颇为冷静，但也不支持。

为了让父母了解密室逃脱游戏为何物，三人花了一周的时间，带妈妈们走访了江北、九龙坡的5家密室逃脱俱乐部。在江北一家密室逃脱俱乐部，任凭三个儿子如何卖力地寻找线索，试图闯关，妈妈们却站在一旁摆龙门阵，出来后，异口同声地说了一句："没意思，不要钱都不来耍！"

但三人没有放弃，赶紧又带妈妈们来到了另外一家大型密室逃脱俱乐部，看着眼前穿梭来往的年轻顾客，她们这才改变了主意。

决定开办密室逃脱俱乐部后，8月份，三家人开始选店铺地址。"如果是在主城，不是租金高，就是位置偏。"任超说。权衡后，大家一致商定将地址定在大学城熙街。核算下来，前期各项投入共需20万元，每人投资6万多元。

不知如何装修，带装修工人切身体验

在大学城熙街二期租了一套160平方米的套间后，装修成了三人的难题。由于前期对密室逃脱的玩法均有涉猎，大伙首先定位在"越狱"和"盗墓"两个主题上。

张秀渝介绍："大多数以越狱为主题的密室逃脱玩家都是一起进一起出，我们设想的有关在囚笼里面的人质，然后其他人通过在监狱长办公室找线索，经过层层障碍，前往营救。至于盗墓，我们安排了3个房间，一个是生前的房间，另一个通道和墓地，玩家可以在生前房间内寻找线索，从而获得墓地里的宝藏。"有了创意后，通过洪紫瀚父母的熟人介绍，三人找到了一家小型装修公司。

虽然3个人将构思给从事装修十多年的装修师傅讲了很多遍，但他们依然一头雾水，

直喊听不懂。无奈，三个人也带师傅们去耍了一把密室逃脱。出密室后，师傅们坦言："这个我们真的搞不来。"

装修期间，担心装修风格走了样，三人每天轮流监工。大半个月的装修结束后，师傅们直言，这比一般的家装恼火多了！

开业两天生意好，随后生意惨淡降价求人气

10月3日，家长们选了个吉日，BOX真人密室俱乐部在大学城熙街开张营业。相对主城同类型的店，价格较便宜，1小时/次，49元/人。

开业前两天，生意还不错，俱乐部共接了十多张订单，收入近2000元。问及生意好的原因，任超坦言，自己也没想明白，猜测大伙也是图个新鲜。从5日开始，俱乐部里的生意逐渐惨淡，每天仅能接两三批顾客，5日到10日大约收入1000元。"虽然密室逃脱近段时间很火，据我们后来调查，其实耍得来的大学生并不多，还是比较小众，比如有七八个人一起来耍，最多只有两三个人之前耍过。"张秀渝说。

眼看生意逐渐走下坡，三人决定实施优惠策略。"上午20元/人，下午35元/人，如果是老顾客带来的客人还可以优惠。"此外，三人还打印了5000多张宣传单，一有时间，就轮流到熙街的人流聚集处发传单。

"虽然目前生意不景气，但我们还是对自己有信心。"任超说，目前，已经有朋友计划来大学城开驾校，自己打算将俱乐部伙同驾校一起推广，加强宣传。

最早的真人密室逃脱，起源于美国。2011年杭州出现了第一家真人密室逃脱俱乐部，由于新颖的游戏内容、全新的游戏理念，迅速被玩家接受。由此而引起的真人密室逃脱热浪一波高过一波，上海、北京、重庆也相继开出了真人密室。

密室逃脱一入重庆市便获得各界好评，最近几个月得到空前发展，从最初的两三家变成了现在的数十家。观音桥、沙坪坝、杨家坪等高校或商圈周围，都有密室逃脱的场地。由此可见，在这一行业，竞争还是很激烈的。

行业情况

主城已有数十家，竞争激烈钱难赚。

学子声音

"创业难！确实难！"

"创业不简单，难，确实难。"BOX密室逃脱俱乐部营业不足10天。前日，当谈及一路走来的创业经历时，三人直喊头疼。

任超说，第一次创业，三个人都是在校学生，经验和时间不足是首先需要面对的难题。其次，拿父母的钱来创业也是三人的核心压力所在。以前，张秀渝每天都喝饮料，现在，大多数时候都喝白开水，偶尔买一瓶农夫山泉；以前，一踏出家门或校门，洪紫瀚只坐出租车，现在公交车成了他每天的交通工具；以前，任超可以盯着开着的电灯在寝室里坐一天，现在，他养成了随手关灯、断电源的习惯……

三人表示，他们已向家人承诺，俱乐部营业后，不再向家里要生活费和创业资金。如

果局面到了需要继续投入资金来维持经营，他们会考虑放弃这项创业项目。

"当娃儿提出这个想法后，作为家长，我们是考虑了又考虑，因为6万多也不是一笔小数目。"洪紫瀚的家长冉女士说。经过一周的踩点，她后来发现，相对于上网，真人密室逃脱游戏可开发智力、锻炼团队协作能力，所以才给予支持。

冉女士曾希望儿子毕业后好好找一份工作，提前稳定就业。但她说，儿子既然有勇气创业，在合理的情况下，自己就应该无条件地给予支持，并相信他们会做得很好。

家长观点

将无条件给予支持。

专家建议

尽量选择小本创业。

知名独立学者、共青团重庆市委员会青年创业导师林浩认为，这三位在校大学生创业之所以陷入困境，主要是密室逃脱店场地选择不当、前期准备不足以及资金投入过大造成的。

针对大学生创业"高素质、低成功"的普遍困境，林浩还提出以下几点建议。

第一，尽量选择小本创业，最好选择投资在3万元以内的小本项目创业，必要时可选择依附型内部创业，这样即便是创业失败也可以快速地从头再来。

第二，尽量选择可以扬长避短的项目，可根据自己的专业、天赋、经验、兴趣以及特长来确定项目。

第三，尽量入住创业孵化园创业。这可以减少各种启动资金和经营费用，同时可以获取政府部门在政策和资金方面的扶持，同时还可以得到资深创业专家的指导。目前，重庆主城各区都有针对大学生创业的孵化基地，建议大学生在选址时作为首选。

十七、放弃白领去创业 20万元投资特产生意结果失败

第一次创业，20万元投资陌生行业

创业当年，安娜29岁，是一名工作稳定的白领。

因为觉得工作压力大，她一心想着开家自己的公司，"再也不用看老板的脸色"。

她的创业出发点，代表了众多年轻白领的想法，只是她更有行动力，说干就干。

4年后，第一次创业失败，20万元积蓄打了水漂。

"这辈子我再也不想做特产行业了。"安娜说，当时创业就是想大赚一把，没想到一下子就亏了20多万元。"自己没有经验，当时的一股激情却变成了如今的追悔莫及。"

安娜说，投资陌生行业是她栽跟头的关键原因，因为在此之前，她从未经过商。"当时做特产在郑州还没有几家，加上进货渠道稳定，就觉得自己一定可以。但是这个事情不是想干就能干成的。做生意不仅要有人脉，而且还要懂得里面的行道，但是我一窍不通啊。"她想着只要努力打拼就能有收获，一味勇往直前。

2009年年初，安娜的特产店就这样盲目地在陇海路上开张了。

贪大求全，不给自己留后路

也许是因为前期投入的资金过大，忽略了一些资金上的细节。"一开始创业总想给人们留下个好印象吧，从选址到装修，再到办公用品我都要选择最好的，认为大钱都花了，何必在乎这些小钱。"她说。

安娜当时租赁的门面房面积达 120 平方米，店铺的租金每个月就要将近 9000 元。租下这个店后，她就着手开始装修，"心气高，对装修的要求也高，觉得自己做就要做个有档次的店，装修费和设备配置费用就花了 3 万多元"。

现在安娜说，其实做个特产行业根本就不需要太大的面积，只要够展示自己独特的产品就好了。"当时做生意的钱都是东拼西凑的，一个工薪族怎么会有那么多存款，想着生意独一门，很快就能把本钱赚回来。俗话说得好，开店容易守店难，一旦项目启动起来，需要花钱的地方很多，很多时候都是拆东墙补西墙。"

为了扩大知名度，一年内，安娜又在郑州市区内开了 3 家类似规模的特产店，虽然在一定程度上打开了产品的知名度，但是从某种意义上来看，这也加速了创业泡沫的破灭。

贪大求全，这几乎是很多创业投资者的共性，殊不知种种危机就蛰伏其中，一不小心就可能爆发。安娜说，凡事都应留有余力，应有防风险意识，手中应有充足的资金，风险来临时才不至于满盘皆输。

大量投入只为吸引眼球

"为了打开知名度，我不停地在本地一些媒体投放广告，但是效果并不如想象中那么好。"安娜说，这么做是为了能让更多的消费者了解她的产品。

"生意结束后，和一个朋友聊天，他告诉我这样一个道理。对于初创公司来说最重要的事就是销售。不赚钱的生意就不是生意。没有销售，就没有业务。"安娜说，先吸引眼球，之后再谋求利润，这种创业最初的态度是有问题的。

招聘员工只看个人能力

创业就像是一艘行驶的大船，有掌舵的，也要有划船的。安娜说，招聘员工就像组成家庭。"当初我认为出高薪就能找到好的员工，但是实际上发现，这些员工根本就不会为你带来经济效益，因为他们没有和你坐在同一条船上。"

安娜说，当时她只考虑了员工的个人能力，而忽略了整个销售团队的建立，没有培养大家的凝聚力，所以员工的更替速度很快。这也就变相地增加了成本投入。"新员工就像潜在客户一样，如果经营者无法清楚地将愿景和价值观传达给他们，就很难说服他们与公司站在一起，踏上新的冒险旅途。"

经验总结

创业之初不能盲目。

虽然安娜的初次创业失败了，但她发觉自己更加成熟了。通过这次创业她总结出了一些经验。

1. 创业初期，创业者不要贪大，要细化市场，而不要被想象中的虚假的大市场冲昏头脑！切忌一意孤行，要善于听取别人的建议和忠告，不要一味追求新奇，在没有市场调查的情况下盲目创业,会导致血本无归。

2. 创业开始,生存是最重要的。要确信是否短期能够见效,时间一长,人的心态就会变坏,就容易失去同盟,流失员工和人才,就是所谓树倒猢狲散。不能说别人不道德,毕竟每个人的理想、理念不同。

3. 团队也很重要。为了企业的发展,创业者各种人物都要用。只要在充分识别人才的基础上恰当使用,扬长避短,合理配置,就能最大限度地发挥他们的作用。

注:大学生创业优惠政策

http://hnbys.haedu.gov.cn/web/guest/infoView?articleId=7081109

参考文献

[1] 李肖鸣，朱建新. 大学生创业基础（第2版）[M]. 北京：清华大学出版社，2013.

[2] 李家华. 创业基础[M]. 北京：北京师范大学出版社，2013.

[3] 吴运迪. 大学生创业指导[M]. 北京：清华大学出版社，2012.

[4] 张玉利. 创业管理（第2版）[M]. 北京：机械工业出版社，2011.

[5] 李时椿，常建坤. 创新与创业管理：过程·实践·技能（第3版）[M]. 南京：南京大学出版社，2008.

[6] 吴晓义. 创业基础：理论、案例与实训[M]. 北京：中国人民大学出版社，2014.

[7] 李秋斌. 大学生创业指导[M]. 北京：北京大学出版社，2013.

[8] 李鹏祥. 大学生自主创业指导[M]. 北京：北京大学出版社，2011.

[9] 杨敏. 创新与创业指导[M]. 杭州：浙江大学出版社，2011.

[10] 李纲，张胜前. 大学生创业指导[M]. 北京：国防工业出版社，2010.